马克思主义美学丛书
Marxist Aesthetics

20世纪上中叶的马克思主义美学思想

梁一儒　李树榕　王善忠　著

中央编译出版社
Central Compilation & Translation Press

图书在版编目 (CIP) 数据

20 世纪上中叶的马克思主义美学思想 / 梁一儒,李树榕,王善忠著. -- 北京:中央编译出版社,2023.2
ISBN 978-7-5117-4309-1

Ⅰ. ①2… Ⅱ. ①梁… ②李… ③王… Ⅲ. ①马克思主义美学—研究—20 世纪 Ⅳ. ① B83

中国版本图书馆 CIP 数据核字 (2022) 第 202117 号

20 世纪上中叶的马克思主义美学思想

责任编辑	郑永杰
责任印制	刘　慧
出版发行	中央编译出版社
地　　址	北京市海淀区北四环西路 69 号（100080）
电　　话	（010）55627391（总编室）　（010）55627312（编辑室） （010）55627320（发行部）　（010）55627377（新技术部）
经　　销	全国新华书店
印　　刷	北京汇林印务有限公司
开　　本	880 毫米 ×1230 毫米　1/32
字　　数	322 千字
印　　张	14.375
版　　次	2023 年 2 月第 1 版
印　　次	2023 年 2 月第 1 次印刷
定　　价	98.00 元

新浪微博：@中央编译出版社　　**微　信**：中央编译出版社（ID：cctphome）
淘宝店铺：中央编译出版社直销店（http://shop108367160.taobao.com）（010）55627331

本社常年法律顾问：北京市吴栾赵阎律师事务所律师　闫军　梁勤
凡有印装质量问题，本社负责调换，电话：（010）55626985

| 目录 |

上编　列宁的美学思想

一　列宁美学思想产生的历史背景和哲学基础

第一章　列宁美学思想产生的历史背景 003
 第一节　俄国资本主义的发展和工农革命斗争................003
 第二节　现实主义文学传统和革命民主主义思潮............005
 第三节　马克思主义的广泛传播..009

第二章　列宁美学思想的哲学基础..015
 第一节　辩证唯物主义的认识论..015
 第二节　反映论——列宁美学思想的方法论....................021

二　列宁美学思想的丰富内涵

第一章　论艺术和现实的审美关系..033
 第一节　关于生活与艺术关系的两种对立观点................033
 第二节　生活实践——美和美感的源泉............................037
 第三节　艺术美的价值..051

第二章　论审美特性..061
 第一节　特殊的认识领域——审美活动的性质和特点....062
 第二节　审美情感和审美想像..070
 第三节　无产阶级崭新的审美境界——朴素与崇高........078

第三章 论现实主义创作原则..........087
　　第一节 现实主义创作原则的基本要求..........088
　　第二节 世界观与创作的关系..........104

第四章 论美的继承与创造..........126
　　第一节 "旧"的美——艺术"进一步发展的出发点"..........127
　　第二节 无产阶级审美理想的光辉实践..........142

第五章 批判唯心主义美学观和各种错误倾向..........168
　　第一节 对俄国经验批判主义美学的批判..........169
　　第二节 对"衰落时代的艺术"——未来派的批判..........174
　　第三节 对"无产阶级文化派"的批判..........184

三 列宁继承发展马克思主义美学的卓越贡献

第一章 "新"美与"旧"美的辩证关系..........197
　　第一节 关于文化遗产的批判继承..........197
　　第二节 关于"两种民族文化"的学说..........207

第二章 写作的党性原则..........213
　　第一节 马克思恩格斯首倡文学的"倾向性"和"党派观点"..........213
　　第二节 列宁的"党性原则"对马克思主义美学理论的贡献..........216

第三章 艺术辩证法..........227
　　第一节 唯物辩证法的核心——对立统一规律的美学含义..........227
　　第二节 辩证法、认识论与逻辑的"三统一"..........235

目录

上编 列宁的美学思想

一 列宁美学思想产生的历史背景和哲学基础

第一章 列宁美学思想产生的历史背景 003
　第一节 俄国资本主义的发展和工农革命斗争 003
　第二节 现实主义文学传统和革命民主主义思潮 005
　第三节 马克思主义的广泛传播 009

第二章 列宁美学思想的哲学基础 015
　第一节 辩证唯物主义的认识论 015
　第二节 反映论——列宁美学思想的方法论 021

二 列宁美学思想的丰富内涵

第一章 论艺术和现实的审美关系 033
　第一节 关于生活与艺术关系的两种对立观点 033
　第二节 生活实践——美和美感的源泉 037
　第三节 艺术美的价值 051

第二章 论审美特性 061
　第一节 特殊的认识领域——审美活动的性质和特点 062
　第二节 审美情感和审美想像 070
　第三节 无产阶级崭新的审美境界——朴素与崇高 078

第三章 论现实主义创作原则.................................087
　　第一节 现实主义创作原则的基本要求.................088
　　第二节 世界观与创作的关系.........................104

第四章 论美的继承与创造...................................126
　　第一节 "旧"的美——艺术"进一步发展的出发点"......127
　　第二节 无产阶级审美理想的光辉实践.................142

第五章 批判唯心主义美学观和各种错误倾向...................168
　　第一节 对俄国经验批判主义美学的批判...............169
　　第二节 对"衰落时代的艺术"——未来派的批判........174
　　第三节 对"无产阶级文化派"的批判..................184

三 列宁继承发展马克思主义美学的卓越贡献

第一章 "新"美与"旧"美的辩证关系.........................197
　　第一节 关于文化遗产的批判继承.....................197
　　第二节 关于"两种民族文化"的学说..................207

第二章 写作的党性原则.....................................213
　　第一节 马克思恩格斯首倡文学的"倾向性"和"党派观点"..213
　　第二节 列宁的"党性原则"对马克思主义美学理论的贡献..216

第三章 艺术辩证法...227
　　第一节 唯物辩证法的核心——对立统一规律的美学含义..227
　　第二节 辩证法、认识论与逻辑的"三统一"............235

下编 其他美学家的美学思想

一 斯大林的美学思想

第一章 审美判断与社会主义政治原则……245
　　第一节 内容与形式……246
　　第二节 政治原则与文化价值……252

第二章 审美判断与马克思主义哲学原则……257
　　第一节 语言性质的辩证法……257
　　第二节 文艺评论的方法论……261

二 高尔基的美学思想

第一章 高尔基早期的美学思想……270
　　第一节 同生存意识联系在一起的美学命题……270
　　第二节 早期美学思想的特点与意义……288

第二章 高尔基中期的美学思想……297
　　第一节 同无产阶级革命斗争相一致的社会美命题……298
　　第二节 同人类解放斗争紧密联系的艺术美命题……313

第三章 高尔基后期的美学思想……331
　　第一节 审美心理剖析——《谈谈我怎样学习写作》……332
　　第二节 文学创作中形式美的相对重要性……346
　　第三节 无产阶级革命时代的审美理想……362

三 沃罗夫斯基和卢那察尔斯基的美学思想

第一章 沃罗夫斯基的美学思想……388
　　第一节 文学的"政治的意识形态"性……391
　　第二节 文学的"审美的意识形态"性……404
　　第三节 文学的"美学上的批评"与"社会性的批评"……413

第二章　卢那察尔斯基的美学思想..................422
　　　第一节　文艺与社会、文艺与革命..................424
　　　第二节　"社会主义现实主义"的倡首者..................430
　　　第三节　美学理论上的得与失..................438

上编

列宁的美学思想

一 列宁美学思想产生的历史背景和哲学基础

列宁美学思想开辟了马克思主义美学史的新纪元。继马克思恩格斯之后，列宁当之无愧地成为马克思主义美学第二阶段的光辉代表。

列宁美学思想具备了完整性、系统性、时代性、革命性和新颖性的鲜明特点，形成了一个独立的美学体系。它深深植根于民族思想文化传统，以一种最先进最科学的世界观——辩证唯物主义和历史唯物主义为基础，在两个世纪之交俄国革命的伟大斗争实践中发育成熟。因此，研究列宁美学思想的丰富内涵，必须认识了解它所产生的俄国社会历史状况，特别是俄国无产阶级革命的性质与特点。同时，无论从历史继承性来看，还是从这一美学体系自身的基本特征来看，深入理解它同马克思唯物史观和认识论的渊源关系，也是这一研究的出发点和落脚点，必须予以特别的注意。

第一章

列宁美学思想产生的历史背景

作为马克思主义美学发展的一个新阶段,列宁美学思想的形成有它特定的历史条件。19世纪后期到20世纪前期,农奴制废除后阶级矛盾加剧,俄国处于无产阶级革命的前夜。国际工人运动出现暂时的低潮,俄国成为国际帝国主义矛盾的焦点。国内外斗争环境为俄国出现第一个无产阶级政权提供了现实的可能性,在这一斗争过程中诞生了帝国主义和无产阶级革命时代的马克思主义——列宁主义。

列宁美学思想是时代的产物。但是在这种历史条件下,只有列宁而不是其他的任何人才真正具备了开创一个美学新时代的卓越品质,为马克思主义美学发展史揭开了光辉的一页。

第一节 俄国资本主义的发展和工农革命斗争

19世纪中期以后,世界资本主义得到了长足的发展。欧美各国的科学技术出现了重大飞跃：蒸汽涡轮、内燃机、发电机和电动机的发明或改进，电力等新能源的发现，新材料的制造与应用，以及化学科学的突飞猛进，这些都为生产力的迅速发展提供了强大的动力。但是生产愈发展，资本间的竞争就愈加激烈。国际垄断组织的出现加剧了资本主义国家之间对经济利益的争夺，对殖民地的瓜分。一场重新划分势力范围和争夺世界霸权的斗争在美英德法俄等新老资本主义国家之间展开，世界资本主义不可避免地走向了帝国主义阶段。

沙皇俄国自1861年废除农奴制以后，阶级矛盾民族矛盾更加尖锐，社会危机日趋激化，农民挣扎在死亡线上。与此同时，俄国的资本主义也迅速发展起来，工厂矿山如雨后春笋般出现，工业生产总值以几十倍乃至数百倍的速度增长。资本主义的发展造就了一支日渐强大的工人阶级队伍，他们从事工业化大生产的条件极其恶劣，生活状况悲惨，因而要求改善生存现状的罢工斗争此起彼伏，从经济斗争发展为政治斗争。觉醒的工人自发地成立了"南俄工人协会""俄国北方工人协会"等群众组织，斗争规模逐步扩大，斗争范围几乎遍及全国各地。

19世纪90年代到20世纪头十年是俄国历史的转折时期。巴黎公社失败以后，国际帝国主义同沙皇政府相勾结，残酷盘剥俄国人民，镇压中国、波斯等国的革命运动，世界革命中心转移到了俄国。

在俄国国内，一场持续了半个多世纪的群众革命斗争从酝酿走向了成熟。从经济领域到思想文化战线，各社会政治派别和集团，各科学和艺术部门，都爆发了"重新评价一切"的激烈争论和斗争，整个国家正处于革命的前夜。列宁总结这个时期的历史特点是："我们正经历着一个暴风雨的时代：俄国的历史一日千里地向前发展，现在的一年有时要超过平静时期的几十年。人们在给改革后时代的半个世纪作总结，在为那些将长久决定全国命运的社会政治大厦奠立基石。"① 总之，"一切都颠倒过来，而且刚刚开始形成"。工人、农民以至社会各阶层都被动员起来了，这个被列宁自豪地称为"掀起汹涌波涛的伟大的人民海洋"猛烈地冲击着沙皇俄国的腐朽统治，涤荡着社会生活的各个方面。国家命运如何已经不是革命民主主义先辈们在理论上苦苦探求的前景或蓝图，而是一个躁动于母腹的胎儿即将呱呱坠地。曾经被历代有识之士反复求索过的"怎么办？"这个令人困惑的重大社会问题，如今已经变为活生生的社会现实呈现在人们面前。

世纪之交俄国国内外空前激烈的革命斗争现实为列宁美学思想的发育形成提供了丰厚的土壤，同时也决定了这一崭新的美学体系所特有的战斗内容和时代特色。

第二节 现实主义文学传统和革命民主主义思潮

列宁美学思想的产生有其深厚的、源远流长的民族文化传统。其中，以普希金为代表的现实主义文学传统和继起的革命民

---

① 《列宁全集》，第2版第6卷，第365页。

主主义思潮对列宁美学思想的影响尤为重要。

从普希金开始，历经果戈理、屠格涅夫、涅克拉索夫直至列夫·托尔斯泰的俄国现实主义文学传统为列宁美学观的形成提供了无比丰富的材料。列宁的美学思想又成为俄国现实主义文学光辉成就的科学总结。

当青年学生们迷恋于未来主义而鄙弃古典文学时，列宁执意劝导他们先去读一读普希金、涅克拉索夫。① 当无产阶级文化派借列宁对车尔尼雪夫斯基的批评而企图全面否定这位优秀作家时，列宁立即站出来对他作了全面公正的评价。乳臭未干的黄口小儿读不懂《怎么办？》这部内容丰富、寓意深刻的小说，列宁认为只有经历过斗争风雨和革命实践的人才能真正领会其中的深意。② 一部《安娜·卡列尼娜》被流寓国外的列宁读过上百遍，涅克拉索夫的诗集成为列宁床头枕边的必读书。列宁一生阅读兴趣非常广泛，他特别属意于俄罗斯现实主义文学。

活跃于 19 世纪中晚期的俄国革命民主主义思潮被公认为列宁主义的重要思想来源。在马克思主义传入俄国之前，这一先进的社会思潮成为掌握群众、号召社会革命的有力思想武器，曾经哺育了几代激进的革命家和仁人志士。以拉吉舍夫为先导，继起的别林斯基、赫尔岑、车尔尼雪夫斯基、杜勃罗留波夫等奋起批

---

① 参见《列宁论文学与艺术》(二)，人民文学出版社，1960 年版，第 976—990 页。
② 参见《列宁文艺思想论集》，中国社会科学出版社，1986 年版，第 50 页。

判农奴制和资本主义的罪恶,他们的哲学观和社会革命论已经走到了马克思主义唯物史观的门槛前面。他们的美学思想雄踞于时代的制高点上,富于强烈的革命性和生活气息。

别林斯基作为革命民主主义美学和现实主义文学的创始人,他在俄国第一个奠定了美学的唯物主义基础。"在活生生的现实中有许多美好的事物,或者,不如说,所有美好的东西都仅仅包含在活生生的现实里。"① 这一著名论断成为后起的革命民主主义美学家们共同信奉的纲领。别林斯基美学和文学实践的全部功绩集中反映在他的文学批评——被他称为"行动的美学"的杰出创造活动之中。他的历史的审美的批评原则是同方兴未艾的农民解放斗争紧密地结合在一起的,因此他的批评活动富于思想性、战斗性和深邃的洞察力,极大地推动了俄国现实主义文学的发展。另外,别林斯基的现实主义创作典型论、形象思维论,以及关于文学民族性的深刻论述都为俄国美学和艺术宝库增添了无限的光辉。卢那察尔斯基认为:"别林斯基首先作为一个民主主义思想的预言家而使列宁感到兴趣。"② 别林斯基关于美学和文学发展的科学预见(如对普希金文学地位及其诗歌价值的评价,对果戈理晚年思想迷误的批判)经过历史实践的检验,证明它具有充分的真理性和顽强的生命力。列宁在评论俄国文学传统和作家作品

---

① 《别林斯基全集》,1954年俄文版第4卷,第489页。引自《马克思列宁主义文艺学》,李辉凡译,安徽文艺出版社,1986年版,第44页。
② 《别林斯基全集》,1954年俄文版第4卷,第489页。引自《马克思列宁主义文艺学》,李辉凡译,安徽文艺出版社,1986年版,第44页。

时,不止一次提到得益于别林斯基的思想营养。

被列宁称为"贵族地主革命家"的赫尔岑是一位"兽乳养大的""纯钢铸成的英雄"。"他在19世纪40年代农奴制的俄国,竟能达到当时最伟大的思想家的水平。他领会了黑格尔的辩证法。他懂得辩证法是'革命的代数学'。……赫尔岑已经走到辩证唯物主义跟前,可是在历史唯物主义前面停住了。"[①]赫尔岑唯物主义的美学观明确肯定审美活动与社会实践、艺术与政治的密切关系;反对"为艺术而艺术"的倾向。他高度赞扬现实主义文艺,特别是能运用历史主义来准确地评价俄国作家及其作品。如他深刻地洞察到普希金与莱蒙托夫艺术特色的差异,根本上是来源于时代人心的改变;果戈理对时代本质的深刻理解使他不仅能生动地再现人民性格中的正面因素,而且在表现社会丑恶方面建立了一门"俄国官吏们和贵族的艺术解剖学"[②]。

同别林斯基、赫尔岑相比,车尔尼雪夫斯基是更加彻底地站在农民方面的"为数极少的革命家"。列宁在写作《唯物主义和经验批判主义》时重新研究了车尔尼雪夫斯基的哲学观点,在书的末尾作了题为《尼·加·车尔尼雪夫斯基是从哪一边批判康德主义的?》一个专门的补充,同时引用了作者著名的学位论文《艺术对现实的审美关系》第3版序言。在"列宁刚刚成为列宁"的时期以前,革命民主主义者特别是车尔尼雪夫斯基的哲学和美

---

① 《列宁全集》,第2版第21卷,第262页。
② Ⅱ.尼古拉耶夫:《马克思列宁主义文艺学》,李辉凡译,安徽文艺出版社,1986年版,第51页。

学观点对列宁具有不寻常的意义。列宁曾说,是车尔尼雪夫斯基把他"整个深耕了一遍"。"在接触马克思、恩格斯、普列汉诺夫等人的著作之前,惟有车尔尼雪夫斯基对我具有首要的、压倒一切的影响,而这种影响是从《怎么办?》开始的。"[①]列宁称赞车尔尼雪夫斯基的著作"散发着阶级斗争的气息",他的经济观点有力地论证了资本盘剥工人的性质,以及资本主义终将被社会主义所代替的历史命运。《艺术与现实的审美关系》所提出的"美是生活"这个唯物主义命题带有强烈的革命性,它把美从黑格尔"绝对观念"的牢笼中解放出来,牢牢地安放在唯物主义的基础之上。"美是生活"的定义肯定了美与现实的血肉关系,指出现实高于艺术,现实美高于艺术美。这里的"生活"主旨是与农民革命斗争相联系、经过革命改造的"应当如此的生活",矛头所向直指沙皇农奴制的黑暗现实。另外,车尔尼雪夫斯基关于"艺术是生活的教科书"、艺术家必须同人民和民族同呼吸、共命运的论述,关于托尔斯泰对精神生活和道德感情的执着追求,对人物"心灵辩证法"的精确描写等一系列精辟的见解,都对后代的美学和艺术包括马克思主义美学和艺术的发展产生了深远的影响。

第三节 马克思主义的广泛传播

19世纪后半期俄国的国内外社会环境,特别是蓬勃兴起的

---

① 《列宁文艺思想论集》,中国社会科学出版社,1986年版,第50页。

革命斗争形势为马克思主义的传播提供了时代的机遇和适宜的土壤。从40年代起,俄国的先进分子就开始接触马克思和恩格斯在《德法年鉴》上发表的文章。此后,巴黎公社起义和西欧工人运动的高涨更推动了马克思主义在俄国的传播。1872年《资本论》俄译本在彼得堡公开出版,立刻引起了极大的社会反响,并由此爆发了一场马克思主义是否适用于俄国的激烈争论。

80年代初,由普列汉诺夫领导的俄国第一个马克思主义组织"劳动解放社"诞生。它在五年内先后翻译出版了《共产党宣言》《社会主义从空想到科学的发展》《哲学的贫困》《论俄国的社会问题》等经典著作15部,为俄国第一批马克思主义者同民粹派作斗争提供了强大的思想武器。同时,普列汉诺夫还首次运用马克思主义观点研究分析俄国的社会实际和革命问题,在《论一元论历史观之发展》《社会主义和政治斗争》《唯物主义史论丛》《论艺术(没有地址的信)》等一系列著作中介绍并阐发了一种崭新的世界观——辩证唯物主义和历史唯物主义,其中包括马克思主义博大精深的美学思想。普列汉诺夫的政治思想、哲学思想中存在着一些根本性的错误和局限,如忽视农民的革命性,夸大自由资产阶级的作用,把认识论和辩证法截然分开,混淆了反映论与象形文字论的原则区别。他的美学观也没有摆脱庸俗唯物论的影响,如否定世界观在审美认识中的指导作用,在文艺批评上宣传客观主义等等。不过,作为俄国第一批马克思主义者,普列汉诺夫传播马克思主义的贡献是巨大的,他的美学思想中也有许多精华值得研究和继承。

马克思主义在俄国的传播，包括马克思恩格斯美学思想对俄国文坛的影响，其中，这两位马克思主义创始人对俄国著名作家作品的评论占据了一席特殊的地位。

为了直接地深入地了解俄国的革命形势和思想文化状况，马克思50岁学习俄语并达到了能阅读文学作品的程度。恩格斯"可以相当自由地用俄语阅读"，并亲手翻译了普希金《叶甫盖尼·奥涅金》的头11个诗节。[①]

马克思"津津有味地"阅读过《伊戈尔远征记》等大量诗歌和散文，准确地指出这部史诗"具有英雄主义和基督教的性质"。他和恩格斯一致赞扬普希金通过描写奥涅金父子不同的经济观点所表现出来的现实主义敏锐性和天才的洞察力。特别是对俄罗斯19世纪文学的繁荣景象，两位经典作家从整体估价到具体作家作品的评论，都发表了精辟的见解。1885年11月26日恩格斯致敏·考茨基的信中指出："现代的那些写出优秀小说的俄国人……全是有倾向的作家。"[②]1890年6月5日恩格斯致保尔·恩斯特的信中又指出："挪威在最近20年中所出现的文学繁荣，在这一时期除了俄国以外没有一个国家能与之媲美。"[③]在这个群星灿烂的时代，马克思曾经仔细研究过谢德林的讽刺艺术，通过对

[①] 参见《回忆马克思恩格斯》，拉法格文。引自乔·米·弗里德连杰尔：《马克思恩格斯和文学问题》，上海译文出版社，1984年版，第532—534页。
[②] 《马克思恩格斯选集》，第2版第4卷，第673页。
[③] 《马克思恩格斯选集》，第2版第4卷，第688页。

作品的批划标记,"把书中所有微妙地讽刺俄国现实的部分都提炼出来了"①。莱蒙托夫和屠格涅夫,特别是小说《贵族之家》也引起了马克思的注意和热烈赞扬,"马克思觉得屠格涅夫非常忠实地描写了俄罗斯人民的独特性和他们斯拉夫人的有所克制的激情。他认为未必有哪一位作家在描写自然方面超过了莱蒙托夫,无论如何也很少有人在艺术技巧上达到过那样娴熟的程度"②。另外,一种对俄国经济状况进行调查研究、把政论与文学结合起来的特写《俄国工人阶级的状况》也受到马克思的高度评价,称赞其作者弗列罗夫斯基具有敏锐的观察力和公正无畏的精神,是位"大艺术家"。此书为《资本论》提供了颇有价值的原始资料,雄辩地证明了改革后俄国农民处境的恶化,以及爆发社会革命的不可避免性。③

马克思恩格斯最推崇俄罗斯的"两个社会主义的莱辛"——车尔尼雪夫斯基、杜勃罗留波夫。马克思不仅称赞车尔尼雪夫斯基是一位资产阶级政治经济学的深刻批评家和杰出的革命民主主义者,批判农奴制改革的天才思想家和反对专制制度的大无畏的

---

① Φ.金兹布尔格:《马克思恩格斯的俄文藏书》,俄文版,第369页。引自乔·米·弗里德连杰尔:《马克思恩格斯和文学问题》,上海译文出版社,1984年版,第558页。
② 《弗朗茨斯基·库格曼回忆录》,俄文版,第291页。参见乔·米·弗里德连杰尔:《马克思恩格斯和文学问题》,上海译文出版社,1984年版,第565页。
③ 参见《马克思恩格斯和文学问题》,上海译文出版社,1984年版,第559—562页。

英雄;而且对这位"俄国伟大作家"的文学成就也给以高度评价。马克思曾经竭力促成车尔尼雪夫斯基的著作《怎么办?》和小说《序幕》第一部在不受检查的国外刊物上发表;又在自己的札记①中利用了《怎么办?》中有关批判俄国农奴制的材料。列宁认为马克思曾经读过小说《怎么办?》。一个有力的佐证是:马克思曾把这部小说的书名化作普通词在文章里使用,说:"用俄国人的话来说:怎么办?在万不得已时……"②显然,马克思尊称车尔尼雪夫斯基为"俄国伟大作家",其中就暗含着对《怎么办?》一书的肯定。

马克思收藏着俄文版《杜勃罗留波夫文集》,并对作者的著名论文《黑暗王国》作过仔细的研究。凡是这篇论文谈到的"俄国社会的不负责任和令人沮丧的现象",马克思都加了着重号;在有关妇女问题的论述下面,也都做了记号。在马克思看来,杜勃罗留波夫同莱辛、狄德罗可以"同样看待"③,认为他和车尔尼雪夫斯基可以并称为欧洲最伟大的批评家。

恩格斯晚年曾对以车尔尼雪夫斯基和杜勃罗留波夫为代表的俄国19世纪革命民主主义思潮作过科学的总结,指出"俄罗斯文学方面的那个历史的和批判的学派","比德国和法国官方历史科学在这方面所创建的一切都要高明得多",更不用说"参加

---

① 《马克思恩格斯全集》,第1版第19卷,第453—477页。
② 《马克思恩格斯全集》,第1版第34卷,第309页。
③ 《马克思恩格斯全集》,第1版第33卷,第318页。

实践的革命的社会主义者"了。[①] 这个学派的最本质的特点是同来自社会底层的人民"骚动"密切联系，勇敢地喊出了人民的心声。马克思恩格斯敏锐地觉察到了这种联系的革命含义。后来，列宁在论托尔斯泰的文章里又从政治、哲学和美学方面对此作了进一步深入具体的分析和论证。

---

① 《马克思恩格斯全集》，第 1 版第 36 卷，第 171 页。

第二章
列宁美学思想的哲学基础

辩证唯物主义和历史唯物主义是列宁美学思想的哲学基础。列宁继承并发展了辩证唯物主义的认识论——反映论，以辩证法、认识论和逻辑三统一的原则奠定了他的美学观的基础。

列宁创造性地运用反映论研究美学的基本问题，分析研究历史遗产和现实的艺术现象，科学地总结了像列夫·托尔斯泰、高尔基这样一些重要作家的艺术成就，这些成为列宁美学思想中最光辉最富有特色的精髓和核心。

第一节 辩证唯物主义的认识论

列宁在《唯物主义和经验批判主义》一书中指出，马克思主义哲学在19世纪（马克思、恩格斯时代）和20世纪（列宁时代）面临着不同的历史任务："马克思和恩格斯……所特别注意的是修盖好唯物主义哲学的上层，也就是说，他们所特别注意的不是唯物主义认识论,而是唯物主义历史观"。而到了20世纪初,"资产阶级哲学已经专门从事认识论的研究了,并且片面地歪曲地接受了辩证法的若干组成部分(例如,相对主义),把主要的注意力集中于保护或恢复下半截的唯心主义,而不是集中于保护或恢复上半截的唯心主义"①。这样,保卫和宣传认识论范围内的唯物主义,既反对马克思恩格斯特别关注的"历史哲学"中的唯心主义,又反对广义的认识论方面的唯心主义,这一重大哲学课题就历史地落在了列宁肩上,为列宁开辟一个哲学的新时代创造了难得的机遇。

马克思主义发展史表明,这一科学学说的创立者马克思恩格斯的历史功绩主要在于:破天荒第一次确立了唯物主义历史观,以唯物史观为锐利武器,把形形色色的唯心主义从它们的最后避难所——社会历史领域中驱逐出去。但是,资产阶级唯心论者为了阻止马克思主义的传播,接着又把研究重心转移到了认识论方面,即把主要精力用于恢复"下半截的唯心主义"。列宁的哲学贡献正是在认识论方面同唯心主义(主要是马赫主义)作激烈斗争,并取得了光辉的成就。以《唯物主义和经验批判主义》与《哲学笔记》为代表,列宁在同马赫主义及其追随者波格丹诺夫等人的论战中精辟地论证了辩证唯物主义认识论的基本前提,深入阐明了物质和运动的关系,揭示出物质结构的多样性及其发展变化的根源,以及主体与客体之间的对立统一关系,从而使能动

---

① 《列宁选集》,第3版第2卷,第225—226页。

的反映论与旧唯物主义的机械反映论严格地区别开来,旗帜鲜明地开展了哲学领域内两条认识路线的斗争,并取得了辉煌的胜利。

列宁的反映论是在同唯心主义的先验论作激烈斗争中确立和臻于完善的。马赫主义先验论的基本前提是:"世界就是我们的感觉"(或"物体是感觉的复合")。而列宁反映论的主旨则是:"我们的感觉是外部世界的映象"[①],"感觉是客观世界、即世界自身的主观映象"[②]。这是两条根本对立的认识路线,两种世界观和方法论。"从物到感觉和思想呢,还是从思想和感觉到物?恩格斯坚持第一条路线,即唯物主义的路线。马赫坚持第二条路线,即唯心主义的路线。"[③] 列宁就是从思维与存在的关系这个根本出发点来阐述反映论的基本内涵的。概括地说,这一认识论包含着三个著名的结论:

"(一)物是不依赖于我们的意识,不依赖于我们的感觉而在我们之外存在着的。……(二)在现象和自在之物之间决没有而且也不可能有任何原则的差别。差别仅仅存在于已经认识的东西和尚未认识的东西之间。……(三)在认识论上和在科学的其他一切领域中一样,我们应该辩证地思考,也就是说,不要以为我们的认识是一成不变的,而要去分析怎样从不知到知,怎样从不

[①] 《列宁选集》,第3版第2卷,第49、78页。
[②] 《列宁全集》,第2版第18卷,第118页。
[③] 《列宁选集》,第3版第2卷,第37页。

完全的不确切的知到比较完全比较确切的知。"①

列宁反映论不仅认为感觉是客观实在在人脑中的"复写、摄影、反映","没有被反映者,就不能有反映,被反映者是不依赖于反映者而存在的";同时进一步指出,感觉(映象)正确与否,还需要社会实践的检验。"物存在于我们之外。我们的知觉和表象是物的映象。实践检验这些映象,区分它们的正确和错误。"② 这是唯物主义认识论的基本前提和理论基石。否认这一点,必然要滑到唯心主义先验论的泥淖之中。但是,一般意义上的或语义学上的所谓反映,还不能把辩证唯物主义能动的反映论和庸俗唯物主义的机械反映论区别开来。主观唯心主义者们总是把列宁的反映论歪曲为直观的、僵死的反映,故意混淆两种反映本质上的区别。实际上,列宁能动的反映论既包括物质世界是第一性的原理,又充分肯定了认识主体的能动作用(感情、意志、想像、幻想)。它既是唯物的,又是辩证的。从人对客体的思维过程来看,它并不停留在感知阶段,也不是直线式的、单一的纯然客观的模仿。思维过程极其丰富复杂,其中包含着从感性到理性再到实践的循环往复的运动形式,充满着对立统一的辩证法。

首先,从认识的发生序列看:"起初有一些印象闪现,而后有某种东西分出,——然后质(物或现象的规定)和量的概念发展起来。然后研究和思索使思想去认识同一——差别——根

---

① 《列宁选集》,第3版第2卷,第77页。
② 《列宁全集》,第2版第18卷,第108页。

据——本质对现象的关系——因果性等等。所有这些认识的环节（步骤、阶段、过程）都是从主体走向客体，受实践的检验，并通过这个检验达到真理。"① 这一认识绝不是简单的、直接的、镜子式的直观反映，而是一系列由感知、概念、想像、幻想、理解等构成的从量变到质变的过程，即从初级本质到二级本质，一直不断加深下去以至于无穷的抽象过程。能动的反映论同直观反映论的原则区别之一就在这里。列宁指出："认识是人对自然界的反映。但是，这并不是简单的、直接的、完整的反映，而是一系列的抽象过程，即概念、规律等等的构成、形成过程，这些概念和规律等等（思维、科学—'逻辑观念'）有条件地近似地把握永恒运动着和发展着的自然界的普遍规律性。"② 这就是说，能动的反映论不仅是感觉、经验的直观形式，而且主要的是概念、范畴、规律的抽象形式。对于这个能动的反映过程，列宁用一个简短明了的公式加以描绘："从生动的直观到抽象的思维，并从抽象的思维到实践，这就是认识真理、认识客观实在的辩证途径。"③

其次，认识（反映）是从个别去把握一般，从现象深入到本质。镜面似的纯客观的模仿和复写无法做到这一点。在这里，认识主体主观能动性的发挥非常重要，因为"人的意识不仅反映客

---

① 《列宁全集》，第2版第55卷，第290页。
② 《列宁全集》，第2版第55卷，第152—153页。
③ 《列宁全集》，第2版第55卷，第142页。

观世界，并且创造客观世界"①。创造即是把自在之物变成为我之物，主体走向客体经历着一个直观与抽象、感性与理性、现实与幻想交互作用不断深化的过程。"智慧（人的）对待个别事物，对个别事物的复制（＝概念），不是简单的、直接的、照镜子那样死板的行为，而是复杂的、二重化的、曲折的、有可能使幻想脱离生活的行为；不仅如此，它还有可能使抽象概念、观念向幻想（最后＝上帝）转变（而且是不知不觉的、人所意识不到的转变）。因为即使在最简单的概括中，在最基本的一般观念（一般"桌子"）中，都有一定成分的幻想。（反过来说，就是在最精确的科学中，否认幻想的作用也是荒谬的。）"②列宁在这里明确指出：意识与存在、人脑与客体之间的"物质交换"是一种双向逆反运动，幻想与想像可以同概念与观念相互"转变"，它们来源于客体但又不必时时处处、如影随形地刻板地依附于客体。这种认识主体的能动作用具有高度的创造性，有时会成为新思想新观念的催化剂。

列宁反映论的这一思想对于美学研究具有重要的指导意义，因为主体对客体、人脑对物质存在的反映形式是多种多样，不拘一格的。抽象思维与形象思维，或者理论的、宗教的、艺术的、实践—精神的把握现实的各种方式，都属于某种特定的反映形式。美感（艺术意识）的本源来自客观存在的审美对象，这是唯

---

① 《列宁全集》，第 2 版第 55 卷，第 182 页。
② 《列宁全集》，第 2 版第 55 卷，第 317 页。

物论的基本观点。但美感对审美对象的反映同样"不是简单的、直接的、照镜子那样死板的行为",审美主体的自由度很大,美感的虚拟性、创造性和个性化表明审美观照这种特殊的反映形式具有鲜明的自身特点。

在列宁的时代,自然科学(包括脑科学)的发展验证并丰富了列宁的反映论。或者说,反映论及其赖以产生的哲学基础标志着那个时代里科学发展的最高水平。今天,人脑具体生理机制(包括大脑两半球在内的大脑皮质第二、第三机能联合区)及其反映外部世界的具体过程(对外部世界信息的受纳、加工、保存等)的研究又有了长足的进展[①],这些更有力地证实了列宁科学论断的正确性,反映论在现代神经生理学、现代心理学中找到了自己自然科学的根据。

第二节 反映论——列宁美学思想的方法论

卢那察尔斯基指出:"由列宁论证过的马克思主义一般哲学原则,对于无产阶级科学的一个支脉的文艺学自然也有着奠基的意义。"[②]

---

① 参见《鲁利亚的神经心理学简介》(载于《外国心理学》1983年第3期);《一九八一年诺贝尔生理学、医学奖获得者罗杰·渥尔考特·斯佩里》(载于《世界科学》1982年第1期)。
② 卢那察尔斯基:《论文学》,蒋路译,人民文学出版社,1978年版,第4—5页。

辩证唯物主义的反映论作为列宁方法论的基础，它对于列宁美学思想的形成和发展，以及用它来正确理解和科学地阐明艺术发展规律和艺术创作规律，都具有"解决一切问题的关键"的指导作用。

认识是人对自然界普遍规律性的反映。在反映过程中客观地存在着"三项：（1）自然界；（2）人的认识＝人脑（就是同一个自然界的最高产物）；（3）自然界在人的认识中的反映形式"[①]。美和艺术的反映过程，尽管在反映对象、思维方式、表现形态诸方面存在着个性特点或特殊规律，但毕竟也是一种反映。它不能背离反映过程的一般规律和规定，而是在反映的步骤和环节，反映的主客体关系上与一般反映过程取大致同一的步调。与上述"三项"相对应，美和艺术的"三项"是：（1）具有审美特点的现实（审美对象）；（2）人的审美意识和艺术意识；（3）现实在审美意识和艺术中的反映形式。

列宁美学观、艺术观唯物主义的基本出发点是："生产、实践的观点应当是认识论的首先的和基本的观点。"活生生的、蓬勃发展的现实生活中客观地存在着美和艺术的源泉，世界不仅充满着声音、颜色，而且"比它的显现更丰富、更生动、更多样化，因为科学每向前发展一步，就会发现它的新的方面"[②]。劳动生产创造着美的对象和一切真正的艺术品。审美主体作为反映

---

① 《列宁全集》，第2版第55卷，第153页。
② 《列宁选集》，第3版第2卷，第88页。

者，必定受着客观审美对象的制约和规范，脱离开审美客体或把它视为"感觉的复合"的"美的艺术"不符合美的创造规律，因而也是不存在的。

列宁的反映论从根本上解决了文艺源泉的问题。《唯物主义和经验批判主义》一书对当时文坛上流行的种种唯心主义谬论进行了彻底的批判。例如，当时甚嚣尘上的言论有："不能为了迎合知识和科学的需要，就认为艺术仅仅是生活的反映"，"艺术除了宗教的含义外没有任何本身的含义"，因而所谓文艺反映生活纯属"漂亮的空话"，这"对于任何艺术都是十分有害的"。[①] 列宁还从正面劝告高尔基暂缓写作后来成书的《阿尔达莫诺夫家的事业》，其基本的出发点也是：当前的现实生活还没有提供小说预料的"结局"，因而不可能作出正确切实的反映。列宁反映论为艺术与现实的关系、艺术的审美功能这一创造性活动的学说奠定了坚实的认识论基础，为理解艺术活动的社会本质提供了充分的哲学根据。

列宁在《费尔巴哈〈宗教本质讲演录〉一书摘要》中引述了费尔巴哈的这一论断："艺术并不要求把它的作品认作现实"，并旁批"注意"二字。费尔巴哈在这里是把宗教和诗都当作幻想来看待的，"宗教是诗"，"信仰＝幻想"。他认为诗意的宗教不能抛弃，否则就要"使世界陷于可怕的荒凉之中"；但散文式的宗教

---

① 《列宁和俄国文学问题》，中国社会科学出版社，1982年版，第209、203，208—209页。

（对事实的陈述）不适应人的本质和需要，其幻想"总是跟迷信和不人道的观念联系着的"①，所以应该"消灭"。那么"是不是消灭诗呢？"回答是否定的。诗和宗教都是幻想的产物，但宗教诱使人们相信它的幻想即是一种现实的存在，从而向超自然的上帝顶礼膜拜。诗的幻想与宗教的幻想则有本质的区别，它植根于现实，又从现实中抽绎出来。艺术承认其作品属于意识形态，即一种反映的特殊形式，而不是现实的物质实在。②也就是说，艺术、诗、幻想不能同客观现实画等号，它们具有意识的虚拟性和美学的假定性。就这个意义而言，艺术是不应该让人把它当作现实对待的，这种现实（物质实在）同宗教那种化主观为客观的"现实"（上帝，彼岸世界）根本不同。列宁引述费尔巴哈的这一论断表明，他赞同费尔巴哈对待宗教的基本态度，并且认定艺术（幻想）和现实之间主与从、虚与实的反映与被反映的关系中，蕴含着一种深刻的美学意义。其中的要义是：艺术反映现实必须以客观实在为依据，不能凭空杜撰，向壁虚构。但是列宁又指出，反映只能是对被反映者的近似正确的复写，如果说它们是同一的，那就荒谬了。③

列宁总是从唯物史观的高度，在辩证法、认识论和逻辑三统

---

① 《列宁全集》，第2版第55卷，第48—52页。
② 精神产品、艺术作品如书籍、绘画、雕塑、剧本等，也是一种物质的、物化了的存在形式。但从物质与精神的第一性与第二性的根本关系上谈，它们仍然属于意识形态。
③ 参见吴元迈：《列宁的反映论与文艺》（载于《马克思主义文艺理论研究》，文化艺术出版社，第5卷）。

一的原则下阐述客观世界与思维形式之间、审美对象与审美主体之间反映与被反映的对立统一关系。其中,个别与一般、现象与本质的关系成为列宁哲学和美学思想中的重要命题。列宁指出,某些个别的东西(如苏维埃政权下彼得堡资产阶级知识分子的悲观情绪),某些现象(如列夫·托尔斯泰不理解革命和避开革命)虽属某种"客观实在",但是由于它们并不反映整体或本质(的某一方面、某一部分),甚至背离客观规律而沉湎于"内心世界的真实",因而这种反映就不具备美的品质。博博雷金是与列夫·托尔斯泰同时代的作家,他的小说描写民粹派和马克思主义者的争论,看不到他们分歧的实质,仅就一些次要的、非本质的现象刻意点染。评论家维·查苏利奇尖锐地指出了这一点,列宁认为这一评论是"精彩意见"[①]。

"本质论"是列宁反映论的精髓。列宁经常用镜子比喻人的认识、思维活动与一定物质运动形式的联系,特别是对事物本质的反映。如列夫·托尔斯泰之所以被比作"俄国革命的镜子",关键不在他如何不理解革命甚至避开革命,而在他通过"世界文学中第一流的作品"反映出"革命的某些本质的方面"。[②] 这种本质就是1861—1904年期间俄国社会历史的特点,用主人公康·列文形象化的说法是:"现在在我们这里,一切都翻了一个身,一切都刚刚开始安排。"农奴制及其"旧秩序"已经废除,

---

[①] 《列宁全集》,第2版第2卷,第412页。
[②] 《列宁全集》,第2版第17卷,第181—182页。

而资本主义制度这个"吓人的怪物"又开始降临俄国大地。列宁所说的事物的本质可以分为许多层次和许多侧面,如认识的过程是从现象深入到本质,又从"初级的本质"到"二级的本质"。人的认识的长河总在经历着"从不甚深刻的本质到更深刻的本质的深化的无限过程"[①]。列宁论托尔斯泰的一组文章,特别是《列夫·托尔斯泰是俄国革命的镜子》一文被公认为运用反映论分析文学现象的典范。列宁关于反映社会生活本质的理论,其中许多主要观点都是来自对列夫·托尔斯泰和高尔基创作经验的提炼和概括,同时又反过来渗透融合于他对这些作家思想和作品的评论当中。

所谓反映社会生活的本质方面,在列宁看来,亦即要求艺术家遵循客观生活和艺术创作本身的固有规律和辩证法,屏弃僵死地"复制""拍摄"生活现象的自然主义,以及形形色色的"向精神呼吁""道德上的自我完善"等主观唯心主义。英国经验批判主义哲学家毕尔生(《科学入门》)否认现实的客观规律,轻视作为认识来源的自然界。列宁认为,依照毕尔生的理论,"人把规律给予自然界这一说法要比自然界把规律给予人这一相反的说法有意义得多"。这完全是康德的唯心主义谬论。另一位德国经验批判主义者彼得楚尔特(《纯粹经验哲学引论》)则否定艺术的认识作用(只有审美作用),不承认人的思维、生理现象和艺术创作具有任何的客观规律性。如果要反映事物本质,那就到科学

---

① 《列宁全集》,第 2 版第 55 卷,第 213 页。

那里讨生活，艺术无力负担这方面的任务。列宁认为，这种否认艺术的客观根源，否认艺术对现实生活的依赖关系的观点是十足的形而上学。

列宁反映论在美学上既坚持美和艺术的本源来自客观现实生活的唯物主义，批判了以马赫主义为代表的主观唯心主义美学派别；同时又充分注意到审美意识、艺术意识的特殊性，同"无产阶级文化派"等庸俗唯物论进行了坚决的斗争。

美和艺术的个性或特殊性，即它的认识功能、审美功能所产生的整体效应来自思维方式和表现形式的诸多特点。列宁把人的认识过程概括为三个阶段："从生动的直观到抽象的思维，并从抽象的思维到实践，这就是认识真理、认识客观实在的辩证途径。"[①]对美和艺术来说，形象思维过程就是以自己的特殊形式参与以上三个阶段的创造。"生动的直观"，首先指艺术创造开始阶段主体对个别具体的感性事物进行观察体验。感觉从这里开始，它是外部世界进入人的意识的唯一通道。"抽象思维"，即艺术家在占有大量感性材料的基础上去锐意开掘社会生活的本质。由于"现象比规律丰富"[②]，所以对现象的筛选、提炼、加工、概括就成为典型化的重要阶段。当然，这中间一直伴随着感性的具体的思维活动——"用形象思考"。主题孕育成熟了，它就"在于描写个别的情况，在于分析特定典型的性格和心理"[③]。最后，列宁

---

① 《列宁全集》，第2版第55卷，第142页。
② 《列宁全集》，第2版第55卷，第127页。
③ 《列宁全集》，第2版第47卷，第76页。

所说的"实践"即艺术创造这一"自然历史过程"(以个别揭示一般)的最终完成"实践高于(理论的)认识,因为它不仅具有普遍性的品格而且还具有直接现实性的品格"[①]。作家把某一社会形态作为活生生的东西向读者表明出来,生动鲜明地和盘托出。经过审美主体的鉴别欣赏并给予承认,这一艺术品才算走完了从孕育到成形的全部过程。

列宁在这里深刻地揭示出艺术创造与艺术鉴赏的辩证法。艺术要求通过个别、具体的感性形式反映出普遍、一般的规律与本质,艺术形象体现着思想和幻想、内容和形式、理性和情感的辩证统一:缺乏生活本身的具体性生动性而流于干巴巴的抽象说教或政治宣传,艺术品就会变味而成训诫文章;反之,忽视对社会本质的艺术概括而醉心于琐屑事物的渲染,这种作品被列宁称作"爬行的现实主义"。艺术特有的感性形式比一般抽象思维形式"优越"的地方,正是它采用了一种"比规律丰富"的特殊概括手法反映出整个世界(包括客观世界的包罗万象,精神世界的丰富多彩)。

对美和艺术反映社会本质的特殊性,列宁不仅从艺术社会学的角度进行社会历史分析,而且从审美心理学的角度作了恰如其分的评价。例如,他特别强调情感在艺术中的特殊作用,指出优秀作品之所以具有魅力,引起审美愉快,主要力量就是来自情感与思想的和谐统一。"没有'人的感情',就从来没有也不可能有

---

① 《列宁全集》,第2版第55卷,第183页。

人对于真理的追求。"[①]作为"人学"的文学艺术也是"人对于真理的追求"的一种形式,这种追求是作者和读者通过审美享受的满足而得以实现的。列夫·托尔斯泰作品中"充沛的感情""热情"和"诚恳"使得这位伟大艺术家想要"追根究底"找出群众灾难根源的努力显得特别动人,对农奴制的批判特别深刻有力。这种效果是凭借所谓"良心""博爱"和"自我修身的说教"所难以达到的。

艺术的感性形式是艺术家审美心理结构的外化形态。高尔基说:"我们艺术家的心理状态是不同的。"他的意思是艺术家常常受情绪的支配,在这种特定景况中,在情绪的影响下,他可以置其他一切于不顾。高尔基这样说也是有意为拜倒在沙皇脚下的夏里亚宾辩护。[②]列宁并不完全赞同高尔基的这一观点,因为有些"艺术家"总爱把情绪看得高于一切,而且他们的情绪常在波动中。但在《党的组织和党的出版物》《列夫·托尔斯泰是俄国革命的镜子》以及与高尔基等人的通信中,列宁还是承认艺术家思维方式的特点,一再强调艺术创作心理的特殊性。如绝对必须保证有个人创造性和个人爱好的广阔天地,有思想和幻想、形式和内容的广阔天地,不能把文学同其他事业刻板地等同起来;"少唱些政治高调""少来一些政治空谈",而去更多地接近和深入生活;要把人以及人与周围环境的关系当作艺术的主要对象,告诫

---

① 《列宁全集》,第2版第25卷,第117页。
② 《列宁全集》,第2版第26卷,第98页。

高尔基："这里的'心理学',交给您了。"因为研究"人学"是艺术家的主要职责,"整个人用统计学和算术是揭示不了的"[①]。列宁能动的反映论不仅从物质与精神、存在与意识的根本关系上阐明了唯物史观的基本原理,而且对各种反映形式及其特点(抽象的或感性直观的,各自的认识功能或审美功能)也从社会的、心理的不同侧面不同层次上给以准确的概括,为解决美学的基本问题,正确评价艺术家和艺术品的美学价值指明了研究方向,提供了方法论基础。

---

① 《列宁文艺思想论集》,中国社会科学出版社,1986年版,第290页。

二 列宁美学思想的丰富内涵

列宁美学思想是一座博大精深、别具特色而又自成体系的宝库。它几乎涉及美学领域里所有根本性的问题,并根据新的历史条件,创造性地提出了一系列深刻独到的见解。它对许多艺术门类如文学、戏剧、音乐、绘画、雕塑等,或者给以精辟的分析,或者对其发展规律和自身特点加以言简意赅的概括,并指明未来发展的方向。它集纳并总结了俄国古代和当代伟大作家艺术家的许多重要美学经验,同时广泛地涉猎世界各民族的艺术瑰宝,发前人所未发,得出了许多崭新的结论。

卢那察尔斯基认为:"古维叶[①]说过,他单凭一块腭骨或肩胛骨就能重塑出整个动物。同样,一个敏感的列宁主义者根据列宁一句话、一篇短文,几句评语就往往能够把这个行列式[②]发挥成为一整幅图画——懂得它在把人引向哪里,它是哪个体系的一部分。

马克思、恩格斯和列宁一段不长的评论,常常成为无产阶级科学中一门相应的、完备形

---

① 乔·古维叶(1769—1832),法国科学家,在比较解剖学、古生物学和动物分类学方面有卓越贡献。
② 一种数学式。

态的学科的胚胎。"①

卢那察尔斯基为研究马克思列宁主义提供的这种科学的方法论,对于研究列宁主义美学思想这一门"完备形态的学科"具有同等重要的意义。

---

① 卢那察尔斯基:《论文学》,蒋路译,人民文学出版社,1978年版,第293页。

第一章

论艺术和现实的审美关系

唯物主义与唯心主义两种美学观的根本对立，首先表现在对艺术和现实的审美关系的不同理解上。列宁的美学思想批判地吸取了人类美学遗产的精华，其中包括俄国革命民主主义思想家们关于生活决定艺术命运的唯物主义美学成果；继承并发展了马克思恩格斯关于艺术生产与物质生产关系的光辉思想，从而奠定了美与生活关系的辩证唯物主义美学观的基石。

第一节 关于生活与艺术关系的两种对立观点

马克思主义以前的旧唯物主义美学，在对待艺术和现实的审美关系上，别林斯基的"典型"理论和车尔尼雪夫斯基的"美是生活"的论断代表了当时美学思想的最高成就。

列宁对俄国革命民主主义者们的艺术创作和美学理论一贯给以很高的评价。特别是车尔尼雪夫斯基"美是生活"的著名美学命题，在列宁的美学思想体系中经过革命性的改造，赋予了崭新的时代内容，成为一种新的美学观的核心和灵魂。

美是什么？艺术与现实、艺术美与现实美之间的关系如何？这是世界美学史上长期聚讼纷纭莫衷一是的"斯芬克斯之谜"。车尔尼雪夫斯基从人本主义出发提出的"美是生活"的定义，以及艺术源于生活，艺术美决定于生活美，艺术是生活的教科书等著名论断，拨开了长期弥漫于美学领域的唯心主义迷雾，提出了一种新的世界观、美学观。列宁从无产阶级革命时代的现实斗争出发，对车尔尼雪夫斯基的"生活"概念中农民解放斗争的内涵给以更为深刻的阐述，同时赋予了无产阶级革命斗争和建设共产主义新生活的时代内容。

车尔尼雪夫斯基在强调生活是艺术的源泉，艺术美来源于现实美的同时，却拿生活与艺术作对比，明显贬低了艺术的作用和价值。如说现实为"原物"而艺术仅是它的"代替品"，现实像"没有戳记的金条"而艺术犹如内在价值极少的"钞票"。列宁坚持生活与艺术对立统一的辩证法，在肯定存在与意识、物质与精神、现实美与艺术美决定与被决定的前提下，指出二者相互依存、相得益彰的关系。艺术美有其相对独立的作用和价值。在关键时刻，一篇饱含革命激情的"精彩的"文学作品可以起到"革命的宣言"[①]的特殊作用；当现实生活中沉闷的气氛和残酷的斗争

---

① 列宁对高尔基《意大利童话》的评语。引自《列宁文艺思想论集》中国社会科学出版社，1986年版，第72页。

让人彷徨忧郁时，一部优秀的小说如《怎么办？》可以"使人整个的生命都充满活力"①。这就是说，生活中不能没有美和艺术。无产阶级火热的斗争生活更需要革命文艺的助燃和推动。

关于艺术的本质，马克思恩格斯主要从唯物史观方面论证了艺术同其他意识形态为一定的经济基础和社会生活特点所决定的共同性。而列宁则从认识论的角度阐明了艺术不同于其他意识形态的个性特征，对艺术创造和审美活动的特殊规律给予了更多的注意。不仅如此，在运用唯物史观解决革命文艺与人民生活的关系问题方面，列宁同样继承并发展了马克思主义。例如，就艺术和现实的审美关系而言，怎样正确认识优秀遗产（如托尔斯泰的创作）与革命既统一又矛盾的复杂性；革命文艺如何处理"过去的经验"和"现在的经验"之间"相互作用"②的辩证关系；无产阶级专政条件下革命作家与党和人民群众、新文艺与新生活的新型依存关系，以及革命文艺的特点和战斗作用等等：都是列宁对马克思主义美学的新贡献。

列宁美学观中"艺术和现实的审美关系"这块理论基石的确立，首先是同形形色色的唯心主义美学派别，特别是同以波格丹诺夫为代表的马赫主义反动哲学的激烈斗争紧密联系在一起的。马赫主义者根据他们的"纯粹"的感觉或客观世界是"感觉的复合"这一唯心主义谬论声称，人类的认识活动，包括艺术创作在

---

① 留里科夫：《弗·伊·列宁和文学问题》。引自《列宁论文学与艺术》（一），人民文学出版社，1960年版，第30页。
② 《列宁选集》，第3版第1卷，第667页。

内，都是以"感觉的复合"为丰富源泉的。不仅如此,"马赫主义者喜欢唱这样一种高调：……认为世界……是充满着声音、颜色等等的,而唯物主义者认为世界是死的,世界没有声音和颜色,它本身和它的显现不同"。[①]马赫主义者试图以他们否定客观实在的"纯粹"感觉为基准,诬蔑唯物主义者所理解的客观世界和现实生活都是单调的、僵死的、没有任何生机的。对此，列宁反驳道："唯物主义者认为世界比它的显现更丰富、更生动、更多样化，因为科学每向前发展一步，就会发现它的新的方面。"[②]"现象比规律丰富"[③]，生活比理论丰富。在唯物论看来，感性世界是丰富多彩，不可穷尽的，现实世界的经验无可代替。人的感觉包括美感在内，只能是客观现实在人脑中的一种反映。生活是艺术的唯一源泉。

列宁关于生活实践的观点也是对庸俗唯物论的批判。他们否定反映过程中人的主观能动性，宣称要把人的认识从"一切情感""毫无益处的感受"中"解放"出来。[④]很明显，这样创造出来的"灰暗的形象"（列宁语）是对生活直观的、消极的、死板的模仿，抽掉了人的感性活动和生命意识。这种机械的反映形式是对生活的歪曲，同时也损害甚至取消了艺术的审美特性。

---

① 《列宁全集》，第2版第18卷，第128页。
② 《列宁全集》，第2版第18卷，第129页。
③ 《列宁全集》，第2版第55卷，第127页。
④ 《列宁文艺思想论集》，中国社会科学出版社，1986年版，第162页。

第二节 生活实践——美和美感的源泉

列宁美学思想的坚实基础就是牢牢地把现实生活、实践经验确立为美和美的创造的唯一源泉，这种唯物论的反映论贯穿于列宁美学思想发展的始终。列宁喜欢在著作中反复征引歌德的名句："我的朋友，理论是灰色的，而生活之树是常青的。"① 在这里，列宁是拿理论的抽象性和生活的现实性品格作对比，指出理论不及生活本身那样生动、具体、丰富和复杂，并无意否定理论的价值。歌德自己也申明："人们还来问我在《浮士德》里要体现的是什么观念，仿佛以为我自己懂得这是什么而且说得出来！……倘若我在《浮士德》里所描绘的那丰富多彩、变化多端的生活能够用贯串始终的观念这样一条细绳串在一起，那倒是一件绝妙的玩艺儿哩！"② 列夫·托尔斯泰的创作同样植根于人民生活的沃壤，强烈地、执着地表现出作者对美好生活的信念。他说："艺术家的目的不在于不可辩驳地解答问题，而在于让人们热爱那种多彩多姿、纷繁无比的生活。"③ 列宁深刻地指出，托尔斯泰能够创作出"无与伦比的俄国生活的图画"④，"使他的作品在世界文学中占有第一流的地位"⑤，根本的原因是他在转变了的

---

① 《列宁全集》，第 2 版第 29 卷，第 139 页。
② 爱克曼：《歌德谈话录》，人民文学出版社，1978 年版，第 147 页。
③ 《列夫·托尔斯泰全集》，俄文版第 61 卷，第 100 页。引自《列宁文艺思想论集》，中国社会科学出版社，1986 年版，第 111 页。
④ 《列宁全集》，第 2 版第 17 卷，第 182 页。
⑤ 《列宁全集》，第 2 版第 20 卷，第 19 页。

世界观的指引下，深刻地研究了俄国的社会生活。"托尔斯泰非常熟悉乡村的俄国，熟悉地主和农民的生活。他在自己的艺术作品里对这种生活作了世界最优秀的文学作品中才有的十分出色的描绘"，"他作为艺术家，同时也作为思想家和说教者，在自己的作品里异常突出地体现了整个第一次俄国革命的历史特点，这场革命的力量和弱点"。[1]但是，列宁同时也尖锐地指出，托尔斯泰正是由于他的空想社会主义信仰，他闭眼不看现实的向"精神"的呼吁，关于"良心"和"博爱"的空洞说教，以及脱离生活实践的"道德上的自我修身""一切东西都是物质上的虚无的禁欲主义"等等，使他迷恋已成过去的东方制度即亚洲式制度，不承认"刚刚开始形成"的资本主义现实，更"不了解"而且有意"避开"正在汹涌澎湃的人民革命洪流。就这方面而言，托尔斯泰脱离现实而遁入"内心的世界精神"的寂静主义悲观主义又确实给他的创作带来了严重的损害。

列宁就生活与理论的关系问题阐明了这样一条无可辩驳的真理："马克思主义者必须考虑生动的实际生活，必须考虑现实的确切事实，而不应当抱住昨天的理论不放，因为这种理论和任何理论一样，至多只能指出基本的、一般的东西，只能大体上概括实际生活中的复杂情况。"[2]对艺术创作和审美实践而言，情况更是如此。形象思维的特点就是始终以活生生的人为中心，通

---

[1] 《列宁全集》，第2版第20卷，第40、20页。
[2] 《列宁全集》，第2版第29卷，第139页。

过生动逼真的生活画面来反映出社会和自然的整体面貌与本质方面。不言而喻，生活实践对艺术和审美的意义就不能不居于首要地位。现实美（包括自然美，社会美）为艺术美的产生提供了必不可少的前提条件，也为审美判断确立了无可替代的标准。"艺术作品愈是完整、全面而又深刻地反映出生活，就愈是纯朴，也就愈为列宁所重视。"① 相反，那种缺乏实际生活体验，没有生活气息的艺术品则使列宁感到"气愤"和"受不了"。如在观看高尔基的戏剧《底层》时，演出过程中"多余的噱头"和"缺少那种能够恰如其分而又非常具体地描绘环境的生活细节"而故意渲染的"戏剧性"让列宁非常扫兴，以至"很长一段时间不想去戏院"。②

但是，列宁把"生活"概念引入艺术和现实的审美关系之中，这种"生活"是有其特定内涵的，同时分为递次升级的三个层次：真实的生活，表现人民斗争和理想的新生活，以及反映某种本质和规律的社会生活。第一，它的起码准则是真实（逼真）。"在文艺作品中重要的是，让读者对所描写的事物的真实性不会产生怀疑。读者每根神经都感到，一切正是这样发生的，这样感受、体验、叙说的。"③ 列宁认为托尔斯泰的小说"能达到这样巨

---

① 《列宁论文学与艺术》（二），人民文学出版社，1960年版，第873页。
② 参见《列宁论文学与艺术》（二），人民文学出版社，1960年版，第864、854—855页。
③ 《卢那察尔斯基文集》（八卷本），苏联国家文学出版社，1965年俄文版第6卷第276页。引自《列宁文艺思想论集》，中国社会科学出版社，1986年版，第112页。

大的艺术力量",其秘密之一就是惊人的真实。托尔斯泰"是最清醒的现实主义,撕下了一切假面具","他对社会上的撒谎和虚伪提出了非常有力的、直率的、真诚的抗议"①,"力求'追根究底'找出群众苦难的真正原因",在"忠实地"反映农民的情绪时,"甚至把他们的天真,他们对政治的疏远,他们的神秘主义,他们逃避现实世界的愿望,他们的'对邪恶不抵抗',以及他们对资本主义和'金钱势力'的无力诅咒,都带到自己的学说中去了"②。真实的生活,其中的善恶美丑,都为艺术创造提供了可靠的感性材料,成为特定的审美对象。

第二,列宁心目中的生活,他一再赞美和提倡的生活充满了阶级斗争内容。革命前它主要指劳动人民反抗压迫剥削,为争取人的地位所作的紧张的努力。无产阶级取得政权以后,指的是人民群众保卫和建设共产主义的"新生活"。车尔尼雪夫斯基"美是生活"中的"生活"明确地同农民的解放斗争相联系;"应当如此地生活"则寄寓着他的美学理想。列宁的"生活"概念中更包含着确定的现实内容和科学的理想。生活本身的内涵和品位有高低文野之分,列宁所强调的"生活"不是指"上等人"和"贵夫人"骄奢淫逸的生活,不是指凡夫俗子"平庸苟安的日子"或旧俄罗斯农民憧憬的静止不动的东方制度和亚洲制度,更不是指麻木愚昧的奴隶生活("可怜的民族,奴隶的民族,上上下下都

---

① 《列宁全集》,第2版第17卷,第182页。
② 《列宁全集》,第2版第20卷,第41页。

是奴隶"①)和奴才的生活("对奴隶生活的种种好处津津乐道并对和善的好主人赞赏不已以至垂涎欲滴的奴隶是奴才，是无耻之徒"②)。在列宁看来，真正美的生活必然充满着矛盾、运动、斗争，孕育着理想主义和乐观主义，而且同千百万人民群众的情绪、要求和愿望密切地联系在一起。因此，只有这种生活才能成为优秀艺术和纯正审美趣味的生命之源。

列宁的"生活"概念不是停滞的、凝固的，而是在历史发展中不断充实更新其内容，并在更高的层次上深化它同艺术的内在联系。十月革命以前，列宁肯定革命民主主义作家们对现实生活的态度，即敢于揭露沙皇农奴制的罪恶，讴歌农民的解放斗争，并按照生活的逻辑尽力预示出"黑暗王国一线光明"的未来前景。十月革命胜利以后，在无产阶级专政条件下，列宁认为新生活同它的各种反映形式，尤其是同艺术创作之间应当建立起一种新型的关系。同十月革命前相比，文艺对生活的暴露和歌颂功能必将发生时代的逆转。列宁一再号召革命作家深入到工农中去，善于把握住革命发展的主流，分清旧事物同新事物之间的界限，以满腔热情去讴歌革命和建设。面对从未遇到过的新的革命现实，从旧时代过来的艺术家往往思想准备不足，甚至会在激烈斗争和暂时困难面前彷徨动摇，在生活实践和艺术实践中产生挫折和失误。这方面典型的例子就是高尔基。十月革命后，高尔基

---

① 《列宁全集》，第2版第26卷，第109页。
② 《列宁全集》，第2版第16卷，第37页。

曾一度陷入对苏维埃政权和人民新生活的怀疑与悲观之中。究其根源,除了受波格丹诺夫马赫主义唯心论哲学的影响,流寓国外而远离革命中心这些历史原因而外,主要是高尔基久居彼得格勒这座"故都"之中,受到"残存的贵族"和"满怀怨恨的资产阶级知识分子"的包围,脱离了人民生活和革命的洪流。列宁致信高尔基,劝导他摆脱悲观失望的唯一出路是立刻走出彼得格勒,彻底改换生活环境,到"下面"的工厂农村或前线去"观察"人民群众怎样以新的方式建设生活,"在那里,只要简单观察一下,就能很容易区别旧事物的腐朽和新事物的萌芽"[1]。高尔基的迷误就是一叶障目,不见泰山。把个别地区个别人所造成的消极现象视为革命的必然后果,仿佛已经弥漫到全国。这种把个别当成一般,把现象当成本质,把支流当成主流的偏见导源于他对新生活的隔膜。实践证明,"走出彼得格勒"成为高尔基创作转机的起点。

任何新生事物都不可能完美无缺。革命胜利初期的新生活虽然朝气蓬勃,充满生机,但它也难免幼稚和不够完善,旧社会腐烂的尸体还会散发着臭气。关键在于认清方向,把握主流。列宁鄙夷"那些热衷于写作、往往埋头书斋而看不见实际生活的著作家"[2],热情号召革命作家必须经常关注劳动人民的生活和斗争,十分爱护并支持"富有生命力"的"新的幼芽",帮助它们茁壮

---

[1] 《列宁全集》,第2版第49卷,第42—46页。
[2] 《列宁全集》,第2版第35卷,第401页。

成长。他反复劝告作家和新闻工作者要"多深入生活。多注意工农群众怎样在日常工作中实际地创造新事物。多检查检查,看这些新事物中有多少共产主义成分"①。艺术认识生活、反映生活有其固有的特点和规律性,因此要"少来一些政治空谈,少发一些书生的议论"②,"少唱些政治高调,多注意些极平凡的但是生动的、来自生活并经过生活检验的共产主义建设方面的事情"③。但是,无论如何,革命和建设的新生活已经为无产阶级作家的艺术实践开辟了广阔的天地,为他们施展艺术才华,创造出无愧于时代的杰作奠定了深厚的基础。

列宁在革命胜利后一再强调深入生活对作家的意义,这同当时作家所处的具体历史条件直接有关。从旧时代过来的一批文学艺术家有些人不理解革命、不习惯新的生活方式;有些人长于暴露旧的丑恶却不善讴歌新的光明;还有相当多的人信奉唯美主义的"纯艺术"或未来主义、表现主义等现代派艺术,自觉不自觉地沉溺于主观精神而疏远甚至否定客观现实。刚刚成长起来的新一代作家则普遍缺乏斗争阅历,对新生活的内涵和意义认识不足。

在这种历史背景下,列宁把生活实践提到艺术创作和一切文化活动的首位而加以强调,这是反映论的主旨所在,同时也为"艺术和现实的审美关系"这一著名命题注入了崭新的时代内容,

---

① 《列宁全集》,第2版第35卷,第93页。
② 《列宁全集》,第2版第35卷,第9页。
③ 《列宁选集》,第3版第4卷,第9页。

奠定了更加坚实的理论基础。

第三，列宁"生活"概念的核心和灵魂是强调生活的本质或内部联系的重要性。这是"生活"概念中的最高层次。

车尔尼雪夫斯基美学命题中的"生活"（如"应当如此地生活"，"使我们想起人以及人类生活的那种生活"）显得较为笼统、空泛，在同艺术（艺术美）比高低时又把生活（现实美）绝对化、片面化了。抬高现实美而贬低艺术美，表现了车尔尼雪夫斯基混淆自然形态和观念形态两类概念性质的机械唯物论和形而上学的历史局限性。列宁以唯物辩证法对立统一的观点来阐明艺术与现实的审美关系，深刻地指出，艺术作为一种意识形态形式，它来源于并从属于现实；同时又具有相对独立性和无可替代的特点与作用。现实（自然和社会）无比丰富复杂，它是艺术取之不竭的源泉。不过，自然形态的东西难免粗糙，鱼龙混杂且缺乏理想（典型）。"现象比规律丰富"[①]，但现象往往不能正确地全面地反映事物的性质，甚至会出现某种假象，歪曲事物的真实面貌。规律则能更深刻更全面地反映出事物的本质特征，并预示发展前景。因此列宁明确提出，进入艺术中的生活必须经过艺术家的选择加工，以生动直观的形式体现某种社会本质和规律。它区别于自然形态的生活现象，同满足于模仿自然、复制生活的客观主义自然主义或所谓"爬行的现实主义"绝不相同。因为对生活浮面的逼真描绘，实际上仅得生活的皮毛，却丢弃了生活的真髓和神

---

① 《列宁全集》，第2版第55卷，第127页。

韵（本质）。这同列宁一再推崇的现实主义原则是背道而驰的。

列宁喜欢用镜子比喻艺术对现实的依赖关系，即没有被反映者也就没有反映。但是列宁"镜子"说的主旨和真意却不是物理学（发光物体借助镜面照出原貌）的机械反映，也不是生理学（视知觉通过大脑皮层"加工区"对物体的辨认）的感应，而是从认识论（反映论）、心理学、艺术哲学的角度对意识与存在的一种特殊形式（审美）的形象概括。

"镜子"说的深刻内涵是：艺术反映生活、美感反映审美对象不单意味着现象的"逼真"或"生动的直观"（形似）——客观实在是感觉的起源；而且更重要的，它还意味着这种反映是对象的某种社会本质或规律的形象再现（神似）——客观实在同样也是理性和真理的源泉。还有，这种反映不仅是客体的如实观照，同时也有主体的融入和渗透（能动性），最终凝聚成主客体浑然天成的艺术形象。

集中体现"镜子"说理论的典范作品是列宁论托尔斯泰的一组文章。在此之前，一些俄国理论批评家就用镜子来比喻托尔斯泰及其创作。民粹派理论家米哈伊洛夫称托尔斯泰的作品是"优秀的艺术镜子"，作家柯罗连科说托尔斯泰这类艺术家是"活的镜子"，一位诗人称颂这位大作家的智慧像一面"巨大无比"的"镜子"，能够"映出整个大自然"并"再现大地的全部生活"等等。[①] 这些说法不是显得空泛浮面，就是把托尔斯泰的作品看成

---

① 参见《马列文论百题》，陕西人民出版社版，第537—538页。

是对现实的直观的、单纯的模仿，并未触及作家把握革命本质方面的真谛及其世界观和创作的深刻矛盾。列宁论托尔斯泰的一组文章有力地批判了来自右的沙皇官方文人、立宪民主党人、自由主义者对托尔斯泰的攻击和诬蔑或恶意的阿谀奉承，又批判了从"左"的方面指责这位艺术巨匠是个"大地主""贵族"和"低能的思想家"的虚妄不实之词，并不顾党内相当一部分人对肯定托尔斯泰及其创作所产生的"惶惑不解"，力排众议，旗帜鲜明地提出了托尔斯泰是位世界一流的伟大艺术家，他的作品反映了整整一个时代的社会生活特点及其深刻矛盾的科学论断。在沸沸扬扬评说托尔斯泰的舆论环境中，列宁这一石破天惊的科学论断不啻是一道耀眼的闪电，一下穿透了俄国思想界的迷雾，指明了正确的方向。

"把这位伟大艺术家的名字同他显然不理解、显然避开的革命联系在一起，初看起来，会觉得奇怪和勉强。分明不能正确反映现象的东西，怎么能叫作镜子呢？"[①]这个令人困惑莫解的问题，经过列宁运用辩证唯物主义的解剖刀对种种矛盾现象的深入剖析，便豁然开朗了。这里，问题的症结在于：从作家的言论和实际行动看，他是不了解以至避开革命的；而从他的创作实践看，他却是一位"恰恰表现了我国革命是农民资产阶级革命的特点"[②]这一社会本质的伟大艺术家。这种表面上非常矛盾的现

---

① 《列宁全集》，第 2 版第 17 卷，第 181 页。
② 《列宁全集》，第 2 版第 17 卷，第 185 页。

象，实际上正是当时俄国社会生活复杂性的一种反映："在直接进行革命、参加革命的群众当中，各社会阶层的许多人也显然不理解正在发生的事情，也避开了事变进程向他们提出的真正具有历史意义的任务。"[①] 就是说，有许多革命者虽然厕身革命的行列，但是由于种种主观或客观的原因，他们并不真正理解自己所从事的事业，而是在很大程度上被动地"随大流"，盲目地顺应了革命的洪流，作出了始料未及的贡献。这几乎是任何一次社会革命和群众运动都可能出现的情况。托尔斯泰不仅没有亲身参加革命，站在了革命洪流之外，甚至诋毁革命（"革命的主要原因之一就是迫使儿童毁坏自己玩具的那种感情，破坏欲"，"消极的革命在俄国开始了"[②]）。可是他却以惊人的力量描绘了俄国社会生活的真实图画，并对黑暗现实给以激烈的批判。从这里就自然而然地、不可避免地导引出革命必然发生的历史性的结论，尽管这个结论是托尔斯泰本人始料不及也不愿看到的。多年从事托尔斯泰研究的法国著名作家罗曼·罗兰认为："对于文学史家来说，研究清楚下列问题是很有意思的：卢梭、狄德罗、伏尔泰，所有伟大的艺术家——革命的先驱们，他们有什么东西是超越他们本人的，他们有什么东西属于未来，而他们并没有发觉这一点，如果他们能够预见到这个未来，他们又会抛弃它。这就是列宁以其

---

① 《列宁全集》，第 2 版第 17 卷，第 181 页。
② 《托尔斯泰日记》，1905 年 7 月 31 日、12 月 23 日。《列·尼·托尔斯泰文集》第 18 卷。引自黑龙江大学中文系文艺理论教研室编：《马克思主义文艺论著学习参考资料》第 3 辑。

固有的果断和洞察一切的精神开始进行的工作,并以此来评论他最心爱的作家。列宁指出,托尔斯泰是怎样天才地揭露当时存在的社会制度的虚伪和罪恶,并把批判的锋芒指向这个制度,这种批判本身就是对革命的号召。而另一方面,一旦面临由这种批判激发出来的革命行动时,托尔斯泰又惊恐万状、气急败坏地避之惟恐不及,叫道:'不行呀!'躲进企图以否定太阳来阻止太阳运动的'东方静止不动'的神秘论中去。"①

评论一位艺术家,特别是评论托尔斯泰这样一位世界观和创作都充满深刻矛盾的伟大艺术家,着重的不是看他的宣言,他的政治态度,而是看他的创作实践。"如果我们看到的是一位真正伟大的艺术家,那么他在自己的作品中至少会反映出革命的某些本质的方面。"②列宁高屋建瓴地抓住托尔斯泰有力地反映"革命的某些本质"这个总纲,展开对他的种种矛盾的深入分析,并作出全面的评价。这种评价及其方法论的深刻含义特别值得我们认真研究和学习。

什么是生活的本质?在列宁看来,本质即是隐藏在现象背后的事物内在的规定性、规律性。现象和本质都存在于事物本身,都是一种客观实在。现象作为感性形态是丰富多彩的,但只有把握本质才是对事物认识的深化,从而发现真理,付诸实践,达到预期的目的。艺术家的本领就在于以敏锐的目光(先进的

---

① 罗曼·罗兰:《列宁(艺术和行动)》。引自《列宁和俄国文学问题》,中国社会科学出版社,1982年版,第312页。
② 《列宁全集》,第2版第17卷,第181页。

世界观)透过现象看到本质,并通过艺术手段把这种抽象的本质以生活原貌的感性形态生动形象地表现出来。但是,正确深入地把握本质并给以艺术再现是一个复杂的认识和实践过程,并非任何一位艺术家都能做到这一点,也不是任何一位伟大的艺术家能够完美无缺、始终如一地做到这一点。"列·托尔斯泰在自己的作品里能提出这么多的重大问题","表现出来的正是农民群众运动的力量和弱点、它的威力和局限性","托尔斯泰的学说反映了直到最底层都在掀起汹涌波涛的伟大的人民海洋,既反映了它的一切弱点,也反映了它的一切长处"[①]。列宁对托尔斯泰及其创作所做的这些关键性的评判,雄辩地说明这位世界一流的艺术家认识生活、把握生活本质的惊人才能。即使是列宁指出的托尔斯泰诸种矛盾中的另一面,如"发狂地信仰基督""道德上的自我修身""不用暴力抵抗邪恶",以及他的寂静主义,禁欲主义、悲观主义等等,这些矛盾方面也不仅是个人的,而且"是这样一个时代必然要出现的思想体系"。对整个这些矛盾来说,也"不是仅仅他个人思想上的矛盾,而是一些极其复杂的矛盾条件、社会影响和历史传统的反映"[②]。所以说,托尔斯泰及其作品中的诸种矛盾,包括这些消极的矛盾方面在内,都是俄国社会生活本质的真实反映。我们有理由对这些消极因素进行善恶美丑的价值判断,却不能由此得出结论:托尔斯泰描写它们即是歪曲生活。这些消

[①] 《列宁全集》,第2版第20卷,第19、20、71页。
[②] 《列宁全集》,第2版第20卷,第104、102、23页。

极因素作为时代的思想体系和作家个人世界观的组成部分,都是实际社会生活中现存的思想形式。它们同积极因素的矛盾斗争应该成为作品的重要内容。问题不在"写什么",而在"怎样写"。

总之,在列宁看来,是否反映出某种生活的本质规律,以及这种反映的深广程度如何,从根本上决定着艺术的命运。围绕着是否反映以及如何反映生活本质,列宁批判了两种不良倾向。一种是自然主义客观主义地模仿复制生活现象,加以病态的描绘。温尼琴科的小说《先辈遗训》大肆罗列渲染"骇人听闻的事",把充满"淫荡""梅毒"、各种秽行、色情的大杂烩拼凑在一起,并"津津乐道,当作'得意的话题'","既吓唬自己又吓唬读者"。[①] 作者审美趣味卑下,认丑为美;避开对生活本质的探求而一味展览丑恶,追求感性刺激。列宁愤慨地斥责他是个"自我欣赏、自命不凡的双料蠢货"!对陀思妥耶夫斯基小说的类似弊病如宣扬顺从忏悔、病态心理等,列宁也作了尖锐的批评。[②]

列宁并不一般地反对描写丑恶,揭露阴暗面,关键在于作者的态度。据高尔基说,列宁"非常喜欢"沃尔诺夫的《平生数日》。这篇作品对好坏两方面的生活现实都"毫不遮掩,毫不粉饰"地如实描绘出来,引起了列宁的"沉思"。"是的,这不是纸上的生活,而是现实的生活。"[③] 列宁对此加以赞扬。对另一位作者 B. 扎祖布林的著作《两个世界》,列宁也肯定了作者描写乡

---

① 《列宁全集》,第 2 版第 46 卷,第 479—480 页。
② 《列宁全集》,第 2 版第 46 卷,第 480 页。
③ 参见《列宁文艺思想论集》,中国社会科学出版社,1986 年版,第 304 页。

村落后面而取得了很大"社会效益"的写作态度，认为这是一部"很好、很需要的书"①。

列宁批判的另一种倾向是阉割了生活固有的感性特征，取消活生生的个性，刻意追求某种抽象理念，或者借助人物之口喋喋不休地发表哲学讲演、政治议论。波格丹诺夫的小说《红星》中的角色就是马赫唯心主义哲学的拟人化，每个人物的言行都旨在为马赫哲学的论点服务。这些"非性格化，精神一律化"的人物受到列宁的批评和讥讽："我国的那位作者（指波格丹诺夫。——引者注）有些欺骗我们，他笔下的火星美人不完整。看来他的原则大概是'一个令人鼓舞的谎言，要胜过千万个卑微的真理'。"②这里所谓角色的"不完整"，指的是她缺少生活的血肉，仅只肩负着宣传抽象哲理的使命，变成了一种空洞干瘪的符号。波格丹诺夫的另一部空想主义小说《工程师曼尼》同样以脱离生活的马赫主义抽象思辨为主调。实际上，这类"幻想小说"并不具备起码的艺术品质，完全是一些演绎唯心主义哲学的拙劣的宣传品。

第三节 艺术美的价值

如前所述，列宁强调生活对艺术的决定作用，艺术美从根本上来源于现实美。离开艺术美所由产生的基础和源泉来谈论"纯艺术"的价值，必然堕入主观唯心主义（"美在我心"）和唯美主

---

① 参见《列宁文艺思想论集》，中国社会科学出版社，1986年版，第304页。
② 《列宁全集》，第2版第53卷，第311页。

义(为艺术而艺术)的泥坑。

虽然列宁十分重视艺术的个性和特殊规律,强调情感、想像、幻想对艺术创作的重要作用,但是他又指出,想像和幻想不能离开生活的根基凭空杜撰,而只能是生活现实的合乎逻辑的升华。包括马克思的共产主义在内,一切科学的而非臆造的理想和幻想形式都是从实际生活和斗争中生发出来的,都是客观规律合理的延伸。现实生活中并不存在,或者一时难以预期的未来社会的详细图景,不应该成为现实主义艺术的描写对象。因为即使是科学的理想,也只是一种粗略的蓝图,无法对它进行精确的描绘。例如,高尔基在十月革命前曾经打算写一部资产阶级的"家庭的百年史"。列宁就此指出:"主题非常好,当然,是一个难处理的主题,需要大量时间,我想,您是能够胜任的,不过我看不到书的结局如何!现实是不会提供什么结局的。不会的,这要等革命成功以后才能写,目前只能写类似《母亲》那样的东西。"[①]高尔基表示接受列宁的忠告,承认"书的结局,自然,连我自己也不曾看到"[②]。恩格斯在评论敏·考茨基的小说《旧人和新人》时也曾明确指出,"我认为,作家不必把他所描写的社会冲突的历史的未来的解决办法硬塞给读者"[③],列宁的"书的结局"和恩格斯的"未来的解决办法"在思想上是一脉相承的。

一个严格的现实主义者必须尊重现实的逻辑发展,他的理想

---

① 《列宁论文学与艺术》(二),人民文学出版社,1960年版,第879页。
② 《列宁论文学与艺术》(二),人民文学出版社,1960年版,第879页。
③ 《马克思恩格斯选集》,第2版第4卷,第673页。

就寄寓在变革现实的斗争当中。建基于"事变的任何自然进程始终达不到的地方"①的空想，以及子虚乌有的乌托邦，它们同科学的理想之间是有根本性质的区别的。十月革命后，资产阶级被赶出历史舞台，实际生活为高尔基曾经酝酿过的长篇小说的"结局"提供了现实可能性。他的《阿尔达莫诺夫家的事业》通过一个商人家庭的三代历史，以高度的艺术概括力表现了"整个俄国资产阶级退化的简史"②。

有鉴于此，在艺术反映现实的诸种形式中，列宁一贯偏爱现实主义作品。"列宁的兴趣是很明确的。他喜欢俄国古典作家，喜欢文学和绘画中的现实主义。"③相对而言，列宁对浪漫主义则较少注意。至于西方现代派艺术中的未来主义、表现主义张扬抽象与荒诞，列宁则明确表示厌弃。列宁这种鲜明的艺术倾向性来自他对艺术社会功能的要求：艺术必须如实地反映社会生活，无产阶级艺术必须为革命斗争服务。他总是在这个前提下来论述艺术的特性，评判艺术的价值的。高尔基的《母亲》从艺术上讲并非无懈可击，如过分美化了革命知识分子，由于写得匆忙而显得粗糙等等。但是作者抓住了时代最迫切的社会政治问题并给以美学上的回答，对工人的革命斗争生活进行了忠实而精确的描绘，

---

① 《列宁选集》，第3版第1卷，第488页。
② 季莫菲耶夫：《苏联文学史》上卷，水夫译，作家出版社，1956年版，第190页。
③ 《卢那察尔斯基文集》（八卷本），苏联国家文学出版社，1967年俄文版第7卷第401页。引自《列宁文艺思想论集》，中国社会科学出版社，1986年版，第355页。

对革命前途表现出坚定的信念,因而受到了列宁的高度评价,称赞这本书"非常及时""必需"、对工人有"很大的益处"[①],表现出列宁对高尔基新的美学追求的热烈赞同和鼓励。

在论述生活与艺术的辩证关系时,列宁总是侧重强调艺术依赖于生活,审美意识决定于客观的审美对象。但列宁是否像车尔尼雪夫斯基那样,认定艺术仅是生活的"代替物",艺术像"很少内在的价值"的"钞票",生活则像"没有戳记的金条",因而艺术美根本没有它的独立价值呢?列宁的辩证唯物主义大大超出旧唯物主义的地方,就在这里十分鲜明地表现出来了。在列宁看来,艺术对现实的依赖并非单向的、被动的,不像摄影术中照片同物体的简单关系。艺术中渗透着人的主观因素,它是主客观相互依存的统一体;同时,艺术又反作用于现实,发挥着认识世界、改造世界的积极的能动作用。反映与被反映是一个复杂的"物质交换"过程。因此,现实最终决定艺术,却不能代替艺术。二者不同的性质决定了各自不同的价值取向。就这方面讲,艺术和现实难分轩轾,具有不可比性。

列宁强调指出,艺术和艺术美之所以必要和重要,首先是同它的特殊社会功能直接相关的。艺术不是用"赤裸裸的思想"去说服人,因为那样"用一篇好文章就可以表达清楚"[②]。艺术是以

---

① 《列宁论文学与艺术》(二),人民文学出版社,1960年版,第882页。
② 《卢那察尔斯基文集》(八卷本),苏联国家文学出版社,1965年俄文版第6卷,第276页。引自《列宁文艺思想论集》,中国社会科学出版社,1986年版,第112页。

感人的形象作用于人的思想感情，使人变得纯粹、高尚，甚至给人指出革命的道路。列宁和他的哥哥亚历山大·伊里奇都通过阅读《怎么办？》十分仰慕车尔尼雪夫斯基的革命意志和伟大人格，先后奔向革命。列宁认为："在接触马克思、恩格斯、普列汉诺夫等人的著作之前，惟有车尔尼雪夫斯基对我具有首要的、压倒一切的影响，而这种影响是从《怎么办？》开始的。"① 托尔斯泰的思想和批判在无产阶级革命时代并不具先进性，"托尔斯泰的批判并不新。他所说的，没有不是那些支持劳动者的人早就在他之前很久在欧洲文献和俄国文献中说过的"②。那么，为什么这位伯爵主要是描写贵族（当然，"在这位伯爵以前文学里就没有一个真正的农民"③）的作品竟会产生这样大的艺术魅力呢？为什么"由于托尔斯泰的天才描述，一个受农奴主压迫的国家的革命准备时期，成了全人类艺术发展中向前迈进的一步"④ 呢？除了他反映革命本质方面的深刻性，表现俄国农民资产阶级革命特点的真实性之外，一个特别突出的特点就是托尔斯泰创作的感情力量。虽然托尔斯泰在他的《艺术论》里贬低甚至否定思想，不适当地夸大了情感对创作的决定意义，但他的创作实践却有力地证明：思想和情感作为艺术的灵魂，对创作是同样重要，不可缺

---

① 《文学问题》（俄文版），1957年第8期，第134页。引自《列宁文艺思想论集》，中国社会科学出版社，1986年版，第50页。
② 《列宁全集》，第2版第20卷，第40—41页。
③ 高尔基：《忆列宁》。引自《列宁论文学与艺术》（二），人民文学出版社，1960年版，第883页。
④ 《列宁全集》，第2版第20卷，第19页。

少的。列宁评论托尔斯泰，也始终是把他的强烈真实的感情力量看作实现其艺术价值的主导因素，如称赞他的作品"能达到这样巨大的艺术力量"的一个根本原因是他"真诚""忠实"地表达了原始农民的"思想和情绪"，他们的"天真""向往"和"绝望"。"这位强烈的抗议者、愤怒的揭发者和伟大的批评家"一方面"对国家、对警方官办教会"表现出"强烈的、激愤的而且常常是尖锐无情的抗议"；另一方面，"他满怀最深沉的感情和最强烈的愤怒对资本主义进行的不断的揭露"。托尔斯泰创作所特有的这种"感情强烈""热情奔放""真诚"以至弥漫整个作品的"深沉的悲观主义调子"，的确给读者的心灵带来了持久而强大的冲击。[①]就这方面而言，艺术的独特作用是无可替代的。

美和艺术的特殊使命是提高人的精神境界，激发人的斗争热情。在无产阶级取得政权以后的社会主义社会里，这一使命显得更为突出，更为重要。列宁批判了各种各样诬蔑无产阶级不需要文化遗产，工农大众不理解高雅艺术的论调。指出粗俗的诗歌和并非"真正的、伟大的艺术"的马戏这类东西，从长远来说，不应成为劳动人民主要的精神食粮，"我们的工人和农民理应享受比马戏更好的东西"[②]。即使像别德内依这样的著名诗人，尽管他的讽刺诗和寓言写得"非常俏皮""很美"，善于"一针见血"地"准确地击中要害"，无疑算是"真正无产阶级的"优秀作品了，

[①] 《列宁全集》，第2版第20卷，第19、23、20、23、41、102页。
[②] 《列宁论文学与艺术》（二），人民文学出版社，1960年版，第916页。

可是列宁依据无产阶级文艺的批评原则，从严格意义上来要求别德内依，仍然觉得他的诗不够完美。列宁尖锐地指出，别德内依的作品"有点儿粗俗。他走在读者后面，可是他应该多少走在前面些"①。列宁提出的这条无产阶级艺术创作和艺术批评的原则，包含着深刻的思想内涵。它并非就事论事地只对别德内依个人而言，而是概括了整个无产阶级艺术的基本特征和历史使命。

所谓"粗俗"，这里指诗人运用民歌体和其他通俗形式写作时，为了和工人"接近"并让工人"熟悉"他的作品，有时候不免格调低下，用语粗卑。到了 30 年代初，别德内依又创作了诗体讽刺小品《从热炕上爬下来吧》《不讲情面》和《比里尔瓦》等。它们"过分迷醉"于揭露、批评以至发展为"诽谤"②，把工人描绘成一群自私自利、渴望"坐在热炕上"享受的懒汉，把旧俄罗斯比喻为"装满了丑恶和颓废的瓶子"，今天的俄罗斯则是一塌糊涂的"泥潭"。③这表明别德内依在列宁时代就已显露苗头的不良创作倾向，到 30 年代又有所发展。

列宁认为粗俗、庸俗"绝非"我们提倡的通俗，它们不是同类概念。④粗俗不是无产阶级及其艺术必然带有的品质。对于已经成为新社会的主人，正在从事着改造客观世界和主观世界宏伟

---

① 《列宁论文学与艺术》（二），人民文学出版社，1960 年版，第 958、960、886 页。
② 《斯大林全集》，第 13 卷，第 23—27 页。
③ 分别见 1930 年 9 月 7 日、12 月 5 日、9 月 11 日《真理报》。
④ 《列宁全集》，第 2 版第 5 卷，第 322 页。

事业的工农群众来说,他们需要的"真正无产阶级的"艺术是思想深刻、趣味高尚、艺术上乘的优秀作品。幼稚、单调、粗俗的东西无论现在还是将来都同无产阶级的纯正艺术趣味相背离。十月革命前后产生的一批划时代的名著,如小说《母亲》《铁流》《毁灭》《恰巴耶夫》,长诗《列宁》等,正是顺应了无产阶级思想文化和审美趣味的要求,开辟了艺术发展史上的新纪元。

"他应该多少走在前面些",这是列宁对别德内依和所有革命作家提出来的时代要求,同时这也是无产阶级文艺的一种特质,一种崭新的美学理想。以科学世界观为指导的无产阶级文艺要想充分发挥其认识功能和教育功能,题中应有之义就是要把现实和理想密切地结合起来,引导读者正确地认识生活,并按照生活的逻辑预见未来。优秀的艺术品应该多少体现某种新的美学趣味,培养提高群众的欣赏水平。相反,那种专门渲染低级趣味和惊闻奇事的作品,那种鼠目寸光、卑微琐屑的"爬行的现实主义"作品,还有那种沉迷于暴露而缺乏理想操守的作品,都属于"走在读者后面"的一类,是同工农群众的美学追求格格不入的。

艺术美的价值不仅在于真实地描写生活,而且更重要的是正确地评价生活,对生活作出知识判断和审美判断。列宁的党性原则是无产阶级文艺认识生活、评价生活的准绳,它是在新的历史条件下,继承并发展了俄国革命民主主义者提出的文学的人民性,恩格斯提出的文学的倾向性等政治标准和美学标准,就革命文艺与现实的革命斗争之间的关系,提出了新的更高的时代要求。党性既然是个历史概念("马克思和恩格斯在哲学上自始至终都是有党性的",资产阶级哲学教授的"哲学像在 2000 年前一样,也是有党性的"①),更具有强烈鲜明的现实针对性。鼓吹写作者本人可以脱离党性而获得"批评自由",或者鼓吹写作本身可以无党性而"绝对自由",都是打着"假招牌"以掩盖其资产阶级真面目的"伪善行为"。因为一切否定无产阶级党性或试图摆脱它的思想和做法,都会自觉不自觉地站在资产阶级立场上,带着"有色眼镜"观察现实,歪曲生活,替"饱食终日的贵夫人","百无聊赖、胖得发愁的'一万个上层分子'"歌功颂德,攻击、否定无产阶级的革命斗争。②

与此相反,革命作家如果坚持无产阶级党性,他就能彻底摆脱"私利贪欲""名誉地位"以及剥削阶级偏见的束缚,获得真正的写作自由。他可以从写作这种精神劳动的特点出发,自觉地把写作事业当成社会民主主义机器的"齿轮和螺丝钉",从而使自己的创作在党的观点的指导下正确地反映生活,"用社会主义无产阶级的经验和生气勃勃的工作去丰富人类革命思想的最新成就",同时"使过去的经验(从原始空想的社会主义发展而成的科学社会主义)和现在的经验(工人同志们当前的斗争)之间经常发生相互作用"。③

无产阶级文艺只有坚持党性原则,用党的观念对生活下判断,才能彻底摆脱客观主义和自然主义,分清善恶美丑,抓住生

---

① 《列宁选集》,第 3 版第 2 卷,第 231、240 页。
② 《列宁选集》,第 3 版第 1 卷,第 666 页。
③ 《列宁选集》,第 3 版第 1 卷,第 666—667 页。

活的本质特征予以生动地再现。所以,党性不是"从外面"强加给文艺的法令,而完全是文学自身的内在品质。评价一部作品反映生活的正确与否,以及它的文野高低,党性是最重要的思想政治标准。就这方面而言,强烈鲜明的党性理所当然地被视为无产阶级艺术美的灵魂和标志。大家公认,高尔基的《母亲》是列宁党性原则的艺术体现。它的艺术价值集中表现为通过成功地塑造巴威尔、尼洛夫娜等英雄形象高扬了时代的主旋律——俄国工人阶级从自发走向自觉的斗争过程,在广阔的社会背景上艺术地再现了1905年俄国第一次革命准备时期的壮丽图景。可以说,高尔基的世界观在没有从根本上转变到马克思主义之前,不可能写出《母亲》;同样,高尔基在接受列宁的党性原则之前,也不可能写出《母亲》。

第二章

论审美特性

列宁认为,审美意识、艺术理想构成了无产阶级世界观人生观的有机组成部分;审美活动作为精神生活、社会实践的一个重要方面,在无产阶级革命和社会主义建设中具有不可缺少的地位和作用。"应该把美作为根据,把美作为构成社会主义社会中的艺术的标准。"① 列宁美学观的核心内容之一,就是通过对杰出作家和重要艺术现象的深入分析,从理论与实践的结合上对审美意识的特点和规律作了精辟的论述;同时对无产阶级专政条件下美和艺术的创造,也提出了指导性的原则方针,为苏维埃新艺术的诞生和健康发展指明了前进的方向。

---

① 《列宁论文学与艺术》(二),人民文学出版社,1960年版,第937页。

第一节 特殊的认识领域——审美活动的性质和特点

基于当时的社会历史条件,马克思恩格斯的唯物史观所要解决的历史任务是批判颠倒物质与精神、存在与意识主从关系的唯心主义,深刻阐明意识与精神的共性——依赖于一定的经济基础、物质生活条件并为它们所决定的这样一个最基本的唯物主义原理。列宁继承和发展了辩证唯物主义的认识论(反映论),着重对意识与精神的相对独立性及其个性特点作了更为深入的研究。其中,列宁认为,审美意识在整个认识领域中占有特殊的地位,发挥着特殊的作用,这是由审美活动自身的性质和特点所决定的。

包括美的创造、美的欣赏在内的一切审美活动,其劳动性质与创造活动的方式都具备了精神生产的精致性、个体性和更大的自由度等鲜明的特点。资产阶级指责无产阶级政党"把自由的思想斗争、批评的自由、创作的自由等等贬低了、僵化了、'官僚主义化了'","想使创作这样精致的个人事业服从于集体"。列宁驳斥道:"无可争论,写作事业最不能作机械划一,强求一律,少数服从多数。无可争论,在这个事业中,绝对必须保证有个人创造性和个人爱好的广阔天地,有思想和幻想、形式和内容的广阔天地。"[①]但是,正如任何真理都具有相对性一样,写作和一切审美活动的特点——个体性和自由度也只能在特定的具体的社会

---

① 《列宁选集》,第3版第1卷,第663—665页。

历史环境中才有意义,才能获得它们的定性。

(一)精神生产的个体性

所谓个体性,主要指精神生产的方式,即区别于物质生产的集体性和大生产的那种个体劳动的特点。写作者匠心独具,通过独特的艺术构思和个性鲜明的人物形象来体现具有普遍意义的主题。列宁一向尊重作家的"独创性"和反映矛盾"历史活动"的艺术才能。[①]他不主张用行政事务"干扰"作家的创造性劳动,不允许用单纯的政治家理论家的要求去规范"做的毕竟是另外一种事"的艺术家,特别是古典作家的正常工作。马克思在批判普鲁士书报检查令时愤慨地指出:"我只有构成我的精神个体性的形式。'风格就是人。'[②]可是实际情形怎样呢!法律允许我写作,但是我不应当用自己的风格去写,而应当用另一种风格去写。我有权利表露自己的精神面貌,但首先应当给它一种指定的表现方式!"[③]普鲁士官方的专横就是要用官方钦定的形式取代一切精神个体性的形式,扼杀精神的无限多样性。他们"要求世界上最丰富的东西——精神只能有一种存在形式","我是一个幽默家,可是法律却命令我用严肃的笔调。我是一个激情的人,可是法律却指定我用谦逊的风格。没有色彩就是这种自由唯一许可的色

---

① 《列宁选集》,第3版第2卷,第243页。
② "风格就是人",法国启蒙运动时期的自然科学家、作家德·布封(1707—1788)的名言。这是布封在1753年被选为法兰西学院院士时发表的演说《风格论》中讲过的一句话,这句话强调文章的风格是作家精神面貌的表现。
③ 《马克思恩格斯全集》,第1版第1卷,第7页。

彩"。① 在这里，马克思和列宁都强调"个体性"是精神生产的主要形式。取消个体性，也就等于取消了精神生产本身。

但是，写作、审美这类精神产品的内容，以及它的表现形式，却不能脱离社会和集体而孑然独立，否则它就会变成不为世人所知的"天外之音"，或者成为作者自己和他的一小撮人单独享有的"专利品"。列宁批评未来主义荒诞乖戾，指的就是它们完全背离了正常人的"理解力"和"有灵感的人"的艺术趣味，"鼻子的艺术形式会是个三角形"，"对革命活动的渴望会把有胳膊有腿的人体变成放在一副高跷上的装有两柄五齿耙的一个没有定形的袋子"。② 这种发展为畸形的个体性让人"不懂"，当然不会给人"丝毫愉快"。③

脱离开集体性的个体性，正如脱离了"巨大的社会民主主义机器的'齿轮和螺丝钉'"④，它的性质和作用就会发生质的变化，实际上也就失去了自身存在的价值。

（二）创作自由

所谓"自由"，从它的本义来说，应该是对必然的认识和对客观世界的改造。掌握了写作、审美活动的客观规律，并通过一定的艺术实践加以正确的反映，这个过程也就是从必然王国向自

---

① 《马克思恩格斯全集》，第1版第1卷，第7页。
② 克·蔡特金：《列宁印象记》。引自《列宁论文学与艺术》，人民文学出版社，1983年版，第434页。
③ 克·蔡特金：《列宁印象记》。引自《列宁论文学与艺术》，人民文学出版社，1983年版，第434页。
④ 《列宁选集》，第3版第1卷，第663页。

由王国飞跃的过程。试图摆脱一切客观规律的"制约",扩张自我,天马行空般地任意发挥,这样的"创作自由"完全是一种"资产阶级知识分子个人主义的表现";或者说,鼓吹不受任何限制的写作"绝对自由",充其量"不过是一种伪善而已"。因为一个无法争辩的铁的事实是:资产阶级文艺家必须"依赖钱袋、依赖收买和依赖豢养"而生存。①

资产阶级鼓吹"绝对自由"的矛头是指向无产阶级党性的。他们诬蔑无产阶级党性试图让创作的个人事业服从集体,以多数票来解决科学、哲学、美学问题,否认创作的"绝对自由"。总之,在他们看来党性是一种行政命令或法律,是一条扼杀写作自由的绳索。这种叫嚷的目的,无非是打着创作自由的"假招牌"来掩盖资产阶级文艺依赖收买依赖豢养的真面目。实际上,同资产阶级文艺相比,无产阶级文艺才是真正自由的。因为从它的生存条件来看,"它不仅摆脱了警察的压迫,而且摆脱了资本,摆脱了名位主义,甚至也摆脱了资产阶级无政府主义的个人主义"②。从其固有品质和社会作用来看,它不是依靠收买,而是依靠"社会主义思想和对劳动人民的同情"来不断地壮大自身力量。它不是为"贵妇人"和"一万个上层分子",而是为千千万万劳动人民服务。而且,它还肩负着"丰富人类革命思想的最新成就",并使"过去的经验……和现在的经验……之间经

---

① 《列宁选集》,第3版第1卷,第664、666页。
② 《列宁选集》,第3版第1卷,第664—665页。

常发生相互作用"①的历史重任。这样的文学完全摆脱了名缰利锁的束缚，为了一种神圣崇高的目的而创作。所以说，无产阶级文学是人类历史上从未出现过的最自由的文学。

"自由"是相对的，有条件的。"生活在社会中却要离开社会而自由，这是不可能的。"②对任何一种文艺来说，从艺术创作到艺术欣赏，其自由度都是在一定的社会历史条件下相应地展开。这种社会历史条件包括政治制度、一定的生产力发展水平、特定的文化氛围和群众对艺术的接受程度等等。离开具体的社会环境而要求写作的"绝对自由"，"这种绝对自由是资产阶级的或者说是无政府主义的空话"。③

（三）文艺的功利性

资产阶级的写作由于它的雇佣劳动性质而不能自由。相反，它带有强烈的、狭隘的功利性。无产阶级的写作事业作为"整个无产阶级事业的一部分"要发挥齿轮和螺丝钉的作用，也必然带有自己的功利性。所以，不管对哪种文艺来说，宣扬"为艺术而艺术"，叫嚷艺术的"超功利性"，都是一种"伪善行为"。不过，历史上的进步文艺，特别是无产阶级文艺，它们的功利性并不意味着替个人或小集团的私利服务。伟大的作家深切同情人民的苦难，为美好的社会理想不惜牺牲身家性命而秉笔直书。他们的功利主义是舍弃"小我"，为国家民族的"大我"兴利除弊，争取

---

① 《列宁选集》，第3版第1卷，第666、667页。
② 《列宁选集》，第3版第1卷，第666页。
③ 《列宁选集》，第3版第1卷，第666页。

自由和幸福。无产阶级的党性则要求新文艺彻底摆脱"私利贪欲""名誉地位"的羁绊,也彻底告别那种"伊索式的笔调,写作上的屈从,奴隶的语言,思想上的农奴制"这些"该诅咒的时代"的病态心理,从而"用真正自由的、公开同无产阶级相联系的写作"去反映人民的新生活,为无产阶级和全人类谋取最大的利益。①

但是,文艺的功利主义和文艺创作的商品化不应等量齐观。为了人民的根本利益这一崇高目的而写作,和把写作事业当成"个人或集团的赚钱工具"(所谓"著书都为稻粱谋"),这是根本不同的两回事。"在一个以私有制为基础的社会里,艺术家为市场而生产商品,他需要买主。我们的革命已从艺术家方面铲除这种最无聊的事态的压力。革命已使苏维埃国家成为艺术家的保护人和赞助人。"②作家一旦把他的作品当成了纯粹的商品,或者说,他的创作目的的唯一旨意在于赚钱,那么,他就不得不屈从于资本的需要而依赖钱袋写作,不得不迎合市侩小市民的低级趣味而炮制黄色新闻或惊闻奇事。这样,作家应有的良知、理想、社会使命感就丧失殆尽了,作品的教育作用、认识作用、审美作用也就无从谈起。这是就作家的主观方面而言的。另外,资本主义的客观环境也为作品的商品化创造了条件。宣扬"资产阶级写作上的名位主义和个人主义、'老爷式的无政府主义'和唯利是

---

① 《列宁选集》,第 3 版第 1 卷,第 662、666 页。
② 《列宁论文学与艺术》,人民文学出版社,1983 年版,第 433—434 页。

图",可以说是所有"商人的报刊"①的办刊宗旨。它们天天都在把文艺引向纯粹商品化的歧路,使圣洁的精神产品沾染上愈来愈浓重的铜臭气。"资产阶级抹去了一切向来受人尊崇和令人敬畏的职业的神圣光环。它把医生、律师、教士、诗人和学者变成了它出钱招雇的雇佣劳动者。"②

列宁认为,依据"作家管写,读者管读"的"半商业性的原则"进行写作,或者为纯粹的营利目的而设定某种创作目标,这些都会损害文艺的健康发展。文艺的商品化使精神产品变味而成"待价而沽"的货物,既毒化了作者的心灵,也败坏了读者的胃口。当然,这同艺术品因为客观上产生某种社会效果而自然地具有一定的价值(如拍卖文稿、为文物估价)是性质不同的两码事。

审美的功利性与一般的物欲有所不同。审美属于精神活动的一种。美的创造,目的不是生产某种等价交换的产品,通过流通渠道实现高额利润;美的欣赏也不是满足占有欲或贪图一时的口腹之快。马克思指出,面对矿物之美,"贩卖矿物的商人只看到矿物的商业价值,而看不到矿物的美和特性;他没有矿物学的感觉"③。对矿物真正意义上的审美是排除了对矿物的"商业价值"的考虑,在矿物诸自然形态如形状(水晶体的六角形)、光泽(金的红光)等的刺激下,产生一系列从感知、表象到想像、

---

① 《列宁选集》,第3版第1卷,第663页。
② 《马克思恩格斯选集》,第2版第1卷,第275页。
③ 《马克思恩格斯全集》,第1版第42卷,第126页。

情感、理解等的复杂心理过程，由此引起精神上的愉悦、满足以至陶醉。所以说，审美过程也就是精神上获得自由和解放的过程（畅神），它的终极目的是求得心灵上的"愉快"（列宁语），振奋精神，热爱生活，并为更加美好的理想而斗争。就这个意义上说，美不能用普通的物价标准来衡量其文野高低；同实际的物质利益相比，美显得更超脱，更空灵，离开物欲"粗陋的意识"更远。这不是否定审美的社会功利性，而是说它在表现这种功利性时往往较为曲折隐晦，朦胧多义，而且具有更大更多的不确定性。

列宁一再指出，写作事业"不能同无产阶级的党的事业的其他部分刻板地等同起来"，绝不能用"某种划一的体制"或者"几个决定"来解决问题，因为"在这个领域里是最来不得公式主义的"。[①]他还不断告诫党组织和行政部门，不要过多地"打搅"高尔基、别德内依这样一些优秀作家的创作，要尊重他们从事精神劳动的特点。更不能要求他们去做急功近利的"政治家"，或者为应付暂时的需要而委派行政任务，限期完成。列宁的这些教导都表明，他充分估计到了艺术生产有别于物质生产，审美活动不同于其他意识形态形式的特殊性。当有人抹杀艺术的特点，忽视作家的创造性劳动的时候，列宁立即表现出不满和气愤，并亲自采取紧急的甚至比较严厉的行政措施予以纠正。在同高尔基讨论散文与诗孰难孰易的问题时，他"蹙着额头"反驳高尔基

---

① 《列宁选集》，第3版第1卷，第664页。

关于写诗容易且费时较少的偏见:"呃,诗比散文容易些,——我不相信!我不能想像。即使剥掉我的皮,我也写不出两行诗来。"① 寥寥数语,鲜明地表现出列宁通晓创作规律,尊重艺术家劳动特点的远见卓识。

第二节 审美情感和审美想像

(一)审美情感

"没有'人的感情',就从来没有也不可能有人对于真理的追求。"② 列宁在这里所说的"人的感情",指的是心理学上人对事物关系引起的切身体验或反映。其中,自然也包括审美主体对审美对象的体验与反映,即审美情感。

审美情感是由刺激物(审美对象)引发的一种理性活动,属于人的高级情感范围。伟大作家亲自观察体验到人压迫人这种残酷的现实,从而激起对压迫者的痛恨,对劳动者的同情。在美丑对比的情感驱使下,他必然要"追根究底"地探求人民苦难的根源,并找出一定的"解决办法"。这种以艺术或审美的形式体现的"对于真理的追求"往往比抽象的理论更富于感染力和说服力。美感随时都可能转化为理智感(真理),反之亦然。审美情感本身就体现着真善美的融合统一,因此它在审美心理结构中处

---

① 《列宁论文学与艺术》(二),人民文学出版社,1960年版,第887页。
② 《列宁全集》,第2版第25卷,第117页。

于核心地位，具有特别强大的冲击力和永恒的魅力。

列宁认为，艺术品如果缺乏真实的、真挚的、充沛的审美情感（包括对美的热情礼赞，对丑的揭露鞭笞），它就是苍白无力的，枯燥无味的。他经常使用"灰暗的形象""赤裸裸的思想""僵死地反映""爬行的现实主义"这样一些评语来表达他对某些艺术品的不满。同时，他又喜欢对涅克拉索夫、托尔斯泰、高尔基等人的伟大艺术冠以"艺术的力量""艺术家所特有的力量""最深沉的感情"等等这样一些最高的赞誉，给以历史性的评价。列宁就是这样从正反两个方面肯定了审美情感对艺术创作和艺术欣赏的重要意义。

托尔斯泰在《艺术论》中认定情感是艺术成功的唯一支柱，列宁则把思想和情感一起视为艺术不可或缺的灵魂。不过列宁也一再指出，在艺术当中，思想是不能离开情感而裸露在外的，否则艺术就丧失了它的特性，同一般的理论文章没有多大区别了。艺术的魅力来自思想和情感、典型和情节，以及艺术技巧等多种因素所形成的综合效应。其中，审美情感作为"溶液"融汇渗透到了作品的各个方面，就像灵魂活跃于整个躯体。列宁不仅在评论艺术现象时强调审美情感的重要性，而且结合自己的审美实践，深入具体地阐明了审美情感的丰富内涵及其多姿多彩的表现形态。车尔尼雪夫斯基和他塑造的主人公拉赫美托夫一直是受到列宁高度的评价的。他说："这才是真正的文学，这种文学能教导人，引导人，鼓舞人。我在一个夏天里把《怎么办？》读了五遍，每一次都在这个作品里发现一些新的令人激动的思想。"①埃森告诉他，自己在阅读涅克拉索夫的诗《俄罗斯妇女》时，也有类似的感情体验：由于泪水哽住了喉咙，只能默读。列宁对此深表赞许地说："这正是艺术家的力量"，"多么生动"。②

列宁一生始终保持着对古典文学和音乐的偏爱。他总是全身心地投入，忘情地沉醉其间，并在理智与情感高度交融的激动之中发表评论作品的深刻见解。列宁的这些美学思想既睿智又富于激情，往往成为作品定性的指南，同时给予读者深刻的启迪。他"微笑着，眯起眼睛"自豪地评论托尔斯泰："怎样的一块大石头呵，噢？怎样伟大的一个人物呵！老兄，这才是一个艺术家呢。"接着就自问自答地宣称，整个欧洲没有一个人能同托尔斯泰并列。"于是搓着两手，他满意地笑了起来"。高尔基就此指出："我往往看出他的这个夸耀俄国艺术的特点。有时候我觉得这个特点对于列宁是异常不相称的，甚至是幼稚的，但是以后我才感到它表现着一种深深隐藏着的、愉快的、对劳动人民的热爱。"③即使流亡在瑞士，一出用德语上演的托尔斯泰的话剧《活尸》也让列宁兴奋不已。"伊里奇紧张地、激动地注视演出"④，直到终场。

音乐模拟人的情感曲线，直接表达人的情感世界。对这种"直逼人心"的艺术的钟爱，反映出欣赏者丰富复杂的内心生活。

---

① 《列宁论文学与艺术》（二），人民文学出版社，1960年版，第897页。
② 《列宁论文学与艺术》（二），人民文学出版社，1960年版，第897页。
③ 《列宁论文学与艺术》，人民文学出版社，1983年版，第416—417页。
④ 《列宁论文学与艺术》，人民文学出版社，1983年版，第397页。

列宁对音乐的爱好非常广泛：俄罗斯抒情歌谣、法国革命歌曲、国际歌、马赛曲、贝多芬和柴可夫斯基的交响乐等等。列宁的音乐生活是丰富多彩的，而且，他敏于感受，体验深刻，通过音乐寄托和表达了他对人生的感悟，对革命理想的向往。"我不知道还有比《热情奏鸣曲》更好的东西，我愿每天都听一听。这是绝妙的、超越人力的音乐。我总带着也许是幼稚的夸耀想：人能够创造怎样的奇迹呵！"① 列宁"很会欣赏音乐，但是看起来他很激动"②。一方面，他认为"听听音乐是很愉快的"，他尽力挤时间参加各种家庭音乐会，甚至一边工作，一边听着古典名曲；但是，音乐又往往勾起他重重心事，让他"难过"，"感受这么强烈"③。为什么呢？只有音乐本身才能曲尽其妙地模拟这种复杂的审美情感，并给以确切的回答。"但是我不能常常听音乐，它会刺激神经，使我想说一些漂亮的蠢话，抚摸人们的脑袋，因为他们住在肮脏的地狱里，却能创造出这样美丽的东西来。但是现在，谁的脑袋也不能抚摸一下，——您的手会被咬掉的。您一定要打脑袋，毫不留情地打，虽然我们在理想上是反对用暴力对待人的。唔——唔,——任务是多么可怕地艰巨啊！"④ 列宁的意思是，被音乐激发起来的审美情感是真挚强烈的，往往难以自抑。音乐的美使人不由得"想说一些漂亮的蠢话，抚摸人们的脑袋"。

---

① 《列宁论文学与艺术》，人民文学出版社，1983年版，第418页。
② 《列宁论文学与艺术》，人民文学出版社，1983年版，第426页。
③ 《列宁论文学与艺术》，人民文学出版社，1983年版，第426页。
④ 《列宁论文学与艺术》，人民文学出版社，1983年版，第418页。

因为处境悲惨(在地狱)的音乐家竟能超越现实,在理想的烛照下创造着美。这种"超越人力"的音乐美使人心摇神荡,暂时忘却了丑恶的现实,幻想和人们共同陶醉在美的天地里。但是,爱美向善的理想在严酷的阶级斗争面前容易被撞碎,抚摸脑袋的手要被敌人"咬掉"。在这种情况下,"打脑袋"的暴力是必需的,虽然无产阶级"在理想上是反对用暴力对待人的"。

在列宁看来,音乐的美同现实的丑(咬手)之间存在着强烈的反差。陷身肮脏地狱的人能够创造出美,而养尊处优高踞于天堂之上的人却在制造着丑。这是造成列宁欣赏音乐而又"难过""感受这么强烈"的矛盾根源。列宁这种对音乐语言的透彻理解,对审美情感丰富复杂性的深刻阐述,可以说给他的整个美学思想增添了无限的光辉。

(二)审美想像

艺术创造是一个由实(生活真实)向虚(艺术真实)的转化过程。艺术欣赏(审美)也需要欣赏者(审美主体)的再创造,即用"自己的经验、印象及知识的积蓄去补充和增补"[①]艺术品(审美客体)。因此,审美活动中主客体双方都离不开想像和幻想。它们既是审美活动自身的内在品质,又是形象思维、美的规律的鲜明特点。

列宁一贯重视幻想、想像和理想对认识领域,特别是对审

---

① 高尔基:《给青年作者》,以群等译,中国青年出版社,1955年版,第71页。

美创造活动的特殊重要性。"应当幻想！"①"想像是极其可贵的素质"②，"幻想在我们的运动中未免太少了"③。列宁指出，如果没有瞻望未来的能力，缺乏有助于构想出理想图景的想像力，不善于驰骋幻想，这不仅对诗人是不可思议的，甚至对"最精确的科学"④也不可能。幻想"这种才能是极其可贵的。以为只有诗人才需要想像，这是没有道理的，这是愚蠢的偏见！甚至在数学上也需要想像，甚至微积分的发现没有想像也是不可能的"⑤。针对有人主张取消幻想，或者不经党的委员会批准就无权幻想的谬论，列宁引用皮萨列夫论幻想的言论予以驳斥："我的幻想可能超过事变的自然进程，也可能完全跑到事变的任何自然进程始终达不到的地方。在前一种情形下，幻想不会带来任何害处；它甚至能支持和加强劳动者的毅力……这种幻想中并没有任何会败坏或者麻痹劳动力的东西。甚至完全相反。如果一个人完全没有这样幻想的能力，如果他不能在有的时候跑到前面去，用自己的想像力来给刚刚开始在他手里形成的作品勾画出完美的图景，那我就真是不能设想，有什么刺激力量会驱使人们在艺术、科学和实际生活方面从事广泛而艰苦的工作，并把它坚持到底……只要幻想的人真正相信自己的幻想，仔细地观察生活，把自己观察的结

---

① 《列宁选集》，第3版第1卷，第448页。
② 《列宁全集》，第2版第43卷，第122页。
③ 《列宁选集》，第3版第1卷，第449页。
④ 《列宁全集》，第2版第55卷，第317页。
⑤ 《列宁全集》，第2版第43卷，第122页。

果同自己的空中楼阁相比较,并且总是认真地努力实现自己的幻想,那么幻想和现实之间的不一致就不会带来任何害处。只要幻想和生活多少有些联系,那么一切都会顺利的。"① 皮萨列夫指明了两种幻想的原则性区别:"跑到事变的任何自然进程始终达不到的地方"的幻想,属于想入非非的空想,完全是一种不结果实的花朵;而"可能超过事变的自然进程"的幻想则与实际生活相联系,成为驱动人们从事艺术、科学和实际生活活动的"刺激力量",为形成中的作品"勾画出完美的图景"。

心理学认为幻想(憧憬)是人脑两半球形成独创性想像表象的过程,它是人对于自己企求的未来的事物所进行的一种想像活动。幻想在人的认识活动(包括审美活动)中十分活跃,对于人的创造性活动具有强烈的诱导作用和推动作用,因而往往成为新思想、新观念、新的艺术构思的催化剂。列宁在1905年第一次革命失败后流寓国外。他心系祖国,为新的革命高潮的到来殚精竭虑。"在这些艰苦的岁月中,伊里奇幻想得也最厉害,他老是幻想,跟蒙台居斯聊天,胜利地唱那支亚尔萨斯歌,夜里失眠了就读凡尔哈伦。"② 列宁高瞻远瞩,激情澎湃,具有丰富的想像力。他那"最厉害"的幻想是在为未来的社会主义革命和建设描绘蓝图,同时也成为流亡国外的革命者们强大的精神力量。

别林斯基认为:"想像是主要的活动力量,创作过程只有通

---

① 《列宁选集》,第3版第1卷,第448—449页。
② 《列宁论文学与艺术》,人民文学出版社,1983年版,第397页。

过想像才能够得到完成。"① 列宁以高尔基的创作为例,说明塑造正反面人物形象不能不借助于想像和幻想,这种形象思维方式同日常的形式逻辑推导很不相同。列宁对高尔基说:"您做的毕竟是另外一种事,不是在实质上,而是在形式上。我没有权力把自己想像成一个傻瓜,而您应该这样做,否则,您就不能表现傻瓜。这就是区别。"② 在这里,列宁所说的作家有权"把自己想像成一个傻瓜",同他所引述的费尔巴哈的哲理名言"艺术并不要求把它的作品认作现实"是一脉相通的:艺术是想像的产物,而不是客观现实本身。作家有权在创作活动中把自己想像成一个傻瓜,虽然他本人并不是傻瓜。想像(诗)作为现实的反映,是不能脱离现实而凭空杜撰的,但它毕竟是一种幻化了的意识形态形式,同客观物质实在不能等量齐观。换句话说,艺术真实不等于生活真实。列宁在这里强调想像对创作的特殊作用,即肯定了美学假定性在艺术活动中的重要意义。作家同一般人不同的地方,就是他"有权力"驰骋想像,在创作过程中不断地变换身份角色,塑造出形形色色的艺术形象。

---

① 《外国理论家作家论形象思维》,中国社会科学出版社,1979年版,第68页。
② 《列宁和高尔基。书信、回忆、文件》,苏联科学院出版社,1961年俄文版第316页。引自《列宁文艺思想论集》,中国社会科学出版社,1986年版,第249页。

第三节 无产阶级崭新的审美境界——朴素与崇高

朴素与崇高是列宁毕生追求的人品和文品。作为内涵丰富的一对美学范畴，它们成为列宁审美理想的两根坚实的支柱。同时，朴素与崇高之美又不仅是列宁个人的趣味和爱好，它们代表了无产阶级革命时代一种新的美学理想，美学思潮。

（一）朴素

高尔基用"朴素"二字高度概括了列宁的精神风貌。"这整个人是太朴素了，在他身上感觉不到有丝毫'领袖'的风度"，"他是朴素和率直的，就像他所说的话一样"，"要表达、描绘他一贯给人的印象是怎样地自然和机敏，这是很困难的"。[1] 第一个为列宁塑像的雕塑家也说："当我第一次看见列宁的时候，我也和一般人一样，为他那非凡的朴素和谦逊感到惊讶。"[2] 一位普通工人用最朴实的语言赞颂列宁："朴素。像真理一样朴素。"[3] 这句简短的评语准确、贴切地浓缩了列宁身上的全部优秀品质，又像雕塑那样最鲜明最突出地表现了一代伟人"最显著的特点"[4]。

列宁的审美观同他本人一样，总在不断地追求着切实纯正、朴素无华的风格。"艺术作品愈是完整、全面而又深刻地反映出生活，就愈是纯朴，也就愈为列宁所重视。"[5] 列宁的这一看法从

---

[1] 《列宁论文学与艺术》，人民文学出版社，1983年版，第410、409、413页。
[2] 《列宁论文学与艺术》（二），人民文学出版社，1960年版，第963页。
[3] 《列宁论文学与艺术》，人民文学出版社，1983年版，第413页。
[4] 《列宁论文学与艺术》，人民文学出版社，1983年版，第413页。
[5] 《列宁论文学与艺术》（二），人民文学出版社，1960年版，第873页。

根本上指明了朴素美的源泉和本质。朴素来自顺乎自然和社会的发展规律、"原汁原味"的生活本身,是一种"诚于中而形于外"的精神境界。在无产阶级革命时代,它是工农劳动大众的一种审美天性,代表着新时代最广大群众的艺术趣味。朴素不是俄国斯拉夫派提倡的那种"回到原始状态",迷恋"草鞋和布衣""烟熏的茅屋"而向往"返璞归真";不是装模作样、破破烂烂的叫花子气;也不是歪曲生活、违反生活逻辑的装腔作势、忸怩作态。自然、本色、平实、纯正是朴素的显著特点。

文艺的朴素美首先表现为一种通俗易懂的诗风文风。列宁赞赏文艺的通俗化,因为这样的作品容易为工人群众所接受。他说:"我最大的希望和幻想得最多的就是能够为工人写作。"[1]他也劝告别人"为《真理报》写些通俗的文章(用《工人报》的笔调),文学评论方面的文章"[2],这类"述评、小文章和短评"的作用是使报纸"显著地生动活泼起来"[3]。一本很不出名的小书《持枪扶犁的一年》,由于"作者把一个偏僻县份的革命过程写得非常朴实生动",被列宁誉为不可多得的"好书""佳作"。他认为出版这种书"比大量发表那些热衷于写作、往往埋头书斋而看不见实际生活的著作家的报刊文章和成本著作要有益得多"[4]。别德内依之所以受到列宁的重视,并给以"加劲"地赞扬,原因之一

---

[1] 《列宁全集》,第2版第44卷,第13页。
[2] 《列宁全集》,第2版第46卷,第135页。
[3] 《列宁全集》,第2版第46卷,第120页。
[4] 《列宁全集》,第2版第35卷,第401页。

就是他的民歌体的通俗诗歌"和工人群众很接近，工人群众也很熟悉这种作品"①。

列宁认为，通俗化、朴素美表现在内容和形式两个方面。首先，通俗与庸俗、朴素与浅薄不是同类概念，而且恰恰相反。"我们要告诉作者，庸俗化和哗众取宠绝非通俗化。通俗作家应该引导读者去深入地思考、深入地研究，他们从最简单的、众所周知的材料出发，用简单的推论或恰当的例子来说明从这些材料得出的主要结论，启发肯动脑筋的读者不断地去思考更深一层的问题。……在庸俗作家的眼里，读者是不动脑筋和不会动脑筋的，他不是引导读者去了解严肃的科学的初步原理，而是通过一种畸形简化的充满玩笑和俏皮话的形式，把某一学说的全部结论'现成地'奉献给读者，读者连咀嚼也用不着，只要囫囵吞下去就行了。"②通俗作品深入浅出，富于启发意义。庸俗作家的玩笑和俏皮话不但不能赋予读者智慧，反而会把读者培养成不动脑筋的懒汉。

其次，通俗的形式特征是"简单明了"。舞文弄墨、故弄玄虚的文牍主义故意列举"几十个、几百个大大小小的学者和名流的名字"以充渊博，"用这些学术垃圾来遮盖问题的实质"③，这样做必然脱离工人群众。更加恶劣的文风出自反动政府的官样文章，御用文人们把"众所周知的""重复过数百次的东西"拿出

---

① 《列宁论文学与艺术》（二），人民文学出版社，1960年版，第960页。
② 《列宁全集》，第2版第5卷，第322—323页。
③ 《列宁全集》，第2版第5卷，第130、131页。

来"咀嚼","转来转去兜圈子,大书特书中国式官场往来的繁文缛节,整篇都是出色的公文文体,并有长达36行的复合句,还有读了使人替我们的俄罗斯语言痛心的'词组',——当你仔细阅读这篇绝妙的佳作时,你会觉得自己好像是置身于俄国的段警察局"①。通俗作品"简单明了"的形式是一种朴素的美,而官样文章的冗长枯燥却是一种艰涩的丑,二者形成了尖锐的对比。

列宁倡导的朴素兼有真善美"三位一体"的性质。朴素作为真理的范畴,它同"虚假""荒诞"相对立;朴素作为道德的范畴,它同"奢华""铺张"相对立;朴素作为美学的范畴,它又同违反自然的"雕琢""妖冶"相对立。把朴素当作特定的美学概念加以理解和应用的,古已有之,但列宁对它进行了改造,赋予了新的历史含义。中国古典美学中有些总结朴素美的美学范畴,如"道法自然""见素抱朴"(外表单纯,内心朴素)②,"文质彬彬"(文饰和道德相统一)③、"白玉不琢,美珠不文"④,以及"清水出芙蓉,天然去雕饰"等等,都是用语意隽永的箴言或形象化的诗句来概括表述了"朴拙""平淡"的美学意蕴,道出了中国美学中朴素美的真谛。德国美学家席勒把"素朴的诗"归结为现实主义,把"感伤的诗"归结为浪漫主义。他所谓"素朴的诗"指的是"模仿自然"的诗,自然即客观现实。"素朴的诗人

---

① 《列宁全集》,第2版第5卷,第251—252页。
② 《老子》,第二十五章、第十九章。
③ 《论语·雍也》。
④ 《淮南子·说林训》。

除了素朴的自然和感觉以外,再没有其他的范本,只限于模仿现实。"① 席勒把素朴之美列在感伤之美的前面,对它的自然本性给予了高度评价。但他对"自然"的理解和解释尚嫌空泛。列宁倡导的朴素则以工农群众的生活实践为本源,为依据。如实地反映生活的本来面貌,并按照生活固有的而不是臆造的客观规律给以革命性的改造,这一创造过程本身及其结果便具有了朴素美的性质。列宁一贯推崇现实主义文艺,应该说,这同他继承并发展了朴素美的世界美学传统是直接相关的。

(二)崇高

崇高在列宁美学思想中占有突出的地位。革命家列宁的性格像钢铁一样坚强。特别是在革命遭遇挫折时,他处变不惊,逆流而上,坚强的性格放射出更加夺目的光彩。列宁的美学理想就是在他传奇般的革命生涯中培育而成的,他的审美趣味的主导倾向是向往斗争,崇尚阳刚之美。

列宁的同时代人,如高尔基、卢那察尔斯基、克鲁普斯卡娅等都对列宁的艺术爱好作过大体一致的评介。"一般地说,弗拉基米尔·伊里奇对过去的艺术,特别是俄国现实主义(例如其中包括巡回展览派艺术家在内)的评价是很高的。"② "伊里奇最喜欢的是贝多芬的音乐。……可是他不喜欢纯粹表现技巧的音乐,完全不能忍受门德尔松那支甜得发腻的《无言歌》。"③ 贝多芬生活

---
① 《古典文艺理论译丛》(第2册),人民文学出版社,1961年版,第5页。
② 《列宁论文学与艺术》,人民文学出版社,1983年版,第426页。
③ 《列宁论文学与艺术》(二),人民文学出版社,1960年版,第907—908页。

在法国革命时代，他的《热情奏鸣曲》《悲怆奏鸣曲》等具有深刻的思想内容，磅礴宏伟的气势，能够给人以巨大的鼓舞。列宁偏爱贝多芬的音乐，原因正在于此。另外，列宁还喜欢演唱《国际歌》等革命歌曲，它们的共同特点也是激昂慷慨，热情奔放，公开向压迫者和陈腐势力宣战。如列宁喜爱的一首《航海者——我们的海洋太荒凉》唱道：

> 浪头只把那意志坚强的人
> 带到岸边！……
> 勇敢些，弟兄们！
> 在暴风雨中，
> 我的船帆拉得又紧又直。

另一首《浮士德》中华连亭的咏叹调，列宁也"唱得特别好，特别美"，其中灌注了列宁本人的战斗情绪："血腥的战斗开始时，我宣誓，我将奋勇当先，走在战斗的最前面……"列宁还喜爱李斯特、肖邦，以及《卡门》中斗牛士的咏叹调。"我几乎不记得弗拉基米尔·伊里奇的歌声里有过沮丧、忧郁，他的歌声总是洋溢着勇敢、豪迈、充沛的热情和召唤人的力量。"[①]

在列宁心目中，现实生活中的革命英雄、仁人志士，艺术中坚强不屈的爱国者，为真理而献身的杰出人物，他们身上表现

---

① 《列宁论文学与艺术》（二），人民文学出版社，1960年版，第839—840页。

出来的浩然正气和斗争精神是一种崇高之美。在列宁的美学理想中,崇高构成了响彻始终的主旋律。"兽乳养大的英雄"赫尔岑,宁死不屈的革命家、爱国者车尔尼雪夫斯基及其《怎么办?》中的主人公拉赫美托夫,战胜内心世界中的"妖怪"(贵族意识)而勇敢地喊出"在俄罗斯谁生活得好?"的涅克拉索夫,散发着"革命的气息"的雨果诗歌《惩罚》,描写人和狼殊死搏斗而人取得最后胜利的杰克·伦敦的小说《对生命的热爱》,还有但丁、圣西门、歌德等等,这些都是列宁一生仰慕的对象。在自己的著作中一再提起这些光辉的名字,并给以热烈的赞扬。列宁一向较少注意浪漫主义,但对高尔基呼唤革命暴风雨的诗体散文《海燕》却情有独钟。他在文章和讲话中多次征引这篇作品,用以表达自己对"处在伟大的斗争的前夜"的革命形势的振奋,对"胆怯地把肥胖的身体藏到了悬岩下面"的立宪民主党人这些"蠢笨的企鹅"的卑视。①

有人称列宁是一位外倾激情型的职业革命家,或者说他是一位通读"深奥的书"的哲学家、学者。言外之意是列宁不善抒情,也较少温情。据克鲁普斯卡娅回忆,有人曾经告诉她,列宁"一辈子没有读过一部小说,从来不念诗"②。事实恰恰相反,列宁从不把崇高与优美、激情与抒情、悲剧与喜剧人为地分离或者片面地对立起来。高尔基曾同列宁争论新时代的观众需要哪一

---

① 《列宁全集》,第2版第13卷,第332、335页。
② 《列宁论文学与艺术》(二),人民文学出版社,1960年版,第859页。

类戏剧作品。高尔基认为，他们只需要英雄业绩的鼓舞。然而列宁则坚定地指出，他们还需要抒情、需要契诃夫、需要生活的真实。列宁一向喜爱契诃夫作品真挚动人的抒情性，小说《第六病室》给他留下了"强烈印象"："昨天晚上，我读完这篇小说后，觉得可怕极了。我在房间里待不住，站起来走了出去。我觉得自己也好像被关在'第六病室'里了。"① 据亲属回忆，列宁阅读作品所引发的这种情感，是同他流寓在萨马拉这个特殊地点有关的。他急于要离开像"第六病室"一样的萨马拉。

对生活的无限热爱，对革命前途坚定的乐观主义精神使列宁的审美趣味广泛多样，而且在自然美和艺术美的各个领域都留下了意味深长的历史性的评论。他欣赏瑞士的自然风光而流连忘返，又为俄罗斯渔夫渔捞补网的灵巧手艺感到自豪。一本世界艺术史插图让他迷恋，以至通宵达旦地翻阅欣赏，不知天色之既白。他在阅读德国伟大艺术家杜烈尔的德文原著时，同行的几名德国人竟从未听说过杜烈尔其人。这使一向尊重人类精神文化成果的列宁"说不出的高兴"："他们不知道自己的人，而我们却知道啦。"②

如前所述，列宁审美理想的主导面是对崇高与悲剧的赞赏，但这并没有减弱他对优美、喜剧和其他艺术品种的兴趣。熟悉列宁的人都承认他极富幽默感，这是智慧与才情的自然流露。列

---

① 《列宁论文学与艺术》（二），人民文学出版社，1960 年版，第 859 页。
② 《列宁论文学与艺术》，人民文学出版社，1983 年版，第 417 页。

宁说:"幽默是一种优美的、健康的品质。我很懂得幽默,然而不善于幽默。生活中可笑的东西大概不比可悲的东西少,的确不少。"① 他观看节目时,一见到小丑和打诨者"就快乐而且带传染性地笑了起来"。他认为打诨是"戏剧艺术的一个特殊形式",因为"这是对大家承认的东西抱着讽刺或怀疑的态度,要把它们的真相揭露出来,稍稍加以歪曲,指出日常习俗的不合理。多少要费一点思索,但是很有趣味!"②

以崇高、壮美为主导,以优美、抒情为宰辅,二者的对立统一形成了列宁美学思想的鲜明特色。

---

① 《列宁论文学与艺术》,人民文学出版社,1983年版,第415页。
② 《列宁论文学与艺术》,人民文学出版社,1983年版,第413、414页。

第三章

论现实主义创作原则

高尔基认为,列宁是一位"严峻的现实主义者,一个对于伟大社会悲剧的必然性看得如此清楚和感觉得如此深刻、对于资本主义世界抱着毫不妥协和动摇的憎恨的人"①。卢那察尔斯基指出:"一般说来,弗拉基米尔·伊里奇对过去的艺术,特别是俄国现实主义……的评价是很高的。"②"他喜欢俄国的古典作家,喜欢文学、绘画等方面的现实主义。"③

俄国现实主义文学传统由普希金奠基,经过果戈理、莱蒙托夫和一大批革命民主主义作家的丰富发展,已经取得了举世公认的伟大成就。到了列宁时代,又出现了这一文学传统的光辉标志——列夫·托尔斯泰。这时,西欧的批判现实主义高潮刚刚过

---

① 高尔基:《列宁》。引自《列宁论文学与艺术》,人民文学出版社,1983年版,第414—415页。
② 《列宁论文学与艺术》,人民文学出版社,1983年版,第426页。
③ 《列宁论文学与艺术》,人民文学出版社,1983年版,第422页。

去。以高尔基为代表的社会主义现实主义正在摇篮之中。作为一种世界性的文学潮流或创作原则,现实主义文学积累了丰富的创作经验。俄国两位"社会主义的莱辛"——别林斯基、杜勃罗留波夫首先从理论上给予了精辟的论述和总结。继之,马克思恩格斯又运用唯物史观,以"美学观点和历史观点"相统一的评价标准对这一创作原则的性质和特点作了科学的概括。

列宁就是在这种历史背景下,在大量阅读俄国和世界著名文学作品的基础上,通过吸取以往现实主义的理论成果,总结新的创作经验,从理论与实践的结合上对现实主义创作原则的诸多基本问题和未来的发展方向,给予了深刻的阐述。

第一节 现实主义创作原则的基本要求

"现实主义"一词在列宁著作,特别是在他涉及文化、文艺的言论中使用频率较高,表现出列宁对它情有独钟的喜爱和追求。

列宁曾使用过"经济现实主义""历史现实主义""社会学现实主义"这类概念,用以同"空想主义""反历史主义""浪漫主义幻想""虚伪的美化"等贬义词相对举。列宁使用的这类广义的"现实主义"概念,分别同相关的社会生活领域或特殊对象相适应,因而各具自身的内涵和特点。其中,"爬行的现实主义"这个贬义词使用更多,往往具有双重的含义:作为政治概念,它的要义是诬蔑布尔什维克纲领和社会主义革命纯属"空想",认为这些"吓人的东西"不切实际,号召人们必须"急剧地转向清醒的政治现实主义";作为美学概念,这种"爬行的现实主义"坚持把革命浪漫主义当作空中楼阁予以否定,实际上是在宣扬一种资产阶级唯心主义的"实在论"和庸俗卑微的自然主义。①

对艺术、美学上的现实主义,列宁提出了明确的要求。概括地说,就是必须按照生活的原貌真实地反映社会生活。其中包括选择生动真实的"生活细节"、再现生活的某些本质方面和规律性;通过引人入胜的情节线索("个别的情况")塑造个性鲜明的典型形象,注重心理分析;正确处理作家的世界观与其创作之间对立统一的关系等。

(一)真实性

真实是艺术的生命,更是现实主义艺术的生命。列宁所强调的真实,起码的原则是忠实于生活的本来面貌,即"逼真"地,或者在正确意义上理解的"忠实地复制"现实。他终生热爱着俄国革命民主主义者如托尔斯泰的伟大作品,主要原因就是这些作品作为"生活的教科书"对农奴制的黑暗现实,对资本主义的残酷盘剥,以及农民群众的觉醒作了"忠实""真诚"的描写。即使这种生活现实同他们的社会观点、政治观点相左,甚至根本

---

① 参见《列宁文艺思想论集》,中国社会科学出版社,1986年版,第119—125页。1905年革命失败,孟什维克诬蔑布尔什维克的革命行动是"异想天开"的"浪漫主义"。列宁嘲笑这些"大骂革命浪漫主义的'现实主义的'聪明才子们"不配有更好的命运、必将被历史所淘汰。参见《列宁全集》,第2版第14卷,第379页;第11卷,第130页。

对立，他们仍然严格地尊重现实，忠实地反映生活的原貌，坚持"最清醒的现实主义，撕下了一切假面具"[①]。巴比塞的小说《火线》是列宁一再推崇的"有着巨大的意义"的文学作品之一。十月革命后，列宁曾亲自为约翰·里德的报告文学《震撼世界的十天》作序，向全世界推荐这部优秀作品。当各个国家、各种社会势力正在对第一次无产阶级专政进行"广泛的讨论"的时候，这部作品非常及时地"真实地、异常生动地记述了那些对于理解什么是无产阶级革命，什么是无产阶级专政具有极其重要意义的事件"[②]。在沸沸扬扬诬蔑十月革命如同洪水猛兽般可怕的舆论环境中，这部作品不仅在政治上发挥了"如实描写，以正视听"的积极作用，而且以其巨大的历史真实性获得了文学作品永久的生命力。

在追求"真实"这一点上，艺术和科学没有原则性的区别。列宁认为现实主义文学"是认识生活的工具"，具有同统计学相似的客观可靠性。事实上，伟大现实主义作家的作品都是活生生的现实的会说话的材料，应该像对待统计学材料那样去仔细研究。这同别林斯基、普列汉诺夫特别是恩格斯的观点是相同或相通的。[③] 但是列宁又进一步指出，艺术反映生活真实的这种认识作用又不是通过论证或把"赤裸裸的思想""直率地表达出来"

[①] 《列宁选集》，第3版第2卷，第242页。
[②] 《列宁全集》，第2版第38卷，第60页。
[③] 参见别林斯基：《1847年俄国文学一瞥》；普列汉诺夫：《文学与美学》；恩格斯：《致哈克奈斯（1884.4）》《致劳拉·拉法格（1883.12.13）》。

的。① 艺术必须通过生动具体的画面显示生活的真理，让读者亲身"感受"和"体验"，对作品描写的真实性不加"怀疑"，犹如亲临其境，置身其中，这才算真正实现了艺术的目的。很明显，列宁对艺术本质的深刻见解表现为把艺术认识价值和审美价值辩证地统一起来。优秀的现实主义作品，无论是状物还是抒情，都应该在"真实"的基础上展示生活本身固有的辩证法和生命活力。读者只有在确信其"真"的前提下才会全身心地投入到作品的规定情景之中，并进而获得审美愉快。如果描写失真或充满矫情，作品的认识价值和审美价值必然会同时丧失殆尽。

在这里，列宁所说的真实既包括生活中真善美相统一的审美对象，也包括伪恶丑的"严酷的现实"。它们都是现实生活、革命斗争中实际存在的事物，关键在于如何认识和评价它们。作家沃尔诺夫的《平生数日》和 B. 扎祖布林的《两个世界》都揭露了现实生活中的阴暗面："乡村被描写得很不文明，昏昏沉沉，缺乏文化，不像样子，内战……蓬头垢面……血流满面、狼狈不堪……"② 但是，这种毫不遮掩、毫不粉饰的真实描写却引起了列宁的"沉思"，继之大加赞扬："是的，这不是纸上的生活，而是现实的生活。"③ 在列宁看来，这种履行苏维埃作家的职责和

---

① 《列宁文艺思想论集》，中国社会科学出版社，1986年版，第290页。
② Л. 莱斯涅尔：《反对文学界的强盗行径》。引自《列宁文艺思想论集》，中国社会科学出版社，1986年版，第304页。
③ M. B. 米诺金：《伊万·沃尔诺夫》1966年俄文版。引自《列宁文艺思想论集》，中国社会科学出版社，1986年版，第304页。

任务的艺术家的勇气十分可贵。站在人民立场上如实地描写阴暗面,剔除健康机体上的痣疣,这有助于引起警觉,激励党和人民群众克服暂时困难的信心,对于巩固苏维埃政权是利大于弊,甚至是有利无弊的。所以列宁认为:"不论真理使人多么痛苦,不善于正视它就是最有害的机会主义。"①

在列宁同时代的作家和思想家中,如高尔基、罗曼·罗兰、巴比塞等,都在他们的特写或回忆录中对列宁敢于正视严酷现实的非凡洞察力和理论勇气深表钦佩,并给予热烈的赞扬。

但是,列宁所指的现实主义文学的真实性同自然主义的有闻必录,同抓住某些表面现象或惊闻奇事恣意渲染夸张,是有原则区别的。从哲学本体论的角度讲,世间任何物质存在形式(包括假象)都是一种客观实在。甚至观念也"不外是移入人的头脑并在人的头脑中改造过的物质的东西而已"②。就这个意义而言,它们都具有客观的真实性。但是作为文艺的描写对象,或者说,作为文艺的内容和题材,这些真实的物质存在形式却并不具备同等的入选资格。只有那些正确地而不是歪曲地反映社会本质,反映事物的某种必然性、规律性的"偶然事件""个别情况"才有资格以生活原貌的形式进入现实主义文学的规定情景,从而也就具备了本来意义上的文艺的"真实性"。列宁对事物的外在表现和内在本质的关系,用"泡沫"和"深流"作为形象的比喻指出:

---

① 《克鲁普斯卡娅论艺术和文学》,1963年俄文版。引自《列宁文艺思想论集》,中国社会科学出版社,1986年版,第305页。
② 《马克思恩格斯选集》,第2版第2卷,第112页。

"……非本质的东西,外观的东西,表面的东西常常消失,不像'本质'那样'扎实',那样'稳固'。比如:河水的流动就是泡沫在上面,深流在下面。然而就连泡沫也是本质的表现!"[1]如果要描写河水,仅仅孤立地抓住"泡沫"这一表象而不顾及"深流"的本质,这样的描写就是不真实的。因为"泡沫"与"深流"之间固有的内在联系不容割断,否则就无法真实地反映河水的本来面貌。也就是说,只有把"泡沫"作为河水的"本质的表现"时,它才获得了应有的定性和真实的含义。当然,就泡沫本身而言,它也是"本质的表现"。泡沫和深流之间存在着从"初级本质二级本质","从不甚深刻的本质到更深刻的本质的深化的无限过程"[2]的等级的差别。现实主义与自然主义在"真实"上的分水岭,正是前者能够突破现象的"外壳"而深入到事物的本质中去,并以整体的面貌予以生动形象地再现;后者则满足于描写分散孤立的浮面现象,不去开掘表面现象下面深层的含义。割断了事物之间固有的内在联系,因此这种描写是片面的,虚假的,同现实主义的真实性南辕北辙。

列宁认为,现实主义文学的真实性并非一种抽象的存在,它是通过具体感人的描绘表现出来的,具有"生动的直观"的特点。因此,列宁特别重视生活细节的真实。不论评价小说和戏剧,细节的真实与否都被摆在突出的地位。

---

[1] 《列宁全集》,第2版第55卷,第107页。
[2] 《列宁全集》,第2版第55卷,第213页。

细节的真实对现实主义文学具有特殊的意义。所谓"忠实于生活的本来面貌",或者说"逼真地反映社会生活",都离不开真实、丰富的细节描绘。细节是组成作品机体的"细胞",是形象赖以获得生命的"血肉"。恩格斯把"细节的真实"列为现实主义文学必备的前提条件,因为"除了细节的真实外",进一步的要求才是"真实地再现典型环境中的典型人物"。列宁把问题提得更高,谈得更具体,更深入。他把生活细节比作组成一首乐曲的各种音符,"正是这些细节如人们所说的'创造着音乐'"①。音符在它们单独存在时,可能是毫无意义的,微不足道的。而一旦进入乐曲,成为系统中的因素或部分,按照既定的旋律节奏进行排列组合,这时它们的地位和作用就会发生质的变化,变成了整首乐曲表达特定思想感情的媒介和手段。细节也是这样。一部成功的作品在很大程度上依赖有意义的细节的组织安排,正如建造一座楼房离不开合适的木石砖瓦。作家根据作品的艺术构思选择细节,把它们安排在适当的位置上发挥作用:表现主题,刻画性格,烘托气氛。列宁认为,对于一出戏剧来说,如果"缺少那种能够恰如其分而又非常具体地描绘环境的生活细节"②,特别是缺少那些表现"日常生活"的细节,这出戏就显得空泛,生活气息淡薄。恰当地运用生活细节有利于"刻画出戏剧的整个具体背景"③,因为人物性格主要是外界环境促成的,观众对戏剧的时代

---

① 《列宁论文学与艺术》,人民文学出版社,1983年版,第389页。
② 《列宁论文学与艺术》(二),人民文学出版社,1960年版,第854—855页。
③ 《列宁论文学与艺术》,人民文学出版社,1983年版,第389页。

背景了解得愈具体，愈充分，他们就对人物性格的形成和发展理解得愈深，从而对人物的命运遭际产生更大的共鸣。拙劣的编导缺乏足够的生活经验和敏锐的艺术感觉，不具备选择运用丰富的、生活气息浓厚的细节的才能，因而只能凭借单纯的"戏剧性"（如惊险情节，奇闻逸事，"小市民的感伤"等等）招徕观众；或者制造一些"多余的噱头"，聊博观众一笑。列宁对这种破坏戏剧艺术完整性的做法感到"无聊""受不了"甚至"非常气愤"，往往不等终场便愤然离去，从此"很长一段时间不想去戏院"[①]。

（二）典型性

列宁在《致伊·费·阿尔曼德》的信中，提出了小说，首先是现实主义小说的一个重要的创作原则："小说里全部的关键在于描写个别的情况，在于分析特定典型的性格和心理。"[②] 这一创作原则概括出了小说乃至整个叙事文学的两个最基本的特征：

第一，"小说里全部的关键在于描写个别的情况"。文艺同科学、同理论的显著区别在于：科学和理论的抽象思维特点是从个别上升到一般，从特殊上升到普遍，从具体上升到抽象，最终以牺牲（抛弃）个别、特殊和具体而留下一般、普遍和抽象作为终结。文艺的形象思维或认识（反映）过程则不同，它不仅不抛弃被反映对象固有的个别性、特殊性、具体性，而且在思维过程中自始至终地保留它们，不断地增强它们。通过个别表现一般，寓

[①] 《列宁论文学与艺术》，人民文学出版社，1983年版，第398—399页。
[②] 《列宁全集》，第2版第47卷，第76页。

普遍于特殊之中。

列宁在信中态度鲜明地指出：婚姻中的"偶然事件、个别情况"不应成为宣传无产阶级婚姻观的"小册子"逻辑推理的依据，因为个别事例（"正式配偶的低级的接吻和片刻的姘居中的纯洁的接吻"）不带普遍性和指导意义，理论和政策需要的是具有更大概括性的"阶级典型的对比"。但是小说却恰恰相反。小说乃至整个文艺的鲜明特征是通过偶然性表现必然性，以个别情况反映出带有普遍性的本质和规律。

列宁强调"偶然事件、个别情况"对小说"发挥"主题的重要作用，确实抓住了小说和整个文艺创作的"关键"所在。首先，小说中个性鲜明的人物形象，他们的命运遭际往往是奇特的，不同寻常的；他们的言谈举止、兴趣爱好也充分个性化了，"是一个'这个'"[1]。这种"熟悉的陌生人"如果被淡化了"陌生"的一面，即缺乏新颖性、独特性，他就不成其为典型，而是个千人一面的概念化的人物。其次，列宁所说的"个别的情况"指的是作为人物性格发展史的故事情节应该避免平铺直叙、老生常谈。所谓"无巧不成书"，偶然性因素往往成为情节链条上的联结点和重要契机；反之，满足于讲述一些"老而又老"的故事，让读者同自己"反复咀嚼"众所周知、重复过数百次的东西，这样的公式主义是破坏艺术规律的。总之，列宁在这里强调了他的一贯的思想：注重艺术的个性特点。性格、情节的个别性、偶然

---

[1] 《马克思恩格斯全集》，第 1 版第 36 卷，第 384 页。

性是艺术区别于其他意识形态形式的鲜明标志之一，同时也是优秀作品区别于公式化、概念化与庸俗社会学的鲜明标志之一。

第二，小说的另一关键"在于分析特定典型的性格和心理"。列宁著作中通常把典型分为两类：社会典型与艺术典型。在实际社会生活中，某个人身上体现了一定阶级阶层或社会集团的某种本质特征，这个人就是一个社会典型。例如，葛伊甸伯爵"这位有教养的反革命地主善于巧妙而狡猾地维护本阶级的利益，熟练地用冠冕堂皇的词句和表面上的绅士风度来掩饰农奴主的追逐私利的意图和贪得无厌的野心"[①]。他衣冠楚楚，举止文雅，但却心狠手辣，杀人不见血。这是个剥削阶级反动本质——伪善阴险的活标本，伪君子的典型。另一种社会典型是奴才。这种人形形色色，各有不同，他们"履行资产阶级奴才的义务时是虚伪还是真诚，是粗鲁还是细致，是笨拙还是巧妙"，表现不一。"但从政治上看，这些差别并没有什么重大的意义"，因为奴才作为社会典型具有共同的主要特征——"虚伪和怯懦"。[②]

列宁认为，同实际的社会典型相比，艺术典型具有更大的概括性和更加鲜明的个性。它往往以社会典型为原型，为基础，经过作家的加工、丰富和提高，创造出具有永久魅力的艺术形象。在列宁的革命生涯中，俄罗斯文学史上群星灿烂的典型人物一直活跃在他的精神生活和革命实践过程中。欧根·奥涅金、奥

---

① 《列宁全集》，第2版第16卷，第39页。
② 《列宁全集》，第2版第37卷，第131、133页。

勃洛摩夫、乞乞科夫（《死魂灵》）、宾诺奇金（《猎人笔记》）、列文（《安娜·卡列尼娜》）、拉赫美托夫（《怎么办？》）、巴威尔和尼洛芙娜（《母亲》）这些著名典型经常出现在他的言论和著作当中，通过引述、论证，对各类典型的主要特性和艺术价值给予了准确深刻的评价。

列宁善于抓住艺术典型最突出的性格特征，通过和某类社会典型或某些代表人物的直接类比，一下子抓住二者的共同本质，予以形象地再现。例如，在现实的政治斗争中，列宁经常采用这种通俗生动的类比方法揭露沙皇、立宪民主党人、贵族自由主义者、民粹派及各种御用文人，有时也用以批判人民内部的官僚主义、游手好闲、无所作为等不良风气。在《土地问题和"马克思的批评家"》一文中，他辛辣地嘲讽了不学无术、自我吹嘘而又企图羞辱真正的马克思主义者的切尔诺夫："他同屠格涅夫笔下的伏罗希洛夫是多么惊人地相似啊！大家还记得《烟》里面那位曾到国外游历过的年轻的俄国大学讲师吗？他平时总是一声不吭，但有时心血来潮，又滔滔不绝地一连说出几十个、几百个大大小小的学者和名流的名字。我们这位博学多识的切尔诺夫先生同伏罗希洛夫一模一样，他把不学无术的考茨基彻底消灭掉了。……他们宁愿搬出一大串农学家、政治经济学家和批判哲学家等等的名字，用这些学术垃圾来遮盖问题的实质。"[①] 拿伏罗希洛夫同切尔诺夫相比，主要是抓住了两人故弄玄虚以掩盖问题实

---

① 《列宁全集》，第2版第5卷，第129—131页。

质的特点。对熟悉屠格涅夫小说的读者来说，无需更多的分析论证，从伏罗希洛夫的典型特征便马上理解了切尔诺夫反马克思主义的阶级本质。

在《纪念葛伊甸伯爵》一文中，列宁又援引屠格涅夫《猎人笔记》中令仆人战栗的"有教养的地主"宾诺奇金来类比伪君子葛伊甸："葛伊甸的人道精神所引起的这种感动，使我们不仅想起了涅克拉索夫和萨尔蒂科夫，而且也想起了屠格涅夫的《猎人笔记》。在我们的面前，是一个文明的、有教养的地主，他举止文雅，待人和蔼，有西欧风度。地主请客人饮酒，高谈阔论。他问仆人说：'为什么酒没有温热？'仆役没有作声，脸色变得苍白。地主按了一下铃，轻声地对进来的仆人说：'费多尔的事……去处理吧。'……他是如此人道，以致没有亲自到马厩去看看鞭挞费多尔的事是否很好地处理了。他是如此人道，以致没有去过问鞭挞费多尔的树条是否在盐水里浸泡过。他这个地主自己对仆役不打不骂，他这个有教养的人，只是站得远远地'处理'，温文尔雅又充满人道精神不吵不嚷，又不'公开出面'……""葛伊甸的人道精神也正是如此。"[①]这两个典型的共性是剥削阶级的伪善。但葛伊甸在政治上的欺诈由于他的隐蔽性和御用文人们的无耻美化而容易掩人耳目，让善良的人们上当受骗。列宁运用《猎人笔记》中众所周知的典型加以类比，葛伊甸伪善、冷酷的真面目便昭然若揭了。

---

① 《列宁全集》，第2版第16卷，第40页。

十月革命以后，社会生活中经常见到的怠工、懒惰特别是官僚主义作风使列宁痛心疾首。这使他自然地想起了俄国人家喻户晓的典型——奥勃洛摩夫："我们确实处于大家没完没了地开会、成立委员会、制定计划的状态之中，应当说，这是很愚蠢的。在俄国生活中曾有过这样的典型，这就是奥勃洛摩夫。他总是躺在床上，制定各种计划。从那时起，已经过去很长一段时间了。俄国完成了三次革命，但奥勃洛摩夫们仍然存在，因为奥勃洛摩夫不仅是地主，而且是农民，不仅是农民，而且是知识分子，不仅是知识分子，而且是工人和共产党员。只要看一下我们如何开会，如何在各个委员会里工作，就可以说老奥勃洛摩夫仍然存在，对这种人必须长时间搓洗敲打，才会产生一些效果。在这方面，我们应当正视自己的处境，不要有任何幻想。"[①]列宁继承历史上革命民主主义理论家们对奥勃罗摩夫性格的研究成果，对这个世界典型的深刻含义进行了新的诠释。早在19世纪，杜勃洛留波夫的著名论文《什么是奥勃洛摩夫性格？》就对这一伟大典型作了全面深刻的分析，在同其他"多余人"的比较中首次对这一形象"定性"："奥勃洛摩夫性格的主要特征，是在于什么呢？是在于一种彻头彻尾的惰性，这种惰性是由于对一切世界上所进行的东西，都表示冷淡而发生的。""在我们每一个人身上，都包含有奥勃洛摩夫的显著的部分，给我们写墓前悼词，那还太早。""我们还活着，我们仍旧还是以前的奥勃洛摩夫。奥勃

---

① 《列宁全集》，第2版第43卷，第12—13页。

洛摩夫性格从来不曾离弃过我们，甚至现在。"①但是杜勃罗留波夫对奥勃洛摩夫性格的分析评价主要涉及对农奴制社会基础的批判，即侧重于对产生这一典型的时代"土壤"的开掘验证。而列宁则主要针对个人或某种现象：在新的社会制度下残存着的奥勃洛摩夫式的心理疾病，以及"奴隶性"和"老爷习性"兼而有之的官僚主义作风。老奥勃洛摩夫的不幸是"懒惰、寄生、在世界上毫无用处"，这种"冷淡的、蛰伏不动的性格"使他"完全不能领会生活对于自己的意义"②。在产生这种典型性格的社会历史条件彻底改变之前，它还会继续繁衍子孙，并长久地存在下去。新制度下的官僚主义则有所不同，它的主要特征是"对行动的无效追求"，害怕接触实际，寄希望于"也许"。它无视现实生活的真实状况，把自己禁锢在"虚妄的迷惑"或畏首畏尾的狭小天地之中。但克服这种旧的有害残余的客观条件已经逐渐具备，产生它的那个社会基础已被挖掉。只要对它坚持"长时间搓洗敲打"，还是会"产生一些效果"的。关键在于必须清醒地认识这类旧的残余的顽固性、长期性，奥勃洛摩夫不会自动退出历史舞台。就这个意义上说，无产阶级不应对它"有任何幻想"，思想意识领域内新与旧的斗争还要长期存在下去。

过去，美学界和文艺理论界的教条主义和庸俗社会学一直

---

① 杜勃罗留波夫：《文学论文选》，辛未艾译，上海译文出版社，1984年版，第12、50、51页。
② 杜勃罗留波夫：《文学论文选》，辛未艾译，上海译文出版社，1984年版，第35、18、20页。

讳言奥勃洛摩夫性格超越时空的普遍概括意义。列宁的深刻论述为奥勃洛摩夫以至整个典型理论的研究指明了方向,开辟了新的天地。

列宁的典型理论特别强调性格心理分析。这一精辟见解对于深入把握人物性格内涵,批判公式化概念化和庸俗社会学,都具有理论和实践的重要意义。

列宁认为人作为艺术的主要对象,他的外部世界的广阔性多样性,他的内心世界的丰富性复杂性,都会在艺术中以整体的面貌呈现出来。艺术的优势也正在这里。"整个人用统计学和算术是揭示不了的"[①]。对于一些伟大的艺术典型来说,它们对社会生活的概括更深广,个性更鲜明,甚至本身充满了各种矛盾。分析欧根·奥涅金、奥勃洛摩夫、聂赫留多夫的内心世界,运用统计学和算术方法不是不够,而是"揭示不了"。因为一接触到人,特别是思想深刻、感情丰富而具有典型性的活生生的人,复杂情况和难解的试题就连续不断地出现了。解决的办法就是除了运用马克思主义的阶级分析方法,还需借助社会学、心理学、伦理学等"认识工具"。现实主义文学在反映一般社会生活场景方面虽然具有与统计学相似的客观可靠性,可是面对着世界上最复杂的事物——人的头脑及其外化形态(思想、情感、意志、行为等表情达意的方式方法),统计学和算术就显得无能为力了。

---

① 《列宁与高尔基》,俄文版第379页。引自《列宁文艺思想论集》,中国社会科学出版社,1986年版,第290页。

列宁评论托尔斯泰的艺术成就，对他塑造的典型人物深广的社会生活内涵、丰富的精神世界倍加赞扬。普列汉诺夫也称赞托尔斯泰是一位"心理分析大师"，反对把他"奉为圣人"。列宁认为，"在这个问题上"他和普列汉诺夫的观点"是一致的"。①

但是，心理分析不能变成脱离社会、脱离现实生活而孤立进行的"内省"和"道德上的自我修身"，更不能蜕化成对病态心理的着意渲染和"拷问"。高尔基曾著文抗议莫斯科艺术剧院拟演陀思妥耶夫斯基同名小说改编的剧本《群魔》，理由是"遭到极度歪曲的灵魂，丝毫没有值得欣赏之处"。相反，它会毒化社会空气，"毒害多少孩子和青年！"高尔基进一步从刻画人物的角度，指出《群魔》及其原作者的要害："陀思妥耶夫斯基——本人是一个伟大的折磨者和具有病态良心的人——正是喜爱描写这种黑暗的、混乱的、讨厌的灵魂。"②列宁致信高尔基，对他出面批判《群魔》"感到很高兴"，并表示支持高尔基对袒护陀思妥耶夫斯基的"叫嚣"的回答。③另外，如前所述，列宁严厉批判了温尼琴科的小说《先辈遗训》。作者"对最拙劣的陀思妥耶夫斯基的最拙劣的模仿"主要表现在津津乐道各种变态畸形人物的乖戾与恶行，"通篇都是歇斯底里"，"奇谈怪论"，整篇作品唯独不见一个心理健全的人物。④

---

① 《列宁全集》，第2版第46卷，第15页。
② 高尔基：《论文学》（续集），冰夷等译，人民文学出版社，1979年版，第179页。
③ 《列宁全集》，第2版第46卷，第360页。
④ 《列宁全集》，第2版第46卷，第479—480页。

第二节　世界观与创作的关系

列宁从辩证唯物主义、能动的反映论出发，确认现实主义作家与其创作之间的关系是一种对立统一关系。从总体上说，世界观指导创作。先进的世界观决定着进步文艺思潮的性质、特点和发展方向，落后的反动的世界观则阻碍、损害文艺的正常发展。但是，在特定的历史条件下，对某些作家特别是伟大的作家来说，世界观中的某些部分又会同他的创作发生矛盾。这种矛盾斗争碰撞出耀眼的火花，造成了世界文学灿烂星空中的奇观。

一　世界观指导创作

列宁分析评价俄国革命民主主义作家、托尔斯泰和高尔基等人的创作，一贯把世界观、思想倾向对创作活动的主导作用放在头等重要的地位上予以考察。

列宁反映论认为，世界观和文艺创作都是客观物质生活条件在作家头脑中反映的产物，都属于意识形态。特定时期的社会生活既是文艺的源泉和反映对象，又是某种世界观赖以产生的基础。组成整个世界观的哲学、政治、伦理、宗教等观点首先是一些意识形态形式，但它们作为社会生活的一部分，既是文艺反映的对象，又反过来影响着文艺的性质和特点。因此，从总体上、宏观上反映人们对世界和社会客观发展规律根本认识的世界观，就不能不制约着、指导着它的各个组成部分，包括文艺创作在内。历史证明，历史上出现过的几种主要的文艺思潮或创作方法，都是在相应世界观的深刻影响下产生和发展起来的：古代现实主义与朴素唯物主义，批判现实主义、积极浪漫主义与资产阶级人本主义、人道主义、社会主义现实主义与辩证唯物主义、历史唯物主义、现代派与西方现代哲学。从世界范围看，反映特定世界观和思想内涵的民族文化传统之所以特别重要，原因之一就是它往往直接影响着、左右着民族文艺的前途和命运。列宁关于"旧"的"真正美的东西"应该成为新艺术"出发点"的论述，关于两种民族文化的论断，都强调了优良民族文化传统（包括先进的思想传统）对发展无产阶级文化和新文艺的重要意义。

世界观，尤其是居于核心地位的哲学观、政治观，对于文艺创作的性质和特点起着举足轻重的作用。先进的哲学、特别是马克思主义哲学是对自然、社会和思维的客观规律的探索与总结。政治则是集中反映一定的经济基础，以阶级斗争为重要内容的人与人之间关系的体现。它们的真理性与实践性自然都会成为反映这种哲学观、政治观的文艺创作的题材内容和方向指南，而无需作家脱离开形象体系再去"特别把它指点出来"（恩格斯语）。

列宁认为，托尔斯泰世界观从贵族地主向宗法农民的根本性转变奠定了"他作为艺术家的世界意义，他作为思想家和说教者的世界声誉"[①]。世界观在这里是作为前提，作为根本性的条件提出来的。"乡村俄国一切'旧基础'的这种急剧地被摧毁，使他对周围所发生的事情加强了注意，加深了兴趣，从而使他的整个

---

① 《列宁全集》，第2版第20卷，第19页。

世界观发生了变化。"① 这种变化不是局部的量变,而是带有根本性质的质变。"因为他的全部观点,总的说来,恰恰表现了我国革命是农民资产阶级革命的特点。"② 托尔斯泰的整个创作道路表明,世界观的转变对他的创作产生了决定性的影响。

沙皇御用文人、立宪民主党人、自由主义者在托尔斯泰活着的时候极力攻击诬蔑他,在他死后又"流着鳄鱼的眼泪",假惺惺地奉承他恭维他。其目的都在从正反两个方面肯定托尔斯泰"就其内容来说是反动的"学说及其创作中的消极因素("强调那种表现托尔斯泰的偏见而不表现他的理智的东西","强调他的属于过去而不属于未来的东西","强调他对政治的否定和关于道德上的自我修身的说教而忽略他对一切阶级统治的激烈抗议"③)。阶级敌人对托尔斯泰"谬称知己"的伎俩,其罪恶阴谋是要把这位伟大作家装扮成笃信正教("伟大的寻神者")、维护沙皇政权(具有"爱国主义"思想)并信奉和宣扬资产阶级腐朽道德("文明人类的呼声""真和善的观念"的化身等)的卫道士。这样,在他们看来,托尔斯泰的作品也就顺理成章地成为自己反动学说的演义,成为沙皇政府、官办教会乐于接受的御用工具了。

社会民主党内有些人,如普列汉诺夫也完全否认托尔斯泰世界观的转变,进而否定他的创作的伟大意义。如说托尔斯泰的精神和道德发展"所走的道路,同俄国有教养的平民知识分子的精

---

① 《列宁全集》,第2版第20卷,第40页。
② 《列宁选集》,第3版第2卷,第243页。
③ 《列宁全集》,第2版第20卷,第25页。

神和道德发展所走的道路毫无共同之处","他似乎像一个革命者的地方,也是一个彻头彻尾的老爷","在他的否定里连一个革新意向的原子也没有"。① 很明显,普列汉诺夫是在以偏概全,抓住托尔斯泰世界观中的某些消极因素及其创作中的矛盾现象,不加分析地对这位伟大作家全盘否定。

高尔基的政治思想和哲学观念也曾发生过几次波折和反复,这在他的创作上同样打下了鲜明的烙印。

从开始创作生涯到 1905 年革命写出长篇小说《母亲》,高尔基这个阶段的创作倾向明显地反映出他逐步接受马克思列宁主义的思想历程。特别是享有社会主义现实主义奠基之作盛誉的《母亲》,如果没有马克思主义革命学说尤其是列宁文学党性原则的指引,它的产生就是不可想像的。

俄国第一次革命失败后的反动时期,社会民主党内部和广大知识界弥漫着悲观颓丧情绪。各种唯心主义哲学和美学派别甚嚣尘上,四处泛滥。1908 年,高尔基受到波格丹诺夫、卢那察尔斯基"造神说"的影响,发表了小说《忏悔》。作者借助小说中一位老人之口提出了使他困惑的问题:"谁是创造奇迹的神?"对此,卢那察尔斯基试图给以令人信服的回答:这个"神"即是"人类",或"整个的社会主义人类"。这个神现在尚未诞生,而"造神者"就是无产阶级。② 这种空泛的、不足凭信的答案当

---

① 《列宁和俄国文学问题》,中国社会科学出版社,1982 年版,第 411 页。
② 《列宁和俄国文学问题》,中国社会科学出版社,1982 年版,第 240 页。

然不能使高尔基解惑，还是列宁尖锐而热情的唯物主义的批评让高尔基震动并加以深思。高尔基曾对列宁声称："神是部落、民族和人类所形成的一些观念的复合，这些观念在激发和组织社会感情，以使个人同社会相联系，约束动物性个人主义。"① 列宁针锋相对地批评道："这种理论显然是同波格丹诺夫和卢那察尔斯基的那个或那些理论有联系的"，"神的观念是帮助他们（指沙皇及其御用文人。——引者注）奴役人民的。您美化了神的观念，也就是美化了他们用来束缚落后的工人和农民的锁链"，"神首先（就历史和生活来说）是由人的麻木的受压抑状态以及外部自然界和阶级压迫所产生的那些观念的复合，是巩固这种受压抑状态和使阶级斗争瘫痪的那些观念的复合"。② 此前，列宁曾给高尔基写过一封未曾寄出的"对《忏悔》表示不快的信"③，深刻而热情地指出作者在小说中表现的思想迷误以及他开始觉醒的兆头。高尔基追悔莫及地埋怨列宁：此信"不该不寄来"④。

在列宁的帮助下，通过斗争实践的检验，高尔基逐步认识了俄国马赫主义在理论上的欺骗性及其对革命的危害，并公开声称："马赫主义、造神说和诸如此类的东西都已经永远地陷入了绝境。"⑤ 在此前后，他连续创作出了被列宁誉为"革命的宣言"

---

① 《列宁全集》，第2版第46卷，第366页。
② 《列宁全集》，第2版第46卷，第366、367页。
③ 《列宁全集》，第2版第46卷，第5页。
④ 《列宁全集》，第2版第46卷，第5页。
⑤ 《列宁全集》，第2版第46卷，第215页。

的《意大利童话》，优秀的自传体小说《童年》，小说《夏天》；并先后在《无产者报》《新生活报》等报刊上发表了《个性的毁灭》《论卡拉玛卓夫气质》等著名论文，严正批判小市民的庸俗市侩习气和陀思妥耶夫斯基的悲观主义，表明了对革命新高潮必然到来的坚定信心。同时，他还撰写完成了《俄国文学史》，努力用唯物主义观点去分析评价文学现象，总结俄国文学的发展规律。

但是，到了1913年末，高尔基原先信奉的"造神说"又在他的思想和创作中出现"回潮"的征兆。列宁在批评高尔基的论文《再论"卡拉玛卓夫气质"》时引用了一段后来被作者撤去的文字："至于'寻神说'，应当暂时（仅仅是暂时吗？）搁下，那是一种徒劳无益的事：没放东西的地方，没什么可找。没有播种，就不会有收获。你们没有神，你们还（还！）没有把它创造出来。神，不是找出来的，而是创造出来的；生活不能虚构，而是创造的。"列宁对此批评道，"寻神说同造神说、建神说或者创神说等等的差别，丝毫不比黄鬼同蓝鬼的差别大"，向工人兜售"造神说"，实际上就是"拿最甜蜜的、用糖衣和各种彩色纸巧妙地包裹着的毒药来诱惑"人们的"灵魂"。那么高尔基为什么又旧病复发呢？列宁就此询问高尔基："是您自己也不赞成的那篇《忏悔》的残余表现？？是它的余波？？"[①]在这关键时刻，列宁对

---

① 《列宁全集》，第2版第46卷，第360—362页。

高尔基再次表示了"真正同志般的出自肺腑的关怀"①。高尔基对列宁的批评帮助心悦诚服,在重印《再论"卡拉玛卓夫气质"》时,毅然删去了列宁引述的上面那段宣传造神论的文字。

经过数次反复,高尔基在列宁的不断关怀教导下,逐步走上了健康发展的马克思主义思想轨道,为他晚年的理论与创作活动开辟了广阔的前景。

列宁关于托尔斯泰和高尔基世界观决定创作的深刻论述,在理论与实践的结合上进一步阐明了唯物论的基本原理,对美学和典型理论的研究具有重要的指导意义。

二 世界观与创作的对立统一关系

列宁肯定世界观与创作在总体上、在发展方向上的统一性、一致性,以及前者对后者的决定作用。在这方面,列宁的反映论同形形色色的唯心论划清了界限。但是,列宁又同时指出,在世界观与创作整体统一的前提下,还必须承认它们矛盾斗争的另一面。只有这样,才能如实反映事物本来的辩证法,避免机械唯物论与形而上学。

作家的世界观本身就可能存在着某种矛盾。如历史上具有唯物主义世界观的作家,他的政治观点或许是保守的,甚至是反动的。世界观的这种矛盾往往投影于创作上面,给创作打下类似矛

---

① 高尔基:《谈谈我自己》。引自《列宁和俄国文学问题》,中国社会科学出版社,1982年版,第277页。

盾的烙印。另外，任何一种创作方法都不可避免地具有某种优势（如批判现实主义对现实关系的深刻观察与理解）和劣势（如这种创作方法不能科学地预见未来，提出"解决办法"）。这样，对于一个作家特别是伟大作家来说，世界观与创作各自的矛盾及其相互交叉，就造成了美学史上的诸多复杂的现象，并由此引发了两种美学观两种方法论的尖锐对立。马克思列宁主义创始人对伟大作家世界观与创作之间矛盾关系的深刻论述，为我们分析这类复杂现象树立了光辉的典范。

1. 马克思恩格斯论威廉·科贝特、巴尔扎克

现实主义作家威廉·科贝特（1762—1835）生活在资产阶级刚刚登上历史舞台的英国。资产阶级战胜封建贵族之后，接着就对人民群众实行残酷的压榨。这种情况迫使伟大作家"不向未来而向已往去寻找人民的自由"[①]。威廉·科贝特既是宪章运动的先驱者，又是古老英国纯真的化身，是一位"大不列颠的最保守又最激进的人物"。"从18世纪起随着古老英国社会的解体而发生的重大变化打破了他的幻想，使他心里充满苦闷。他看到了事物的后果，却不明白其中的原因，不理解正在开创自己事业的那些新的社会力量。"这种矛盾最终造成了威廉·科贝特及其创作的"一个使人惊奇的事实"：他既是一位"本能地保卫人民群众、反对资产阶级侵犯的卫士"，又是一位"维护工业资产阶级利益、

---

① 《马克思恩格斯全集》，第1版第9卷，第168页。

反对世袭贵族的战士"。①

巴尔扎克的政治观点同他的批判现实主义创作方法之间发生了尖锐的矛盾。这位伟大的作家恪守忠实地描写现实的创作原则,"违反自己的阶级同情和政治偏见而行动",尖刻地嘲笑他所心爱的贵族们"不配有更好命运",却转而赞赏他政治上的死对头资产阶级共和党人。巴尔扎克世界观中的消极因素同他的现实主义创作方法矛盾斗争的结果,是现实主义取得了"最伟大胜利",落后的反动的政治观点未能在创作中占据支配地位。恩格斯认为,这是"老巴尔扎克最重大的特点之一"②。

2. 列宁论托尔斯泰

论托尔斯泰世界观与创作的对立统一关系是列宁美学遗产中的精彩之笔,给马克思主义美学宝库增添了无限光辉。

对于托尔斯泰世界观与创作之间明显存在的矛盾现象,当时及此后的某些批评家都有所察觉,但仅止于脱离社会历史条件的抽象议论。如说这种矛盾要么是"雅斯纳雅·波良纳隐士"怪癖的产物,要么是一位"伟大寻神者"上下求索的结果。或者说,这纯粹是"平民化的老爷"渴望安慰他"痛苦的良心"的表现等等。③除此而外,无论是沙皇教会、立宪民主党人、自由派,还是社会

---

① 《马克思恩格斯全集》,第1版第9卷,第214—215页。参见汉斯·科赫:《马克思主义与美学》,佟景韩译,漓江出版社,1985年版。
② 《马克思恩格斯选集》,第2版第4卷,第684页。
③ 参见《列宁和俄国文学问题》,中国社会科学出版社,1982年版,第309页。

民主党内的普列汉诺夫等人，几乎全都对这种矛盾现象采取了视而不见、一笔抹杀，或者用空洞的颂扬奉承加以掩饰的否定态度。党内文学家列别捷夫－波良斯基则从"左"的方面给托尔斯泰定性为"大中地主贵族的思想家""无产阶级革命运动不可调和的大敌"，拒不承认这位艺术家身上占据主导地位的积极的矛盾方面。对此，列宁沉思片刻后略带讽刺地微笑道："是啊，您对他很厉害，没什么可说的。可他，这位老大爷，十分抱歉，并不像我们这些凡夫俗子一样，只不过是单纯的政治家和理论家，他同时还是一位艺术家，而且是这样一位大艺术家，就是我们这些党的文学家向他学习学习，也是无可厚非的呀！我们不应当对他进行审判和惩治，而应当更加严肃认真地搞清楚他作品的复杂矛盾。"①

列宁在论托尔斯泰一组文章里，首先肯定这位艺术家的世界观与创作中的矛盾是有目共睹、显而易见的事实。问题的关键在于怎样正确地分析它，评价它。"托尔斯泰的作品、观点、学说、学派中的矛盾的确是显著的"②，困难在于具体阐明这些矛盾的性质、特点及其产生的社会根源。

在《列夫·托尔斯泰是俄国革命的镜子》一文中，列宁首先明确提出，托尔斯泰世界观中的政治观点（不理解革命并避开革命）同他的创作实践（作品中"反映出革命的某些本质的方面"）

---

① 《托尔斯泰研究论文集》，上海译文出版社，1983年版，第57页。
② 《列宁选集》，第3版第2卷，第242页。

存在着矛盾。接着又扩展开来，对各种矛盾的内容、性质及表现形式分别给以评析。第一对矛盾：整体创作成就、创作地位与作者的哲学观念、阶级意识（信仰基督的地主）的矛盾。第二对矛盾：作品宣传的道德原则（反对社会的撒谎和虚伪）与"托尔斯泰主义"虚伪道德说教的矛盾。第三对矛盾：作品表露的阶级斗争观念（反对压迫剥削）与否定阶级斗争现实（勿抗恶）的矛盾。第四对矛盾：作品揭露宗教的虚伪性（"最清醒的现实主义"）与作者鼓吹宗教教义（培养僧侣主义）的矛盾。

列宁在论托尔斯泰的这组文章中，对这些矛盾产生的主客观原因作了精彩的分析：一方面，从客观条件看，这些矛盾不是个别的、偶然的现象，而是那个时代实际存在着的社会矛盾在作家身上和他的作品中的反映。"托尔斯泰学说不是什么个人的东西，不是什么反复无常和标新立异的东西，而是由千百万人在相当长的时期内实际所处的一种生活条件产生的思想体系。"[①] "托尔斯泰的观点中的矛盾，不是仅仅他个人思想上的矛盾，而且是一些极其复杂的矛盾条件、社会影响和历史传统的反映，这些东西决定了改革后和革命前这一时期俄国社会各个阶级和各个阶层的心理。"[②] 另一方面，从作家的主观因素看，这些矛盾的产生与他的世界观从贵族地主向宗法制农民的根本转变有关。在转变过程中，世界观中的消极成分逐步减弱；同时，在与批判现实主义

---

① 《列宁全集》，第2版第20卷，第103页。
② 《列宁全集》，第2版第20卷，第23页。

创作方法的矛盾冲突中，它也相应地退居到了次要地位，并最终被战胜。"托尔斯泰富于独创性，因为他的全部观点，总的说来，恰恰表现了我国革命是农民资产阶级革命的特点。从这个角度来看，托尔斯泰观点中的矛盾，的确是一面反映农民在我国革命中的历史活动所处的矛盾条件的镜子。"[1] 矛盾的产生并最终解决，有力地证明了现实主义创作方法的强大生命力。

托尔斯泰学说和作品中的矛盾深刻、复杂，甚至使人迷惑莫解。但是，如果运用马克思主义的阶级分析方法，运用列宁的反映论加以考察就会发现，所有这些矛盾（政治的、哲学的、道德的、宗教的等等）都是围绕着一个主要矛盾展开，或者由它派生出来的。这个主要矛盾就是：作者一方面忠实地反映了农民对农奴制残余和资本主义势力的强烈仇恨和有力批判，以及"对美好生活的向往和摆脱过去的愿望"；另一方面又表现了宗法制农民的天真和幼稚，他们"耽于幻想、缺乏政治素养、革命意志不坚定这种不成熟性"[2]。不过，构成这一主要矛盾的两个主要矛盾方面并不是均衡的、对等的。还是前者即托尔斯泰作为"强烈的抗议者、愤怒的揭发者和伟大的批评家"的一面占据了主导的地位，从而在根本上确定了托尔斯泰这位现实主义伟大作家的历史命运。

对托尔斯泰学说与创作中的矛盾现象，列宁结合作家本人和

---

[1]《列宁选集》，第 3 版第 2 卷，第 243 页。
[2]《列宁选集》，第 3 版第 2 卷，第 245 页。

他的时代，从以下几个方面作了深刻细致、令人信服的分析评价。

第一，列宁认为，有意"避开革命"而又在作品中真实地反映出革命的本质方面，这充分表现了托尔斯泰忠实于现实，尊重客观生活发展逻辑的现实主义作家的伟大之处。19世纪后期到20世纪初期，俄国现实生活中已经客观地孕育着革命，人民起义的火种四处燃烧。如果是一位真正的现实主义作家，他必然要在自己的政治偏见和严峻的现实面前作出选择，其结果就是作家面对现实，按照生活原貌客观真实地反映出革命爆发的原因（残酷的压榨在农民中"积下了无数的仇恨、愤怒和生死搏斗的决心"[①]）、革命的历史进程（"一切都颠倒过来，而且刚刚开始形成"[②]），以及革命者的真实面貌（"拿起武器来反对上司的，是那些以自己的独立精神使自由派地主和自由派军官丧魂落魄的'灰色畜生'。……军队中的权力不止一次落到了士兵群众的手里"[③]）。

"作为俄国千百万农民在俄国资产阶级革命快要到来的时候的思想和情绪的表现者，托尔斯泰是伟大的"[④]，"托尔斯泰的学说反映了直到最底层都在掀起汹涌波涛的伟大的人民海洋，既反映了它的一切弱点，也反映了它的一切长处"[⑤]。这就是说，对

---

① 《列宁选集》，第3版第2卷，第243页。
② 《列宁全集》，第2版第20卷，第100页。
③ 《列宁选集》，第3版第2卷，第244—245页。
④ 《列宁选集》，第3版第2卷，第243页。
⑤ 《列宁全集》，第2版第20卷，第71页。

于一位真诚的艺术家来说,生活的辩证法是他所不愿、也无法抗拒的客观规律。托尔斯泰自己声明:"对于历史,我的题词如下:'一点也不隐瞒。'单是不撒谎还不够,应当尽力不要从反面来撒谎,即避开不谈。"① 对于当时正在兴起的革命及其深刻的社会根源,托尔斯泰在作品中就没有采取"避开不谈"的态度,尽管他并不赞成革命。当他的笔对此作出真实的描绘的时候,原有的政治偏见终究敌不过革命实践活动的客观规律,强有力的生活逻辑引导他走上了一条敢于面对现实、面向人生的现实主义的广阔道路。

第二,同作家对现实生活入木三分、生气勃勃的真实描绘相比,贯穿于作品中的托尔斯泰学说、观点中的消极成分则显得空洞抽象,软弱无力,经不起现实的撞击而难以融入艺术机体之中,变成人物的血肉。"理论是灰色的,而生活之树是长青的。"用列宁喜爱的这句歌德的箴言来检验托尔斯泰学说和作品的成败得失非常贴切。现实主义的创作方法由于它同生活的密切联系而显得生机勃勃,甚至有可能克服、战胜作家世界观中的消极因素而保持旺盛的生命力;相反,缺少真理成分的抽象理念、空洞的道德说教和反动的政治观点则往往游离于艺术形象体系之外,难以在作品的有机整体中立稳脚跟,并贯彻到底。例如,托尔斯泰在日记中诋毁俄国第一次革命如同儿童捣毁玩具的破坏欲。但在他的作品中出现的农民被压榨被奴役的悲惨处境,以及他们"积下了无数的仇恨、愤怒和生死搏斗的决心"这种实际状

---

① 《列夫·托尔斯泰论创作》,漓江出版社,1982年版,第75页。

况却向人们雄辩地证明：革命不可避免。在这里，是托尔斯泰关于革命等于宣泄破坏欲的说教更为有力呢，还是他的作品实际昭示的"革命必然发生"更加动人心魄，也更为自然合理呢？对此人们不难得出自己的结论。又如，托尔斯泰试图通过《复活》的主人公聂赫留多夫来体现他的"道德上的自我完成"和"勿以暴力抗恶"的理想，让他最终进入精神完美的"圣境"。但是这种"人性"战胜"兽性"，在福音书的启示下最后实现了精神"复活"的历程，同玛丝洛娃等一大批被侮辱与被损害者惊心动魄的遭遇相比，显得多么苍白无力，多么虚伪造作啊！经过历史的检验，《复活》给人的启示并非聂赫留多夫怎样秉承作者的说教为世人树立了道德修养的规范，而是通过生动的人物故事，巨大的艺术感染力，"无情地批判了资本主义的剥削，揭露了政府的暴虐以及法庭和国家管理机关的滑稽剧，暴露了财富的增加和文明的成就同工人群众的穷困、野蛮和痛苦的加剧之间极其深刻的矛盾"[1]。以无法抗拒的艺术力量向人们预示了现存制度的不合理及其必然灭亡的历史命运。

另外，托尔斯泰的宗教观同作品反映的宗教活动内容之间的矛盾，也有类似的情况。托尔斯泰的宗教信仰是执着痴迷的，他的理性和感情都在"鼓吹世界上最卑鄙龌龊的东西之一，即宗教，力求让有道德信念的神父代替有官职的神父"[2]。换言之，就

---

[1] 《列宁选集》，第3版第2卷，第242页。
[2] 《列宁选集》，第3版第2卷，第242页。

是要用清洗过的新宗教代替残暴腐朽的官办教会。但是，在他的作品中出现的"有官职的神父"固然极其凶残伪善，官办教会完全充当了沙皇政权的帮凶。而清洗过的新宗教也不能让人相信它的圣洁，无力给人们指点摆脱苦难的迷津。真正使读者惊心动魄、坚信不疑的，还是那一幕幕揭露宗教虚妄残忍的活剧，而不是作者关于马太福音的空洞说教。凡是读过《复活》《安娜·卡列尼娜》及其他作品的人，不是巩固强化了宗教观念，而是增添了对宗教的厌恶，加深了对宗教的怀疑。因为作品的故事情节和人物命运都在向读者昭示一个客观真理：宗教作为精神鸦片，不管是官办教会，还是清洗过的新宗教，实质都在欺骗；宗教作为统治者的御用工具，不管高唱"博爱良心"，还是张扬"拯救灵魂"，目的都是为了维护现存秩序，并使之"合理合法化"。

因此，现实主义的威力就表现在这里：对读者来说，托尔斯泰的作品并不像作者期待的那样，是一种形象化了的《马太福音》；恰恰相反，更多的人看到的却是对宗教的叛逆，作品本身实际上成了一部基督教虚妄本质的控诉书。托尔斯泰意在劝导读者笃信宗教，"为上帝活着"，憧憬彼岸世界。可是读者却从作品中看穿了宗教的欺骗性，更加执着于此岸世界。少数觉悟者甚至要做"离经叛道"的逆子贰臣。这是托尔斯泰始料不及的，也是他的现实主义取得伟大胜利的缘由之一。

第三，"形象大于思想"。作品的客观意义有时候超越作家的主观意图。在特定情势下，甚至两相抵牾，产生矛盾。如前所述，托尔斯泰在主观上想要"避开革命"。他在逝世前曾以遗憾的口吻埋怨"俄国人民快得出奇地'学会了搞革命'"①。但是他的作品却以雄辩的生活逻辑显示了革命必然爆发的客观规律性。普列汉诺夫也以其锐敏的眼光看到了托尔斯泰作品的这种深远的客观意义,指出:"他鼓吹勿以暴力抗恶,可是像刚才我所指出的那些篇幅②,却在读者的心中唤起一种神圣的意向,即以革命的力量对抗反动的暴力。他规劝人们只局限于使用批判的武器,可是他的这些优秀的篇幅无疑地会为最激烈的武器的批判辩解。"③

托尔斯泰诅咒资本主义这个"吓人的怪物"。"他像民粹派一样,闭起眼睛,根本不愿意看到,甚至拒绝去想在俄国'开始形成'的东西正是资产阶级制度。"④可是在《安娜·卡列尼娜》中,他却借康·列文之口"非常清楚地道出了这半个世纪俄国历史所发生的转变"⑤,其中就以生动的笔触描绘了"刚刚开始形成"的俄国资本主义的发展状况。小说主人公安娜·卡列尼娜也被作者描写成一名最先感应到资本主义精神冲击的贵族妇女。应该说,托尔斯泰对那些"不属于过去而属于未来的东西"是缺乏精神准备的;有些东西则超出他的预料,违背了他的初衷。现实主义文

---

① 《列宁全集》,第2版第20卷,第361页。
② 普列汉诺夫在这里指的是如下作品:描写省长拷打农民的《天国在我们的心中》,描绘12个农民被处死刑的《我不能沉默》等。
③ 普列汉诺夫:《卡尔·马克思和列夫·托尔斯泰》。引自黑龙江大学中文系文艺理论教研室编:《马克思主义文艺论著学习参考资料》第3辑,第169页。
④ 《列宁全集》,第2版第20卷,第101页。
⑤ 《列宁全集》,第2版第20卷,第100页。

学的优势也正表现在这里。

法国著名作家罗曼·罗兰长期研究托尔斯泰。他对列宁关于托尔斯泰世界观与创作关系的论述，作了高度评价："对于文学史家来说，研究清楚下列问题是很有意思的：卢梭、狄德罗、伏尔泰、所有伟大的艺术家——革命的先驱们，他们有什么东西是超越他们本人的，他们有什么东西属于未来，而他们并没有发觉这一点，如果他们能够预见到这个未来，他们又会抛弃它。这就是列宁以其固有的果断和洞察一切的精神开始进行的工作，并以此来评论他最心爱的作家。列宁指出，托尔斯泰是怎样天才地揭露当时存在的社会制度的虚伪和罪恶，并把批判的锋芒指向这个制度，这种批判本身就是对革命的号召。而另一方面，一旦面临由这种批判激发出来的革命行动时，托尔斯泰又惊恐万状、气急败坏地避之惟恐不及，叫道：'不行呀！'躲进企图以否定太阳来阻止太阳运动的'东方静止不动'的神秘论中去。"①

3. 列宁论小说《插到革命背上的十二把刀子》

这部小说集的作者阿尔卡季·阿韦尔琴科是一名对十月革命怀着刻骨仇恨的自卫分子，但是列宁却称赞这本书"极有才气"，甚至"精彩到惊人的程度"。其中，"有些地方写得非常好"，"有些地方写得非常糟"，根源都来自"刻骨的仇恨"，即由作者世界观所决定的思想感情。这种感情是真实的，强烈的：对革命，"烈火般的仇恨"达到了"欲狂"的程度；对退出历史舞台的压

---

① 罗曼·罗兰:《列宁（艺术和行动）》。引自《列宁和俄国文学问题》，中国社会科学出版社，1982年版，第312页。

迫者剥削者，则从"刻骨的仇恨"转化为悲伤、惋惜和深切的同情。激越的情感造成了他的成功，也使他招致失败。对待无产阶级和革命者，由于丧失理智的感情狂澜淹没了一切，他描写自己根本"不熟悉""不了解"的列宁和托洛茨基就完全失真，"就是写得不像"，只能停留在"愤恨有余"的攻击诬蔑上面。[1]艺术性也很差。对于革命发生的原因及其必然的结果，他也无法正确地理解并给以真实的反映，而只能感情用事，借助小说人物之口加以歪曲："我们对他们做了什么呢？我们妨碍了谁？""他们为什么把俄国搞成这个样子？"[2]

但是从另一方面看，当他怀着对革命的仇恨来回顾本阶级的历史命运和人物遭际时，他"亲身体验过、反复思考过和感受很深"的没落阶级所特有的愤懑、怜惜、怀旧、凄楚的心情则跃然纸上，恍如昨天。如描写内战中的儿童心理和寄生虫们的贪婪，以及丧失了地位和权力的旧人物们无可奈何的叹息等等。卢那察尔斯基认为，"阿韦尔琴科反映了资产阶级对于把它抛出历史大船的十月革命的反响"[3]。就这方面而言，作者描写被推翻的剥削阶级的痛苦心情时，由于他对"情况之熟悉和感情之真挚"而写得"无与伦比"。这对无产阶级了解历史，了解阶级斗争是非常

---

[1] 《列宁全集》，第2版第42卷，第274页。
[2] 《列宁全集》，第2版第42卷，第275页。
[3] 卢那察尔斯基:《论文学》，蒋路译，人民文学出版社，1978年版，第6—7页。

有益的,所以列宁认为"有几篇小说值得转载"①。

"看一看刻骨的仇恨怎样使这本极有才气的书有些地方写得非常好,有些地方写得非常糟,是很有趣的。"② 列宁在这里提出了一个文艺创作上十分重要而且带有复杂性的问题:一个具有没落阶级世界观、坚持反动政治立场的人,"刻骨的仇恨"怎样促使他写出了"精彩到惊人的程度""简直令人叫绝"的文学作品呢? 列宁运用辩证法、反映论来分析评价这本小说,在如何认识文学的真实性与倾向性,真实性与艺术性,世界观特别是政治观点与创作的关系等一系列问题上,给予了马克思主义的有力的回答。

列宁在文中突出强调的一点是真实。真实是文学创作成功或失败、"有才气"还是平庸拙劣的关键所在。所谓真实或逼真,包括事实的真实("亲身体验过、反复思考过和感受很深的题材")和由此激发出来的情感的真实(对革命"愤恨欲狂",对寄生虫的贪婪"馋涎欲滴",对没落阶级潦倒处境深切同情)。如果能够做到真实地而不是虚假地反映社会生活,那么事实本身就会站出来说话,客观生活的逻辑可以自然而然地发挥它的教育作用、认识作用和审美作用。在特定情景下,丑的东西(如俄罗斯阔佬们的吃相)如果是真实的,"审丑"同样可以具有某种美学含义。

---

① 《列宁全集》,第2版第42卷,第275页。
② 《列宁全集》,第2版第42卷,第274页。

列宁称小说描写"精彩"和"令人叫绝",其中含有嘲讽揶揄之意。但对小说"很大一部分作品"刻画人物心态以至吃相的真实性,确实给予了不加掩饰的赞扬。这就是说,列宁把真实性提到了评价作品首要的、关键性的地位上来,而不像庸俗社会学和机械唯物论那样,把作家的阶级出身、政治宣言当成评价作品的前提和主要依据。卢那察尔斯基也对此发表过十分中肯、十分深刻的见解。他认为对待《插在革命背上的十二把刀子》这类作品,"反映论所注意的,与其说是作家隶属的家系,不如说是他对社会变动的**反映**,与其说是作家主观上的依附性和他同某个社会环境的联系,不如说是他对于这种或那种历史局势的客观代表性"[①]。这里所谓"社会变动的反映",指的就是作者对十月革命引起的俄国阶级关系变化的真实描写:旧时代"富有、慷慨"的参议员、工厂主,今天沦为短工和雇员;昔日被压迫被剥削的无产阶级开始掌权治国,竟然"把俄国搞成这个样子"。因为"在统治阶级的代表人物的心目中,革命就是这样,也只能是这样"[②]。所谓"历史局势的客观代表性",指的是作者作为被打倒了的那个阶级的代言人,要通过小说向它的对立面——无产阶级发泄"烈火般的仇恨",同时缅怀他那一去不复返的失去的天堂。这种心情不仅是个人的,同时也客观地代表着一个灭亡了的阶级,一个逝去的时代,因而也是一种历史的真实。

---

① 卢那察尔斯基:《论文学》,蒋路译,人民文学出版社,1978年版,第6页。
② 《列宁全集》,第2版第42卷,第274页。

不错，作家反动的政治观点直接影响了他对某些人物和某些事物的正确评价，明显的例证就是对列宁的歪曲丑化，对革命动因（"我们妨碍了谁？"）和革命结局（"他们为什么把俄国搞成这个样子？"）的是非颠倒。他是戴着有色眼镜观察和评价革命的。但是，当他把笔触伸向本营垒的内部，带着本阶级共同体验过、反复思考过和感受很深的真实感情去描写他所"非常熟悉"的事物时，如内战中的儿童心理，阶级关系的沧桑巨变，以至旧俄罗斯阔佬们的口腹之快等等，"这才是他不会出错的领域"，他的"印象和情绪"也是被推翻了的统治阶级必然会产生的，因而都具有真实性。正是在这一点上，这部小说同现实主义文学的某些优点，如逼真地反映生活的原貌，注重人物性格心理的刻画等，是合拍的或相通的。不管作者的主观动机如何，这种真实的描写有助于人们认识历史，更全面更深刻地了解社会心理。特别是在无产阶级专政条件下，更有助于人民群众认识阶级斗争的复杂性，长期性，保持对旧制度复辟的警觉戒备。

列宁无意把这本小说当成一部现实主义作品，但它对现实的真实描写中，的确包含着某些同现实主义文学共有的"内核"和"颗粒"。在这些地方，作者反动的政治观点就无需赤裸裸地暴露，或者被冲淡而退居次要地位，"真实"成为这部小说最鲜明的特色。列宁认为，作者的"才气"也正是以"真实"为其主要标志的。

第四章

论美的继承与创造

在如何对待民族文化遗产,如何对待"旧"的美这个原则性问题上,从19世纪下半叶到十月革命以后,俄国社会上特别是思想文化界存在着严重的分歧,发生过多次激烈的争论。斯拉夫派与西欧派,早期的民粹派,后来的"无产阶级文化派","岗位派"等,对遗产的价值各执一端:或者奉为国粹,醉心于"返璞归真";或者主张从零开始,卸除遗产的"思想重负"。以列宁为代表的俄国马克思主义者,在遗产问题上一直进行着反对"左"右两种错误倾向的尖锐斗争。

列宁在《什么是"人民之友"以及他们如何攻击社会民主党人?》《青年团的任务》等著作中首先解决了遗产继承的方法论问题。他指出,马克思主义研究社会生活现象(包括民族文化遗产、美学遗产)坚持运用辩证法的两个科学范畴:一是要把社会运动、思想文化发展看成一个服从一定规律的"自然历史过程",即以事实为根据,用准确的科学研究来证明某一制度或意识形态产生的必然性，以及它们对前代无可选择的继承关系；二是要把社会生活、精神生活看成一种活跃的"社会机体"，从事实的状态、彼此的连贯性以及它们各自发展阶段的联系上"阐明调节这个社会机体的产生、生存、发展和死亡以及这一机体为另一更高的机体所代替的特殊规律（历史规律）。"① 列宁认为，富有生命活力的"社会机体"相互作用，相互抗衡，属于一种不断运动不断发展的结构形态。研究的目的是把某一社会形态作为活生生的东西向读者表明出来，将它的生活习惯、阶级对抗、上层建筑、家庭关系等和盘托出。这就是遗产批判继承的辩证法。

第一节 "旧"的美——艺术"进一步发展的出发点"

列宁关于文化遗产批判继承的理论，关于两种民族文化的学说，以及对古典作家作品的评论等，是对无产阶级的文化纲领作的全面深刻的阐述。

列宁继承并发展了马克思主义，在文化遗产问题上创造性地提出了一系列根本性的卓越见解。例如，他首次明确地指出，在每一个民族中都存在着性质不同的两种民族文化：一种是反映劳动群众和被剥削群众的民主主义和社会主义思想体系的文化，另一种是占统治地位的地主资产阶级的文化。无产阶级的新文化首先是对历史上劳动群众的文化的继承和发展，同时也要以历史唯

---

① 《列宁选集》，第3版第1卷，第34、50—51页。

物主义的观点区别对待剥削阶级的文化，分清精华与糟粕。这种文化中的优秀成分，经过合理的批判鉴别和改造，可以变成无产阶级新文化的有益滋养。马克思主义，包括它的文化思想，"并没有抛弃资产阶级时代最宝贵的成就，相反却吸收和改造了两千多年来人类思想和文化发展中一切有价值的东西"。"无产阶级文化应当是人类在资本主义社会、地主社会和官僚社会压迫下创造出来的全部知识合乎规律的发展。"①

在美学领域，传统的美学材料、美学观点对于建立无产阶级的美学理论是否具有价值和意义呢？列宁的回答也是肯定的。"即使美是'旧'的，我们也必须保留它，拿它作为一个榜样，作为一个起点。为什么只是因为它'旧'，就要抛弃真正的美，拒绝承认它，不把它当作进一步发展的出发点呢？"②在这里，列宁认为"旧"的美对无产阶级来说具有双重价值和意义：第一，可以作为新艺术的某种"榜样"。这是同马克思称赞希腊神话史诗可以成为后代艺术"规范"和"范本"的思想相一致的。列宁以托尔斯泰为例指出："就是我们这些党的文学家向他学习学习，也是无可厚非的呀！"③列宁本人也一向对革命民主主义者的美学遗产推崇备至。其中，别林斯基、杜勃罗留波夫战斗的文学批评，车尔尼雪夫斯基的《艺术对现实的审美关系》，都在列宁的著作和言论中被反复提及，他们坚韧不拔的革命精神和犀利的文

---

① 《列宁选集》，第3版第4卷，第299、285页。
② 《列宁论文学与艺术》，人民文学出版社，1983年版，第434页。
③ 《托尔斯泰研究论文集》，上海译文出版社，1983年版，第57页。

风成为列宁效法的榜样。"就得这样写呵！"列宁由衷地赞叹着。

第二，可以作为后代艺术、"新"的美"进一步发展的出发点"或"起点"。这些人类文化的优秀成分、"真正的美"当中，包含着某种民主主义社会主义思想的"合理的内核""真理的颗粒"，为后代文化的发展提供了不可缺少的"思想材料"；同时，历史上积累下来的许多审美经验也为无产阶级建造新的美学大厦准备了现成的"砖头"。这些砖头原系剥削者"拣来打我们"[①]的武器，如今却变成了新建筑的有用材料。

在革命家、思想家列宁的心目中，"旧"的美集中表现于俄罗斯民族精神、艺术精神的各个方面。列宁以唯物辩证法为指导，依据他的丰富的审美经验和深厚的艺术修养，高屋建瓴，从以下三个方面对俄国美学传统给予了科学的总结。

一　彻底的批判精神

武器的批判不能代替批判的武器。反之亦然。数百年间，特别是19世纪初叶以来，俄国古典作家、革命民主主义作家对农奴制和资本主义的彻底批判精神，形成了俄罗斯美学传统的一大鲜明特色。

列宁喜爱的古典作家和批评家，从普希金到托尔斯泰，从赫尔岑到车尔尼雪夫斯基，他们引起列宁巨大"兴趣"的主要原因就是那种与剥削制度誓不妥协的激烈的批判精神。这种批判的深

---

① 《列宁全集》，第2版第36卷，第49页。

刻性和尖锐性在于，它不是停留于对个别地主官僚分子的控诉和无力的诅咒，对贫弱者廉价的同情；而是从历史的角度，站在可能达到的时代的制高点上，以无可辩驳的真理的力量向着整个剥削制度展开了猛烈的进攻，并预言它必然灭亡的悲剧命运。普希金忧国忧民、壮怀激烈地呼唤有良知的作家应该"披坚执锐，站在启蒙运动的前列"，"他们不应因为自己永远首当其冲，身受一切苦难和风险而胆怯退缩、怨天尤人"[①]。果戈理的《钦差大臣》《死魂灵》以辛辣的嘲讽对准了沙皇官僚机器的腐朽，压迫者剥削者无可救药的堕落，他的批判是空前尖锐的。车尔尼雪夫斯基认为，果戈理的最大功绩就是他指引了俄国文学中的"批判方向"。赫尔岑是用理论和创作两种武器进行批判的，他公开站出来声称："没有政治自由的人民，文学便是他们唯一的论坛。只有从这个论坛上，他们才能使人们听到自己愤怒的呐喊和良心的呼声。"[②]列宁高度评价赫尔岑等人大无畏的战斗精神，称赞这些"兽乳养大的""从头到脚用纯钢铸成的勇士"作为时代的鼓手敢于向黑暗制度挑战，"奴隶般的沉默被打破了"[③]。

但是，列宁在充分肯定这种批判的深刻性尖锐性的同时，也指出了它的历史的和阶级的局限性。这不是批判者本人的过错，

---

① 《普希金全集》，苏联科学院出版社，第11卷，第163页。引自《列宁和俄国文学问题》，中国社会科学出版社，1982年版，第3页。

② 列姆凯主编：《赫尔岑著作及书信全集》，彼得格勒1919年版，第6卷第305页。引自《列宁和俄国文学问题》，中国社会科学出版社，1982年版，第3页。

③ 《列宁选集》，第3版第2卷，第283、288页。

而是时代造成的。果戈理晚年发表了《与友人书信选》，把他曾经锐意批判过的丑恶现实美化为虚幻的乌托邦，宣扬禁欲主义与宗教虔诚，因而受到了进步舆论界的严正批评。别林斯基在《给果戈理的信》中愤慨地指责他背弃伟大的艺术理想，诱使人们服从沙皇与地主。他声明："在宗教的荫庇和鞭笞的保护下，把谎言和不道德行为当作真理和美德来宣扬，这是使人不能缄默的。"列宁高度评价别林斯基这封信的战斗性，称赞它是"未经书报检查的民主主义报刊发表的、直到今天仍具有巨大现实意义的优秀作品之一"[①]。

赫尔岑运用"革命的代数学"辩证法达到了"当时最伟大的思想家的水平"，但是他对农奴制的批判有时显得软弱无力，动摇不定。列宁深刻地指出："赫尔岑的精神悲剧，是资产阶级民主派的革命性已在消亡（在欧洲），而社会主义无产阶级的革命性尚未成熟这样一个具有世界历史意义的时代的产物和反映。"[②]由于看不清革命人民的力量，赫尔岑在1848年后精神破产。"这并不是他的过错，而是他的不幸"[③]。

车尔尼雪夫斯基批判现存制度的不合理，预言其必然灭亡的命运，又比他的前辈和同辈大大跨进了一步，被列宁誉为"一个资本主义的异常深刻的批评家"。但他的批判仍然不可避免地存在着人本主义、唯心主义的影响，以及形而上学机械论的弊病，

---

① 《列宁全集》，第2版第25卷，第99页。
② 《列宁选集》，第3版第2卷，第284页。
③ 《列宁选集》，第3版第2卷，第286页。

未能把辩证法贯彻到底。"车尔尼雪夫斯基没有上升到,更确切些说,由于俄国生活的落后,不能够上升到马克思和恩格斯的辩证唯物主义。"①列宁认为,与其说车尔尼雪夫斯基犯了这样那样一些"错误",倒不如说是由于他那个时代的社会关系还没有发展起来。

至于托尔斯泰的批判,它的有力的方面和它的软弱性(用宗法制农民的观点进行批判,批判的空想性质等),列宁在论托尔斯泰的一组文章中给予了更加详尽深刻的分析。但是,列宁的最后结论仍然是,托尔斯泰的批判及其局限性"不是什么个人的东西,不是什么反复无常和标新立异的东西,而是由千百万人在相当长的时期内实际所处的一种生活条件产生的思想体系"②。它是历史造成的,因此也只能从历史发展中得到合理的解释。

革命的批判体现出真理的力量,道德的尊严,美的崇高,因此批判是真善美的统一。古代作家的批判精神,无论从它的深度和广度,还是从它的科学性来说,都不能同马克思主义的革命批判同日而语。但是作为历史,或者作为一种特定的美学形态,这种批判总是感情充沛、热烈有力,并且"追根究底要找出群众灾难的真实原因"③,以雄辩犀利的笔法活画出一个时代的面貌。因此,就这方面而言,用"真实的图画"显示逻辑力量的批判方式是无可替代的,而且具有"永久的魅力"。

---

① 《列宁全集》,第2版第18卷,第378—379页。
② 《列宁全集》,第2版第18卷,第103页。
③ 《列宁论文学与艺术》,人民文学出版社,1983年版,第218页。

二 顽强的斗争精神

世称"各族人民的监狱"的沙皇农奴制是当时世界上最残酷最黑暗的政体。因此，俄国劳动群众和先进的思想家革命家反抗最强烈，斗争最英勇，在人类历史上演出了一幕幕威武雄壮的活剧。

充满激烈斗争的社会生活培育了俄罗斯特殊的文化品格和美学趣味。短短百年的历史上就集中涌现出了一批批为人民伸张正义，为真理而献身的诗人、艺术家和批评家。恩格斯称赞19世纪俄国和挪威出现的"文学繁荣"是世界文学史上的特异现象，其光辉标志之一就是塑造了一大批具有世界影响的特别能战斗的英雄形象。

俄罗斯古典作家和革命民主主义作家绝大多数出身于贵族地主家庭。但是，他们在激烈的阶级斗争中都做了本阶级的逆子贰臣，义无反顾地站在人民一边，甚至不惜以生命去殉伟大的事业。普希金不畏放逐的判罚而揭露农奴制的罪恶，讴歌自由和反抗，最终死于统治者阴谋策划的决斗。莱蒙托夫对黑暗现实的批判揭露更为激烈，斗争更加勇猛。他遭受两次放逐而初衷不改，同普希金一样，在决斗中献出了年轻的生命。别林斯基，这位被旧俄国"坚强不屈的历史必然性"（车尔尼雪夫斯基语）寻觅到的革命民主主义的先驱者、预言家，不顾沙皇政府的传讯迫害，仗义执言，坚持撰写揭露农奴制残暴本性的战斗檄文，英年早逝。1861年农奴制废除以后，封建残余和资本主义势力同人民群众的阶级矛盾更加激化,斗争进入了一个新的阶段。车尔尼雪夫斯基的哲学美学论著及其小说创作都把斗争的矛头对准了沙皇政府和资本主义势力,他被判处终生流放,又经受了"假死刑"的严峻考验。他那宁死不屈的伟大人格和坚强的斗争意志赢得了全社会广泛的同情和支持,这也是列宁对他推崇备至的重要原因之一。"作为一个人,车尔尼雪夫斯基是以他的不调和精神、坚韧不拔的精神,以他的那种庄严地、自豪地忍受了自己闻所未闻的艰苦命运的精神影响了弗拉基米尔·伊里奇的。"[1] 激烈的阶级斗争促成了剥削阶级阵营的加速分化,即使像托尔斯泰这样一位养尊处优的伯爵,一位信奉基督"博爱"而宣扬"勿以暴力抗恶"的地主,当他完成了从贵族地主到宗法制农民的世界观的转变以后,他对旧制度的批判锋芒也是空前尖锐的,他的斗争意志十分坚强。直到生命的最后一刻,依然愤而拒绝了官方教会诱骗他"忏悔"的要求,客死在荒僻的车站上。

可以毫不夸张地说,这些俄罗斯 19 世纪艺术家的名字已经成为一种战斗的号召,他们信奉并为之殉身的格言就是为真理而斗争。在世界文学史、艺术史上,俄罗斯这种群星灿烂共同高歌伟大人格和崇高气节的审美理想,如同洪波涌起,从此开辟了一个崭新的历史时代。

列宁崇尚运动和斗争的美学观中活跃着俄罗斯民主解放运

---

[1] 克鲁普斯卡娅:《回忆列宁》。引自《列宁论文学与艺术》(二),人民文学出版社,1960 年版,第 867 页。

动的"血脉",最后在无产阶级革命斗争中丰富发展并臻于成熟。因此,号召反抗、赞美斗争的民族美学传统得到了列宁的特别珍视和青睐,那些为自由和人民幸福而献身的英雄形象经常出现在列宁的著作和言论当中。列宁总是把他们的事迹同当前的斗争紧密联系起来,给予高度的评价。在这类英雄形象中,列宁尤其仰慕《怎么办?》中的革命志士拉赫美托夫,《谁在俄国生活得好》中的俄罗斯壮士们。

拉赫美托夫这位革命的殉道者身上焕发着一种"艰难的美",或者说,一种献身理想甘于苦难的耶稣基督式的壮美。这是一种"特殊的人",人数虽少却代表着时代的方向。好比是"茶里的茶碱,醇酒的芳香","盐中之盐","原动力的原动力",成为一切优秀人物的"美质"的发源地。为了迎接革命,他刻苦学习革命理论,深入底层和人民同甘共苦。他几乎放弃了一切人间的欢乐,睡钉子床磨炼意志,不在娱乐上浪费一分钟。"不喝一滴酒,不接触女人",主动克制并最终弃绝了爱情。他对向他求婚的女性说:"对您的爱会束缚我的双手……我不应该恋爱……像我这样的人,是没有权利把任何人的命运跟我自己的联系在一起的。"车尔尼雪夫斯基塑造这个人物的用意是:拉赫美托夫的行动——做好一切准备,迎接革命的到来——这是对时代提出"怎么办?"这个最重要最迫切的社会问题的有力回答。

"列宁认为车尔尼雪夫斯基不仅是一个优秀的革命志士,伟大的学者,进步的思想家,而且也是一个艺术巨匠,他塑造了拉赫美托夫型的真正的革命者,大无畏的战士的杰出形象。"列宁由衷地赞叹道:"这才是真正的文学,这种文学能教导人,引导人,鼓舞人。我在一个夏天里把《怎么办?》读了五遍,每一次都在这个作品里发现一些新的令人激动的思想。"①

涅克拉索夫在长诗《谁在俄国生活得好》中塑造的七个贫苦农民形象,同样表现了一种为寻找幸福和自由不达目的绝不罢休的顽强斗争精神。其中,萨维里这位被尊为"圣俄罗斯壮士"的农民反叛者是诗人着力歌颂的人民英雄。他带头惩治恶人,40年的监禁流放不能摧毁他的坚强意志,流放回来还是昂首挺胸地自我申辩:"是刺字的,但不是奴隶!"诗人怀着深切的同情赞美人民的自发反抗,但又着重指出,只有在真理的感召下进行自觉的革命斗争,才能真正获得自由和幸福。平民出身的革命者格利沙坚信:"俄罗斯昏睡着,一动不动;但是她地下燃烧着火星。"他不惧怕肺病、流放等悲剧命运的折磨,决心为人民的自由幸福献出年轻的生命。诗人指出,格利沙的道路正是俄罗斯农民所要寻找的幸福之途。

列宁从青年时代起就"非常叹赏涅克拉索夫的作品,同时我还跟姐姐竞赛,看谁对他的诗学得更快更多"②。列宁的同时代人回忆说:"列宁把艺术作品的思想倾向提到首要地位,因此他很推崇和喜爱涅克拉索夫的作品,他几乎能背出涅克拉索夫的全部

---

① 《列宁论文学与艺术》(二),人民文学出版社,1960年版,第897页。
② A. 伊祖耶托夫:《列宁与俄国革命民主主义者》。引自《列宁文艺思想论集》,中国社会科学出版社,1986年版,第48页。

作品。"① 根据列宁的自述,他认为这位诗人生动感人的"艺术家的力量"是无与伦比的。其中,自然包括具有坚强革命斗争精神的英雄人物的强大感召力。

三 炽热的爱国主义精神

作为精神美的一个重要的组成部分,爱国主义思想在俄罗斯传统文化中熠熠闪光。列宁对"旧"美的评价,爱国主义是一个重要的标准。

列宁本人是一位伟大的爱国主义者,因此,他在发现和评价"旧"美的价值和历史地位时,总是寄托着热烈真挚的爱国主义情感。"我们爱自己的语言和自己的祖国,我们正竭尽全力把祖国的劳动群众(即祖国十分之九的居民)的觉悟提高到民主主义者和社会主义者的程度。我们看到沙皇刽子手、贵族和资本家蹂躏、压迫和侮辱我们美好的祖国感到无比痛心。"② 同时也为人民的觉醒和英勇斗争而感到自豪。流寓国外期间,列宁始终心系祖国和人民的命运,身处异域文化背景下却一直眷恋着俄罗斯优秀的民族文化传统。当托尔斯泰的戏剧《活尸》在瑞士伯尔尼上演时,尽管演员用德语对话,列宁仍然"紧张地、激动地注视演出",直到终场。"这个戏特别使他震动。后来他又去看了一

---

① 埃森:《会见列宁》。引自《列宁论文学与艺术》(二),人民文学出版社,1960年版,第897页。
② 《列宁选集》,第3版第2卷,第450页。

遍。"① 在意大利卡普里，高尔基发现了列宁的一个"特点"："就是夸耀俄罗斯、俄国人民和俄国艺术。"如列宁赞扬俄罗斯渔夫比他们的意大利同行工作得"灵巧"，高尔基表示怀疑。为此，列宁"不无懊恼"地说："唔——唔，您住在这个小地方，没有忘掉俄罗斯吗？"②

列宁认为祖国"是无产阶级阶级斗争中最强有力的因素"③，因为"大俄罗斯人的民族自豪感……的利益是同大俄罗斯（以及其他一切民族）无产者的社会主义利益一致的"④。所谓"哪里好，哪里就是祖国"的原则，完全反映了资产阶级世界主义的掠夺本性，同无产阶级的国际主义根本对立。列宁坚持运用历史分析的方法，把真正的爱国主义同以虚伪辞藻作掩护的假爱国主义严格区别开来，把爱国主义者同民族主义者、沙文主义者严格区别开来。列宁同机会主义的、没有气节的普列汉诺夫、克鲁泡特金之流相反，坚持把爱国主义同无产阶级国际主义统一起来。对历史上的爱国主义，他主张必须结合时代背景、阶级斗争状况给以具体的历史的分析评价。他肯定拉吉舍夫、十二月党人为代表的大俄罗斯民族自豪感，同时批判并抛弃了"败坏伟大民族声誉的农

---

① 克鲁普斯卡娅：《回忆列宁》。引自《列宁论文学与艺术》（二），人民文学出版社，1960年版，第863、853页。
② 高尔基：《忆列宁》，引自《列宁论文学与艺术》（二），人民文学出版社，1960年版，第884页。
③ 《列宁全集》，第2版第17卷，第170页。
④ 《列宁选集》，第3版第2卷，第453页。

奴制特权的原则"①。

在列宁心目中，祖国、人民和革命是融为一体，不可分离的。俄罗斯民族遗产中爱国主义、民主主义和英雄主义血肉相连的美学传统，对列宁产生了深刻的影响。涅克拉索夫深情关注着祖国的命运："你又贫穷，你又富饶，你又强大，你又衰弱，——俄罗斯母亲！"列宁信手拈来这著名的诗句作比喻，形象而又深刻地阐明了托尔斯泰作品、观点、学说中的矛盾；同时也表明，列宁多么崇尚涅克拉索夫的爱国主义情怀，对诗人的爱国诗句已经达到了不假思索、脱口而出的熟谙程度。另外，车尔尼雪夫斯基著名的爱国主义格言也在列宁的著述言论中一再被引用："可怜的民族，奴隶的民族，上上下下都是奴隶。"列宁认为："这些话表达了他对祖国的真正的爱，这种爱使他因大俄罗斯民众缺乏革命精神而忧心忡忡。"②车尔尼雪夫斯基坚强不屈、伟岸崇高的人格美一直受到列宁的衷心景仰，他的爱国主义思想就是这种人格美最重要的组成部分。

爱国主义不是一个空泛的概念，爱国主义思想情感包含着丰富确定的历史内容。古代作家热爱的祖国，不是沙皇专制政体，不是静止不动的东方制度、亚洲制度，而是受苦受难的人民繁衍生息的家园，民族解放斗争蓬勃发展的摇篮。古典遗产中的爱国思想同无产阶级的爱国主义、国际主义之间保持着一种"天然的

---

① 《列宁选集》，第3版第2卷，第451页。
② 《列宁选集》，第3版第2卷，第450页。

联系",是同无产阶级当前的斗争声息相通的。列宁经常引述古代作家热爱祖国热爱民族的动人事例,或者以古典作品中的相关人物作比喻,经过点化、改造,为当前的斗争服务。在列宁所推崇的革命民主主义的先驱者当中,无论从理论上的建树,还是从坚贞不渝的爱国热情来看,"亚·伊·赫尔岑最受注意"[①]。赫尔岑勇敢地站出来为被压迫被奴役的波兰辩护,斥责沙皇的大国沙文主义。此前,屠格涅夫曾经上书沙皇,表示效忠,"并且捐了两个金币来慰劳那些因镇压波兰起义而受伤的士兵"。赫尔岑对屠格涅夫此举深感震怒和鄙视,立刻著文给以揭露和嘲讽:"有一位白发苍苍的圣女马格达琳娜(男性)上书皇上,陈述她夜不成眠,焦虑皇上不知道她诚心忏悔。"又亲自致信屠格涅夫,自豪地声称:"我们挽救了俄国人的名誉,因此才遭到占多数的奴才们的非难。"当一名沙皇军官不愿充当镇压波兰起义的帮凶而在华沙自杀时,赫尔岑鼓动沙皇军队掉转枪口去"归附农民",并且号召人民认清沙皇及其帮凶的丑恶嘴脸,为获得自身的解放而斗争。[②]

俄国文学"自然派"领袖果戈理及其作品是列宁引述最多的作家作品之一,原因是果戈理作品鲜明浓郁的民族特色和地方特色,他对祖国和民族发自内心的那种"热情的、神经质的、带着血丝的爱"深深地感染了列宁。列宁在同马赫主义的哲学论战中,曾把波格丹诺夫比作果戈理小说《可怕的报复》中的卖

---

① 卢那察尔斯基:《论文学》,蒋路译,人民文学出版社,1978年版,第16页。
② 《列宁选集》,第3版第2卷,第287—288页。

国贼彼得罗。"我想像不出对波格丹诺夫还有比下述做法更'可怕的报复':把他的《经验一元论》翻译成德文,并送给勒克列尔……去评论。马赫的这些人所共知的战友和部分地公开的追随者会用接吻来欢迎这个'代换说',这恐怕会比他们的议论更能说明问题。"① 乌克兰民族英雄丹尼洛·布鲁尔巴施及其亲属被卖国贼彼得罗出卖,全体被害。彼得罗恶有恶报,入地狱后遭到了祖宗亡灵们的撕咬折磨,承受着永无休止的"可怕的报复"。列宁用这个俄罗斯家喻户晓的叛徒恶棍的可耻下场比喻波格丹诺夫反动谬论的不得人心和必然破产。这种批判形象有力,言简意赅,更易于为工农群众所理解和接受。

如前所述,列宁非常推崇法国革命作家巴比塞及其作品。"在战争期间,弗拉基米尔·伊里奇对巴比塞的《火线》($Le\ feu$)发生了兴趣,认为这部小说有着巨大的意义。"② 巴比塞小说的思想特色是明确地站在无产阶级国际主义立场上反对帝国主义战争,有力地批判了狭隘爱国主义、沙文主义。他的小说《火线》《光明》揭露第一次世界大战的本质,描写了士兵们的觉醒。经过血腥战争的磨难,士兵们认识到"人与人之间有一种分歧,比种族之间的分歧更深,这就是:在同一国度的人群之间有不劳而获的一群和劳苦终日的一群"。要想摆脱战祸,只有奋起革命。列宁对巴比塞关于战争的观点十分赞赏,在《论第三国际的任

---

① 《列宁选集》,第3版第2卷,第174页。
② 《伊里奇喜爱什么文学作品》。引自《列宁论文学与艺术》(二),人民文学出版社,1960年版,第862—863页。

务》中着重指出:"群众的革命意识正日益增长,这已成为到处都可看到的普遍现象,昂利·巴比塞的小说《火线》(*Le feu*)和《光明》(*Clarté*),可以说是这种现象的一个极其明显的证据。前一部小说已经译成各种文字,并在法国销售了23万册。这本书非常有力地、天才地、真实地描写了一个完全无知的、完全受各种观念和偏见支配的普通居民,普通群众,正是因受战争的影响而转变为一个革命者。"①

爱国主义是一切国家、一切民族共同赞颂的主题。在世界民族解放运动蓬勃兴起的时代,列宁首次以唯物史观对俄罗斯古代遗产即"旧"的美中的爱国主义精神作出了历史的、美学的评价。这对当时正在进行的卫国战争、国内革命战争是有迫切现实意义的,同时也为我们批判地继承民族文化遗产,发扬民族美学传统树立了方法论的光辉典范。

第二节 无产阶级审美理想的光辉实践

十月革命胜利后,卢那察尔斯基向列宁提出了继承民族文化遗产的两条原则(路线):第一,人民需要精神食粮,但是除了传统文化,"我们在这个领域里一点代替的东西都没有"。第二,无产阶级的新艺术不能凭空产生,不能失掉"文化的脉络"。列宁对此表示赞同,并进一步阐明了传统艺术与新艺术之间的辩证关系:

---

① 《列宁全集》,第2版第37卷,第98页。

民族文化遗产必须继承下来,"不过别忘记支持那些在革命影响下产生的新东西。即使这些新的一开始还很软弱,因为在这里是不能采用同一的美学见解的,否则旧的、更加成熟的艺术会妨碍新的艺术的发展,而那旧的更成熟的艺术本身纵使会有所改变,可是倘使新生的现象在竞争上对它的压力愈小,那它就会改变得愈慢"[①]。列宁在这里提出了新旧文化发展的辩证法:不能用"同一的美学见解"衡量新旧艺术的水平。必须热情地扶植新艺术,使它在成长中对旧艺术形成某种"压力",以便促进旧艺术的"改变"。

"保存遗产,还决不等于局限于遗产"[②],最终还要立足于创造。这是列宁对待遗产的辩证法。

苏维埃无产阶级新文化,包括新的美学实践在内,是在马克思列宁主义思想指导下,在无产阶级的生产斗争和阶级斗争中产生发展起来的。从1905年第一次革命期间出现了社会主义现实主义的奠基之作《母亲》,到十月革命后产生的一系列优秀作品,无产阶级文艺取得了长足的发展,积累了宝贵的实践经验。列宁及时给予了总结,并不断指引着继续前进的方向。"列宁在讲到苏维埃文化发展的道路时,热烈地捍卫了艺术中真正的美。他说,应该把美作为根据,把美作为构成社会主义社会中的艺术的标准。"[③]大致说来,列宁总结新的革命美学实践的经验,主要有

---

① 卢那察尔斯基:《纪念亚历山德拉剧院100周年》。引自《列宁论文学与艺术》(二),人民文学出版社,1960年版,第929页。
② 《列宁全集》,第2版第2卷,第417页。
③ 诺尔朵夫斯基:《在1918年》。引自《列宁论文学与艺术》(二),人民文学出版社,1960年版,第937页。

如下几个方面：

一 政治斗争中的雄壮之美

在无产阶级夺取政权前后的一段相当长的历史时期内，阶级斗争作为时代社会生活的重要内容，渗透到了物质生活和精神生活的各个方面，形成了无产阶级文艺在题材、主题和风格上的鲜明的美学特色。在客观上，阶级斗争的激化和深化极大地激发了各个阶级集团和个人的政治热情，为文艺反映社会生活提供了特定内容和特殊机遇。在这个革命的时代，雄壮美学思想应运而生，并且必然地占据了主导地位。在主观上，政治、政治斗争对这个时代里的意识形态、精神生活发挥着支配作用，因而在审美领域里，政治型的性格美、行为美受到了普遍的尊崇。相形之下，长期流行的"为艺术而艺术"、象牙之塔中的美学则备受时代政治潮流的冲击，处于退缩萎靡的状态。

列宁美学思想的鲜明特色是，无论评价古典艺术还是无产阶级的新艺术，他总是首先从政治角度提出问题，把政治评价、哲学评价同美学评价紧密地结合起来。政治、哲学、美学"三统一"成为列宁美学思想方法论的基础。这是完全正常的，合理的，因为作为政治家、革命家、思想家的列宁，在无产阶级夺取政权和巩固政权的激烈斗争中，他必须首先从当前的政治斗争需要，从革命实践出发去观察问题，分析问题。包括指导评价具体的艺术现象和作家作品，他的理论论述也都是有的放矢，尖锐犀利，具有强烈的直接现实性的品格。目的不在作纯粹抽象的思辨，或者试图建立某种康德、黑格尔式的严整理论体系。《唯物主义和经验批判主义》就是哲学论战与政治斗争紧密结合的光辉范例；同时，在批判马赫主义唯心主义实质的过程中也时时触及美学艺术问题，言简意赅地阐明了无产阶级美学思想的要义和方法论的基本理论。

列宁这种把政治、哲学与美学熔为一炉而崇尚雄壮之美的批评视角，集中反映了无产阶级革命文艺所特有的政治倾向性和美学风格的密切结合，最典型、最鲜明地代表了无产阶级革命时代的美学思潮、美学趣味及其必然的历史发展趋向。

最早也最集中地体现了这种新的美学思潮特点的代表人物和作品就是高尔基及其《母亲》。这部小说以高昂的政治热情，广阔的社会斗争场面反映了无产阶级推翻旧世界的英勇斗争，成功地塑造了觉悟工人巴威尔母子的典型形象。高尔基抓住时代最重要、最迫切的社会政治问题，通过小说给予了美学上的有力回答。列宁赞扬这部小说是"及时的""必需的""有益的"，这首先是政治评价，同时也是美学评价。在列宁心目中，《母亲》的政治倾向性、党性是一种特殊的美，属于社会美的一类。小说形象体系所包含的政治内涵同作品中穿插着的"刚健劲峭"的政论有机地契合搭配，给小说带来了一种犀利深刻的哲理意味和战斗风格。高尔基的政论同他的名字一样"带有苦味"[①]，同"甜腻腻的贵族作品"的所谓"纯美"恰成对比。卢那察尔斯基认为，正

---

① 俄文"Горький"（"高尔基"）一词，意为"苦的""苦味的""痛苦"。

是这种形象体系的政治性和带"苦味"的政论形成了高尔基作品特殊的审美色彩。"尽管高尔基由于仿佛给了政论以太多的地位而受到攻击，其实无论照他的思想或实践来说，高尔基都不是上述那种直接使政论和文艺作品的艺术结构沓然并存的作家。……他是最深刻的思想性意义上的艺术描写的代表。"①

政治的分野决定了判然不同的审美态度。高尔基的《母亲》《仇敌》中的政论遭到了资产阶级评论家的诋毁，甚至普列汉诺夫也加以非议。他们批评这些政论使高尔基的作品"散发着这么一股政论气"，"它结成晶体，膨胀出来，好比过度饱和的溶液结成了盐块"，"俨然成为一个非艺术性的包袱，结果倾向性使得他为了迎合该被论证的东西而歪曲了形象"②。实际上，争论的焦点并不在于作品中是否应该出现政论，以及它与艺术整体的关系；而在于对这些政论阶级性的不同理解。

政治、阶级斗争成为艺术描写的重要内容，成为特定的审美对象，在俄国具有优良的传统，并非从无产阶级新文艺肇始。这种特殊的美历史地表现在英勇揭露沙皇政权的贵族革命家赫尔岑身上，表现在面对"假死刑"泰然自若的车尔尼雪夫斯基身上，也表现在誓不向官方教会"忏悔"的托尔斯泰身上。受到列宁称赞的一些古代文学典型，如普加乔夫、拉赫美托夫、康·列文

---

① 卢那察尔斯基：《论文学》，蒋路译，人民文学出版社，1978年版，第303—304页。
② 卢那察尔斯基：《论文学》，蒋路译，人民文学出版社，1978年版，第302页。

等，他们的典型性格、美的品格的形成，也是同他们从事的政治斗争、社会斗争密不可分的。政治真正成了这些人物的生命和灵魂。不过，无产阶级革命文艺所表现的政治、阶级斗争是在马克思列宁主义的直接指导下进行的，已经从个人行为变成了阶级的集体行动，从自发变成自觉。因此，这种无产阶级的政治美更加集中，更加鲜明，更理想化，也更带浓厚的美学色彩。

列宁一向对马雅可夫斯基的未来派诗风持"不信任""不高兴"的态度："我不是他的诗才的崇拜者。"但是，唯有对《开会迷》情有独钟，大加赞赏，这是为什么呢？列宁指出："他在这首诗里尖刻地嘲笑了会议，挖苦了那些老是开会和不断开会的共产党员。诗写得怎样，我不知道，然而在政治方面，我敢担保这是完全正确的。""我很久没有感到这样愉快了，这是从政治和行政的角度来说的。"[①] 很明显，列宁这种"愉快"是政治感情引发出来的，但它不是来自一般的政治理论或政策方针，而是来自一首短诗。尖锐的政治问题获得了诗意的表达；或者说，强烈的政治感情寄托于诗美，从而形成了一种特殊的美感形式——政治型的性格美、行为美。从审美主体看，列宁读诗的"愉快"包含着政治的、审美的丰富内涵。它来自政治，但不限于政治。尽管列宁声称"诗写得怎样，我不知道"，即有意避开了对诗的艺术表现、艺术技巧作出评价，但是正因为政治上的"完全正确"是通过审美形式的诗而不是通过抽象的议论表达出来的，所以列宁获

[①]《列宁全集》，第2版第43卷，第12页。

得的"愉快"就既不同于听一篇措辞慷慨的演说,读一部睿智明达的著作;也不同于欣赏那些没有政治内容的风景画山水诗。它是以无产阶级政治为灵魂,通过政治与诗的自然融合,真善美的和谐统一,凭借形式美的整体效应充分地激发表达出来的。

列宁把高尔基的《意大利童话》比作"革命的宣言"("革命的传单"),称赞别德内依的政治鼓动诗和政治寓言能够"一针见血"地"准确地击中要害"[①]。列宁本人一生也保持着对强烈政治性文艺作品(如革命民主主义作家的小说诗歌,各国革命歌曲)的特殊爱好。这些都有力地证明,列宁的美学观是同他的政治观,同他的革命实践活动紧密地结合在一起的。他总是从政治的视角,从革命斗争的现实需要出发来观察评价美和艺术,以深刻的洞察力和对艺术的敏感从中发掘出政治美的价值和意义,而特别推崇政治斗争中的壮美。

为什么无产阶级的政治,无产阶级所进行的阶级斗争在列宁看来是一种特殊的社会美(关系美)呢?首先,政治是经济的集中表现。政治作为经济基础和"更高地悬浮于空中"的意识形态各部门(包括美感)之间的中介环节,它既直接地反映一定阶级的经济利益,又同审美意识等"思想形式"保持着特别密切的联系。二者互相渗透,互相包容,共同作为艺术美的血肉出现在具体作品之中。列宁欣赏的马雅可夫斯基的《开会谜》,以及诗人其他的一些政治抒情诗如《向左进行曲》《好》《列宁》等,它们

---

① 邦契-布鲁也维奇:《列宁谈诗歌》。引自《列宁论文学与艺术》(二),人民文学出版社,1960年版,第958页。

激越雄壮的美学风格主要来源于无产阶级特有的政治激情：对阶级敌人的仇恨，对劳动群众的热爱，对党和祖国的忠诚。

其次，艺术的功能在于以具体感性的形式传达人的思想感情。其中，政治思想、政治感情占据着重要的地位，尤其是在革命的时代，它往往以特别鲜明、特别剧烈、特别深刻的形式表现出来。政治斗争、阶级斗争作为审美对象，主要是唤起人的崇高感或悲剧意识。高尔基的散文诗《海燕》呼唤革命的暴风雨，海燕这一革命者的英雄形象充分表达了无产阶级对壮美的渴求。列宁出于政治斗争的需要，多次引用《海燕》的形象和名句。他和高尔基一样，都是把政治激情转化为诗情，又以诗的审美意象（形象与语言）淋漓尽致地抒发政治激情。小说《母亲》也是这样，高尔基的创作和列宁的评论都着重于政治情感的诗意表达。卢那察尔斯基指出："通过高尔基，无产阶级首次在艺术上意识到自己。正如它通过马克思、恩格斯和列宁在哲学上和政治上意识到自己一样。"[①] 这里所谓"在艺术上意识到自己"，指的就是无产阶级首次从《母亲》中看到了本阶级的艺术形象，同时，也是首次从艺术上认识到自己的政治作用和历史地位。列宁曾经深有感触地对高尔基评价托尔斯泰的贡献："在这位伯爵以前文学里就没有一个真正的农民。"[②] 可以说，在高尔基的《母亲》之前，

---

① 卢那察尔斯基：《论高尔基》，俄文版，第187页。引自曹靖华主编：《俄苏文学史》（第2卷），河南教育出版社，1992年版，第130页。
② 高尔基：《列宁》。引自《列宁论文学与艺术》，人民文学出版社，1983年版，第417页。

俄国文学中也没有出现过"真正的"工人,即觉悟的无产者。无产阶级能够通过《母亲》"在艺术上意识到自己",这就表明作者塑造的觉悟工人的典型形象在政治上是正确的,在艺术上也是成功的。作为第一个进入文学殿堂的觉悟工人的艺术形象,巴威尔的审美特性首先是一种政治型的性格美、行为美。如果忽视或者降低了巴威尔这个占主导地位的审美特性,那么这个形象以至《母亲》这部作品就会黯然失色,完全丧失了存在的意义。

在政治与艺术的关系问题上,列宁不主张以政治代替艺术,或者强制用艺术图解政治;同时,他又反对艺术脱离政治而"自治",鼓吹"为艺术而艺术"。列宁一贯认为,政治与艺术之间客观地存在着一种辩证的对立统一的关系。对艺术家来说,他既不应从事政治,又不能脱离政治。这种看来相互矛盾的现象是同艺术创作活动的特殊性,同艺术家劳动的特点直接有关的。列宁明确表示,高尔基按其本性来说并不是一个政治家,他不应该从事政治。"毫无疑问,高尔基是一个很大的艺术天才,他给全世界无产阶级运动作出了而且还将作出很多贡献。但是,高尔基为什么要搞起政治来了呢?"[1] "一个政治家可以在彼得格勒工作,但是您(指高尔基。——引者注)不是政治家。"[2] 高尔基自己也说:"我知道,我是一个不好的马克思主义者。再说,我们这些艺术家,都是不大能自持的人。"列宁承认,"要反驳这种话是不容

---

[1] 《列宁全集》,第2版第29卷,第46页。
[2] 《列宁全集》,第2版第49卷,第44—45页。

易的"①。

当有人提议让别德内依从事行政工作时,列宁也立即制止:"不要去打搅他吧!如果说革命前他在担任行政工作,那只能说是他的不幸,环境迫使他这么做的,可是现在他最主要的是要用自己的笔来为苏维埃政权和党做更大的工作。瞧,他发表在《真理报》上的诗写得多么美!杰米扬·别德内依是作家、是诗人,在他发挥自己创作才能的时候不要去妨碍他。"②

但是,列宁同时又指出,艺术和艺术家都不能脱离政治。像高尔基这样以巨大的政治热情投身革命,把自己的命运同人民革命事业紧紧联系在一起的伟大作家,他的经历和他的创作都已同无产阶级的政治结下了不解之缘。"高尔基是一个作家兼政治家。他是迄今世界上有过的最大的作家兼政治家。这是因为世界上还从来没有过这样伟大的政治的缘故。所以这种政治一定也会产生伟大的文学。这伟大的文学已开始繁荣了。"③别德内依及其诗歌之所以受到工农群众的热烈欢迎,也正是因为诗人自觉地适应了无产阶级的政治需要,为人民而创作。列宁"认为他的作品非常俏皮,写得很美"④,强烈鲜明的政治讽刺具有很强的针对性,及

---

① 《列宁全集》,第2版第29卷,第46页。
② 邦契-布鲁也维奇:《列宁谈诗歌》。引自《列宁论文学艺术》(二),人民文学出版社,1960年版,第960—961页。
③ 卢那察尔斯基:《论文学》,蒋路译,人民文学出版社,1978年版,第337—338页。
④ 邦契-布鲁也维奇:《列宁谈诗歌》。引自《列宁论文学与艺术》(二),人民文学出版社,1960年版,第958页。

时准确地反映了形势的变化，满足了人民群众借助艺术宣泄政治感情的渴求。

二 革命实践中的运动之美

列宁领导的俄国革命经历了世所罕见的惊涛骇浪，急流险滩。革命冲破了农奴制下东方制度、亚洲制度的静止状态，经受了俄国第一次革命失败和斯托雷平白色恐怖的严峻考验，挫败了外国武装干涉和国内反革命叛乱，度过了新经济政策时期严重经济困难的煎熬，又为胜利后的经济恢复、经济建设付出了沉重的代价。无产阶级及其政党是在斗争中诞生成长起来的。

唯物史观认为，世界上的万事万物都处于永恒的运动当中。无产阶级的美学观在火热的斗争实践中淬砺而成，它把美看成一种合规律性合目的性的客观运动过程。"美在运动之中"。劳动生产创造了美，前进中的革命实践又不断地产生着制约着审美活动的内容、性质和发展方向。

一切没落的、垂死的阶级都害怕变动而祈求长治久安，信奉保守的、僵化的或者"向内转"的唯心主义美学观；新生的、向上的阶级则向往运动、变革和创造，把美和审美看成一种活生生的、弃旧布新的运动过程，同社会实践密切联系。

美的生命在于运动。"运动之美"反映着世间美的事物本来就有的矛盾斗争的辩证法。列宁运用为他大大丰富发展了的唯物辩证法思想对俄罗斯美学和苏联美学的这一鲜明突出的特征作出了深刻概括。在俄罗斯美学史艺术史上，一种带有朴素唯物主义和辩证法萌芽的美学观早已产生并成长壮大起来。别林斯基把他的战斗的文学批评称作"行动的美学",意思是说,这种批评同革命民主主义革命休戚相关,以不断丰富发展的创作活动为对象,及时地总结了普希金、莱蒙托夫、果戈理等作家的创作经验,并指明前进的方向。这种美学批评是动态的,实践的,同脱离实际的经院习气、纯粹理性批判有着质的区别。车尔尼雪夫斯基提出的"美是生活"的命题中,所谓"生活"指的是那种健康的、合理的、经过革命改造的"活生生的现实"。村姑们长年在灿烂的阳光下、新鲜的空气中不息地劳作,她们红润的脸庞映照出运动之美。贵族妇女枯坐在厅堂之上,祖祖辈辈脱离劳动使她们骨骼变小,肌肉萎缩,"病态美"只能是她们本阶级的自我观照。关于自然美,车尔尼雪夫斯基同样指出,"那显示着力量横溢的蓬勃生命"的植物是美的;相反,"凋萎的植物是不好的;缺少生命液的植物也是不好的"。① 动物中的鳄鱼、壁虎、乌龟十分"笨拙"而缺乏运动和力量;蛙的身上覆盖着尸体上常有的那种冰冷的黏液而惹人讨厌。这种人本主义思想主要从生理上、自然属性上来解释美,但它强调劳动、运动和活生生的现实对美的意义,就这方面而言,这是一种"唯物主义的表述"。

苏联无产阶级文艺继承并发扬了"美在运动中"的优良传统,赞美顽强不屈的斗争精神和不断进取的劳动热情成为革命文

---

① 车尔尼雪夫斯基:《艺术和现实的审美关系》。引自《西方美学家论美和美感》,商务印书馆,1980年版,第244页。

艺的主旋律。高尔基在论述社会主义现实主义创作方法时,明确提出了这样一条美学原则:"文学家应该明白,他不仅用笔写,还要用语言来描绘,他的描写不像画家那样把人画成静止的,而是要尽力把人表现在不断的运动中,在行动中,在无休无止的互相冲突中,在阶级、集团和个人的斗争中。然而世界上没有一种运动不遇到阻力。"①卢那察尔斯基也提出了类似的观点,他指出:"社会主义现实主义者把现实理解为一种发展,一种在对立物的不断斗争中进行的运动。但他不仅不是静止论者,他也不是宿命论者:他看见自己处在这个发展、这个斗争中……不了解发展过程的人永远看不到真实,因为真实并不像它的本身,它不是停在原地不动的,真实在飞跃,真实就是发展,真实就是冲突,真实就是斗争,真实就是明天。"②《母亲》《铁流》《恰巴耶夫》《毁灭》《静静的顿河》《钢铁是怎样炼成的》这些苏联文学的丰碑,它们的主题思想和典型人物的性格风貌,可以说都从不同侧面不同程度上体现了"革命实践中的运动之美"。《海燕》的名句"让暴风雨来得更猛烈些吧!"经列宁引证,这篇作品所表达的无产阶级斗争哲学的真谛,它所体现的动态之美的审美理想,更加引起了革命人民的强烈共鸣和深切体验。《海燕》被誉为阶级和时代战斗的宣言书。

---

① 《高尔基选集 文学论文选》,孟昌、曹葆华译,人民文学出版社,1958年版,第263—264页。
② 卢那察尔斯基:《论文学》,蒋路译,人民文学出版社,1978年版,第54—56页。

列宁美学思想活的灵魂和鲜明特色就是把美和审美活动同无产阶级的革命实践紧密地联系起来，把美的事物看成一个活跃的"机体"，美的创造则是一种生气勃勃的、有规律的"自然历史过程"。他在《唯物主义和经验批判主义》中批判彼得楚尔特"美学的稳定状态"这一形而上学谬论时，深刻地阐明了包括无产阶级美学在内的唯物史观在运动中发展的客观规律性及其革命实践的本质。

德国经验批判主义哲学家彼得楚尔特宣扬"稳定状态"是所谓"伦理学、美学和形式认识论的基础"。他"加上了着重标记"的最后结论是："我们的思维和创造的一切目的的最本质的特征，就是稳定性"或"安定"。他声称，"由于人的本性追求稳定和平静"，如"狂热的激进分子"进入老年都会"变聪明"而"平静下来"；人们看见墙上的画挂斜了或桌子上的钥匙放歪了就因它们破坏了"秩序"和"稳定"而觉得"不顺眼"等等。所以，为了达到和维护美学上的"稳定状态"，彼得楚尔特号召摒弃"浪漫主义"[①]。这是许多反动唯心主义哲学家的惯用伎俩，即把浪漫主义、理想主义或理性思维当作革命思想的代称加以攻击。列宁无情地揭露了彼得楚尔特鼓吹"美学的稳定状态"的险恶目的：反对革命变革，否定精神和艺术发展的客观规律性（规定性）。这种主观唯心主义美学观完全适应了俄国反动政权及其御用政论工具的需要，因此列宁对彼得楚尔特的批判具有强烈的针对性和

---

① 彼得楚尔特：《纯粹经验哲学引论》，引自《列宁全集》，第2版第18卷，第334—335页。

战斗性。①在哲学美学领域，列宁的这种批判进一步阐明了马克思主义"既是生长又是运动"②的活的辩证法；通过与彼得楚尔特的斗争实践，对"美在运动中"这一无产阶级的审美理想作了精辟的概括说明。

辩证法要求，必须用对立统一的观点来"认识在'自己运动'中、自生发展中和蓬勃生活中的世界一切过程"③。列宁一贯运用历史的观点、发展的观点对新艺术进行美学评价，并以此指引美和艺术创造的方向。在十月革命以前，列宁就曾对托尔斯泰文学遗产中的空想社会主义的批判成分作过深刻的分析。指出随着时代的演进，这种批判成分的意义"是同历史的发展成反比的"。就是说，在19世纪80年代前，它"有时实际上还能给某些居民阶层带来好处"。但是到了俄国第一次革命前后，这种批判成分的实际价值就发生了逆转，任何想把托尔斯泰的学说理想化的企图"都会造成最直接和最严重的危害"④。

十月革命胜利后，列宁满怀信心地预见：社会主义制度能够创造出人类最新最高的美学成就。当卢那察尔斯基对战争破坏的有艺术价值的建筑物表示惋惜时，列宁劝诫说："当问题牵涉到开创一个社会制度，而这个制度能够创造的美又要大大超过前人所能梦想的一切东西的时候，您怎么可以这样重视一座旧的建筑

---

① 参见《列宁和俄国文学问题》，中国社会科学出版社，1982年版，第211—219页。
② 《列宁全集》，第2版第55卷，第307页。
③ 《列宁全集》，第2版第55卷，第306页。
④ 《列宁全集》，第2版第20卷，第103—104页。

物,——无论它是多么的好？"① 在这里，列宁的辩证观点和历史主义观点表现了一种崭新的革命美学观：无产阶级固然要保存和继承民族文化遗产，把"旧"的美当作"进一步发展的出发点"。但是，"当问题牵涉到开创一个社会制度"这种国家命运攸关的大局时，在难以两全的情况下，无产阶级就不能因顾全某个建筑物而停止革命战争，延缓革命进程。因小失大，实际上会给整个革命事业和文化事业带来无法弥补的后果。而且，单纯就美而言，损失极个别的旧建筑，将会有"大大超过前人所能梦想的"新的美的东西被创造出来。从长远的历史的角度看，列宁这种见解高瞻远瞩，是完全正确的。

列宁认为，无产阶级革命胜利后，新的社会生活特别是共产主义建设事业的蓬勃发展为美和艺术创造开辟了广阔的天地。无产阶级艺术必须不断地发掘美的源泉，创造出改天换地的英雄形象，以满足新的历史时代工农群众日益提高的审美需求。他一再号召作家"多注意些极平凡的但是生动的、来自生活并经过生活检验的共产主义建设方面的事情"②，怀着满腔热情去"支持普通的、质朴的、平凡的但是生气勃勃的真正共产主义幼芽"③。因为革命胜利后破旧立新的苏维埃社会生活瞬息万变，新事物、新思想层出不穷，作家的思想感情、审美趣味必须跟上形势的需要。

---

① 留里科夫：《弗·伊·列宁和文学问题》，引自《列宁论文学与艺术》（一），人民文学出版社，1960年版，第1页。
② 《列宁选集》，第3版第4卷，第9页。
③ 《列宁选集》，第3版第4卷，第18页。

既不能像彼得堡的资产阶级知识分子那样，固守着对"故都"的"腐败印象"，远离"新事物的萌芽"[①]，终日怨声载道，诋毁诬蔑；又不能满足于脱离生活实践的"高谈阔论""夸夸其谈"，唱一些不切实际的"政治高调"，甚至寄希望于未受过革命考验的那些"在特别的温室和暖房里培养出来的特别高尚的人"来建设社会主义[②]。对投身于火热的革命斗争和建设事业的工农群众来说，这些空想社会主义者用"神术"事先培育好的所谓社会主义建设人才实属无用的"废料"。列宁尖锐地指出，用人工配方培养"优秀的"人才而排除斗争风雨考验的这类"木偶戏"，实在是"酸小姐拿社会主义消遣取乐，而不是严肃的政治"[③]。列宁的批评，对于文艺作品如何塑造发展中的人物性格具有重要的启发意义。

在正确理论指导下，千百万工农群众的革命实践活动始终处于无穷无尽的发展变化之中。因此，对无产阶级来说，美是在矛盾运动中创造着，发展着，不断登上新的台阶。人民群众的革命实践活动从根本上决定着无产阶级美学的命运。列宁强调革命实践对理论（包括美学理论）的决定性意义，这是对马克思主义的卓越贡献。苏联哲学界德波林学派极力贬低列宁主义关于革命实践的理论贡献，这对无产阶级美学理论建设和艺术创作的健康发展也是极其有害的，因此理所当然地受到了马克思主义哲学界和

[①]《列宁全集》，第2版第49卷，第45页。
[②]《列宁选集》，第3版第3卷，第690页。
[③]《列宁全集》，第2版第36卷，第47页。

美学界的严肃批判。[①]

三 共产主义道德中的高尚之美

道德问题在俄罗斯的思想传统、文学传统中，地位特别突出，可以说是一个永恒的主题。美和善结合得分外密切。道德的高尚，无论在现实生活或者艺术当中都被当成人格美的极致而加以歌颂。数百年间，从克雷洛夫训诫性的寓言，果戈理以"否定性现实"反衬道德尊严的戏剧小说，直到托尔斯泰弘扬"天真未凿的道德感情的纯洁性"（车尔尼雪夫斯基语）的天才作品，俄罗斯一贯遵奉着纯朴善良、坚毅勇敢的道德信条，高尚之美形成了源远流长的美学传统。

列宁称赞大俄罗斯人的民族自豪感。这种神圣的感情中包含着对沙皇政府迫使人民"堕落，失去廉耻，丧失节操，使他们压迫异族人民"这样一些专制措施的痛恨。十月革命胜利后，列宁在《青年团的任务》等著作申明确地提出了共产主义道德的主要内容和评价标准。对文化和文艺作品中宣传"清澈明朗""克己自律"的共产主义美德给予了热情的肯定；同时严肃地批判了两性关系中的"杯水主义"，小市民的市侩习气等旧道德残余对人民群众特别是对广大青年的不良影响。

1. 批判"杯水主义"，倡导无产阶级的爱情观

列宁在《给伊·费·阿尔曼德》的几封信中，有理有据地

[①] 参见卢那察尔斯基：《论文学》，蒋路译，人民文学出版社，1978年版，第3—4页。

批评了她的爱情婚姻观。关于两性关系,她宣扬资产阶级的所谓"恋爱自由",鼓吹"片刻的情欲和姘居"比庸俗不堪的夫妇间"没有爱情的接吻"更"富有诗意",更"纯洁"。列宁严肃地指出,"恋爱自由"即资产阶级要求"摆脱爱情上的严肃态度","摆脱生育子女的义务",并保护"通奸的自由"。"难道文学著作和实际生活没有证明资产阶级妇女正是这样了解恋爱自由的吗?"阿尔曼德的这类主张"完全忘掉了客观的阶级的观点",违背了"爱情上的阶级关系的客观逻辑",以纯粹的"偶然事件"代替了"阶级典型的对比"。以偏概全,逻辑混乱,其结果必然会被资产阶级所利用,"助长她们的声势",使工人"困惑莫解"。[①]

如前所述,列宁还对温尼琴科的小说《先辈遗训》中大肆渲染"淫荡""梅毒""揭人隐私以敲诈钱财"等桃色秽行表示深恶痛绝。指出这种"津津乐道"丑恶现象的做法"都是歇斯底里"的不道德行为。[②]

列宁在同蔡特金的谈话中,对无产阶级在爱情婚姻上的唯物主义观点作了更加全面更加深入的阐述,同时严肃批判了资产阶级把性放纵美其名曰"爱情解放""心灵的解放"的杯水主义。

列宁认为,革命引起了人们精神生活的剧变,在人与人之间、男女两性之间的关系上,感情与思想正在逐渐革命化。无产

---

① 《列宁全集》,第2版第47卷,第69—70、73—77页。
② 《列宁全集》,第2版第46卷,第479—480页。

阶级提倡青年人要有"健全的身体,健全的精神",正确意义上的恋爱生活必然给人带来"生活的快乐,生活的力量",所以无产阶级不是禁欲主义者。但是,青年男女在性生活上的放纵以至"发狂"却是一个"致命伤",是一种低等的、单纯的生理要求而不具"文化的特征"。因为"恋爱牵涉到两个人的生活,并且会产生第三个生命,一个新的生命",它具有明显的社会关系和社会责任的性质,所以杯水主义在本质上是"反社会的","是资产阶级的妓院的扩充"。列宁特意引证著名艺术作品,从正反两面来印证马克思主义爱情观的科学性必要性。例如,远在19世纪中叶,"爱情解放"就被文艺作品鼓吹为"心灵的解放","在资产阶级的实践中,它变成了肉欲的解放"。无产阶级对待"性"的问题,既不是僧侣的禁欲主义者,也不是西班牙传说中玩弄妇女的风流荡子唐·璜,或者是意大利资产阶级作家邓南遮笔下的放荡男女,"更不是德国庸人的中间态度"。新兴的无产阶级要求"清澈明朗""克己自律"、健康向上的爱情生活,它是革命的动力,而不是一种刺激情欲的"麻醉剂"。①

在这里,列宁对新文艺提出了新的道德标准和审美要求。歌颂爱情虽然是传统文艺"永恒的主题",但在无产阶级专政条件下又有了新的革命的意义。马克思主义认为,性爱固然有其生理基础或"纯自然过程","渴是要满足的";但性爱绝不应停留在

---

① 蔡特金:《列宁印象记》。引自《列宁论文学与艺术》,人民文学出版社,1983年版,第440—442页。

单纯的生理需要上，它必须从生理转入心理，从肉体升华为精神。"把一般的性的冲动发展和提炼成为个别的性爱，是何等重要的事"。真正的性爱是一种脱离了动物状态的高尚的（"高等的"）人类行为，它是纯洁的，专一的，感性的和富有诗意的。性生活的淫逸同真正的性爱之间具有严格的区别。"最重要的还是在社会的方面。"[①]

列宁阐明的无产阶级爱情观，对苏联新文艺的繁荣发展产生了深远的影响。苏联文艺的代表作都以真挚动人的笔触描写了无产阶级新型的爱情关系，反映出苏联人民高尚的共产主义道德品质，朝气蓬勃的精神风貌。其中，《钢铁是怎样炼成的》所表现的无产阶级爱情观具有鲜明的阶级性和时代色彩，堪称典范。主人公保尔在处理他与冬妮亚、丽达、达雅之间的爱情纠葛时，真实感人地表现了一个无产阶级英雄人物的高尚情操，以及他尊重自己更尊重他人的可贵品质。《静静的顿河》《苦难的历程》所表达的无产阶级婚恋观，同样充满着时代的、阶级的丰富内容。当人性与兽性搏斗，人性终于战胜了兽性时，这种性爱就显得特别纯洁真挚，感人肺腑。葛利高里与阿克西妮亚，罗辛与卡佳，捷列金与达莎，他们的爱情都经过了残酷斗争的考验。也正是在革命与反革命、正义与邪恶的斗争中，纯真的爱情必然地蒙上了一层浓重的悲剧色彩，更显得崇高、庄严，甚至成为一个特定时代

[①] 蔡特金：《列宁印象记》。引自《列宁论文学与艺术》，人民文学出版社，1983年版，第438—443页。

不可磨灭的精神标记。

2. 发扬革命精神，批判小市民的市侩主义

小市民是些什么人物？他们的阶级特性是什么？恩格斯在《致保尔·恩斯特》中深刻地概括了德国小市民的劣根性及其产生的社会基础："在德国，小市民阶层是遭到了失败的革命的产物，是被打断了和延缓了的发展的产物；由于经历了三十年战争和战后时期，德国的小市民阶层具有胆怯、狭隘、束手无策、毫无首创能力这样一些畸形发展的特殊性格，……这种性格十分顽强，在我国的工人阶级最后打破这种狭窄的框框以前，它都作为一种普遍的德国典型，也给德国的所有其他社会阶级或多或少地打上它的烙印。""可见，德国的小市民阶层并不是一个正常的历史阶段，而是一幅夸张到了极点的漫画，是一种退化。"① 各国小市民由于所处历史条件的不同而存在着性格的差异，但它们的阶级本质却有明显的共同性。

列宁和高尔基都因革命斗争的需要而特别注意研究俄国小市民。"那种对小市民习气的本质上的强烈憎恨使他们接近起来，他们两人的性格中都贯穿着民主精神。"② 高尔基多年来一直从创作和理论两个方面深入地探讨小市民的心理特点和诸种表现形态。"小市民心灵的特点之一就是奴隶性，对权威的奴性

---

① 《马克思恩格斯选集》，第2版第4卷，第689页。
② 马尔金：《弗·伊·列宁和马·高尔基》，引自《列宁论文学与艺术》（二），人民文学出版社，1960年版，第945页。

崇拜。"[①] "他们大部分直接替暴力服务,小部分间接地以宣扬忍耐、和解、宽恕和辩解当作自己的任务。"[②] 他们是一群个人主义者,时时处处为自己庸俗卑下的市侩习气辩护。"犹太圣人吉列里曾给人类作出一个关于个人行为和社会行为的非常简单明了的公式:'如果我不为自己',他说,'那么,谁会为我呢?但如果我只为自己,那么,我生存有什么意义呢?'小市民乐意接受这个公式的前一半,但不能接受后一半。"[③] 高尔基在批判象征派文学时,活画出了小市民的丑恶嘴脸:"他们在人生的战场上能做些什么呢?我们看到,他们惊恐而又可怜地逃避战斗,各奔东西,——有的躲进神秘主义的阴暗角落,有的躲进美学的美丽如画的亭子……有的则悲伤而绝望地徘徊在形而上学的迷宫里,接着又重新回到污秽遍地、充塞着古老谎言的宗教的崎岖小径,他们到处都带去了黏糊糊的庸俗习气,充满谨小慎微的恐惧的心灵所发出的歇斯底里呻吟……"[④] 高尔基严厉地批判了托尔斯泰和陀思妥耶夫斯基宣扬的"勿抗恶"和"忍耐"对革命事业的危害,指出这种"想在迫害者和受难者之间调解"的说教里面"有一种非常丑恶和可耻的东西",即妄图延缓人民解放的"正常发

[①] 《高尔基选集 文学论文选》,孟昌、曹葆华译,人民文学出版社,1958年版,第3页。
[②] 《高尔基选集 文学论文选》,孟昌、曹葆华译,人民文学出版社,1958年版,第4页。
[③] 《高尔基选集 文学论文选》,孟昌、曹葆华译,人民文学出版社,1958年版,第4页。
[④] 《列宁和俄国文学问题》,中国社会科学出版社,1982年版,第166页。

展"，替统治者的罪行开脱辩解。

在批判小市民不抵抗主义的历史内容和社会作用方面，列宁和高尔基的见解是相同或相通的。但高尔基主要是从心理特点及其表现形态上加以剖析，而列宁则侧重从政治上、思想理论上进行批判，告诫世人警惕小市民习气对美学和艺术的渗透。在《立宪民主党人的胜利和工人政党的任务》这部著作中，列宁尖锐地指出，不以暴力抵抗邪恶是小市民及其思想家的本性："……小市民的道德上的畸形……决不是个人的品性，而是一种社会的品性……"① 由于一定的社会条件所造成，人民中的小市民习气到处滋生扩散："……有的人肉体上受了摧残，饱受惊吓；有的人精神上受了毒害，例如受了不用暴力抵抗邪恶的理论的毒害，或者不是受理论毒害而只是受偏见、习俗、陈规的毒害；有的人对一切都漠不关心……"② 针对有人把小市民习气的养成归罪于唯物主义世界观的谬论，列宁严肃地指出："我坚决反对把盎格鲁撒克逊人和日耳曼人的市侩习气以及罗马人的无政府主义归咎于'唯物主义'。……有人说，从马克思和恩格斯教导我们的那种唯物主义中可以产生僵死的市侩习气，这是胡说八道！社会民主党中所有的小市民派别都是首先反对哲学唯物主义，而倾向于康德、新康德主义和批判的哲学。恩格斯在《反杜林论》中所论证的哲学，决不会容纳市侩习气。"③

---

① 《列宁全集》，第2版第12卷，第291页。
② 《列宁全集》，第2版第12卷，第289页。
③ 《列宁全集》，第2版第45卷，第176页。

列宁一再告诫艺术家，庸俗的小市民市侩主义有渗进美和艺术领域的实际危险。艺术家进行创作必须遵奉高尚纯洁的道德原则和健康纯正的审美趣味。"搞得美些，不过要记住，决不要庸俗的小市民习气！"①在这里，列宁是把美同小市民习气对立看待的。因为小市民的庸俗狭隘、卑下浅薄往往被公众误认为流行的时尚，或风靡一时的美学潮流。如果不加抵制和批判，它很可能鱼目混珠，以一种"黏糊糊的庸俗习气"冲淡甚至取代了高尚健康的美学趣味，最终让无产阶级战斗的艺术变味而成资产阶级或小资产阶级茶余饭后的谈资，酸小姐消遣取乐的玩物。

小市民这种美学趣味同他们政治上鼓吹勿抗恶，和统治阶级妥协，试图做骑墙派；心理上对革命斗争怀着"阴暗的恐惧"，教唆人们信奉"道德的完善"等等是同声相应，同气相求的。表现在文艺方面，就是背对着生活现实，矫揉造作，无病呻吟，丧失气节，到处散布悲观主义和颓废主义。列宁对高尔基的戏剧《底层》在演出中故意设置迎合小市民低级趣味的"多余的噱头"感到"非常气愤"。观看狄更斯的戏剧《炉上的蟋蟀》时，"第一幕一完，伊里奇就觉得无聊，对狄更斯的那种小市民的感伤有些受不了"，"不等那一幕结束就离座走了"②。相反，在四处充斥着小市民习气的瑞士，列宁却兴致勃勃地观看了用德语演出的托尔斯泰的《活尸》，"伊里奇从心里痛恨一切小市民习气，痛恨客套

---

① 《列宁论文学与艺术》（二），人民文学出版社，1960年版，第937页。
② 《列宁论文学与艺术》（二），人民文学出版社，1960年版，第864—865页。

虚伪,这个戏特别使他震动"①。列宁把俄国小市民——立宪民主党人比作蠢笨的企鹅,这些丑类惧怕革命的暴风雨,把肥胖的身体躲在岩石下面苟延残喘。卑微的企鹅和高傲的海燕是作为尖锐对立的美学形态出现在高尔基作品之中的,列宁借用这个比喻充分地表达了他对小市民的鄙视和憎恶之情。

革命低潮时期,立宪民主党人、俄国自由派等小市民的市侩主义充当了沙皇和斯托雷平镇压革命的帮凶。而在革命高潮和无产阶级专政条件下,怨天尤人、唉声叹气的小市民悲观主义又成为革命事业、革命文艺的腐蚀剂。列宁坚持批判小市民习气及其对社会的危害,从意识形态上为无产阶级文艺的诞生和成长扫清了道路,同时也为一种崭新的美学观艺术观奠定了坚实的思想基础。

---

① 《列宁论文学与艺术》(二),人民文学出版社,1960年版,第853页。

第五章

批判唯心主义美学观和各种错误倾向

同那些象牙之塔里先验主义的冥想玄谈不同，同书斋里的纯粹理性思辨也不同，列宁的美学思想是在革命实践当中，在同形形色色的唯心主义美学观和各种错误倾向的斗争中诞生和成熟起来的。在两个世纪之交的革命准备时期，主要同民粹派、资产阶级自由主义、民族沙文主义、经验批判主义和沙皇御用文人的反动美学思想进行斗争，从此开辟了马克思主义美学列宁阶段的新纪元。十月革命胜利后，为确立辩证唯物主义哲学和美学的领导地位，繁荣发展无产阶级文学艺术，列宁又亲自领导了批判党内外资产阶级美学观和"左"右倾美学思潮的斗争。其中，以意象派、未来派为代表的唯美主义、形式主义，以"无产阶级文化派"为代表的民族虚无主义、庸俗社会学在苏联建国初期影响较大，因而引起了列宁的特别注意，在几年中对它们进行了严肃的批判。

第一节　对俄国经验批判主义美学的批判

以波格丹诺夫为代表的俄国马赫主义，在哲学美学理论上以"感觉的复合""人类最高潜在力的神化"等唯心主义谬论来反对辩证唯物论的认识论，列宁的"反映论"；否定美的客观规律性和实践性。在文学创作上则以空想主义小说杜撰人物和情节，演绎图解经验批判主义的哲学观和美学观。

波格丹诺夫的两篇小说《红星》和《工程师曼尼》都是假托科学幻想小说的形式，描写火星人的社会制度和生活方式。《红星》的主人公列昂尼德即作者本人的化身，他以火星上的亲身见闻来描绘正在付诸实现的马赫主义的社会理想：人的个性都消融在"集体的经验"之中了，大家全都信奉"非性格化，精神一律化"的哲学，"元个性"的社会从不给伟大人物建立纪念碑。火星艺术也不具任何艺术上的特殊性，因为火星上"哪儿有生活，哪儿就有艺术"。不是艺术品而是"强大的机器及其和谐转动的美，以其纯粹的形式使我们感到愉快"，据说这是任何艺术作品无法同它相媲美的。火星上的建筑学完全是"家具、工具、机器的美学，总之是一切物质上有用的东西的美学"，排除了一切精神个性和艺术品质。至于以戏剧和景物诗为主体的"美文学"，其内容既不表达人的激情，也不披露人的内心世界，而是专注于表现人同大自然的自发斗争。列昂尼德看到的火星人没有任何个性，主人公都是一些"纯粹的哲学家"，个个"正襟危坐而又彬彬有礼"，举止克制安详，"感情极少表露"。这就是波格丹诺夫设计的"未来的艺术"的人物类型。①

列宁一向热烈地关注着自然科学的每一项新进展和新发明，十分赞赏建立在科学知识基础上的、令人神往的科学幻想小说。他怀着极大兴趣向人推荐《火星和火星上的运河》这部著作及其评介文章，指出"这是一部科学著作。它证明火星上有人居住，火星上的运河是技术上的奇迹，那里的人大概比这里的人大$1\frac{2}{3}$倍，像大象一样生着长鼻子，浑身是羽毛或兽皮，长四条腿或六条腿"②。这是真正科学意义上的幻想。列宁拿这部著作同空想主义小说《红星》作对比，对后者宣扬的主观唯心论和形而上学给予辛辣的嘲讽："我国的那位作者（指波格丹诺夫。——引者注）有些欺骗我们，他笔下的火星美人不完整。看来他的原则大概是'一个令人鼓舞的谎言，要胜过千万个卑微的真理'……"③列宁在这里一箭中的地揭穿了《红星》貌似科幻小说，实则远离科学真理而去演绎马赫主义哲学思辨的骗局。它对读者的"欺骗"不仅在自然科学的意义上违背了起码的科学常识，肆意宣传伪科学；而且主要在哲学政治经济学的意义上假冒科学社会主义，赤裸裸地宣扬经验批判主义的社会学、文化论，以及主观唯心主义美学。列宁批判火星美人"不完整"，指的是小说人物性格抽象

---

① 参见《列宁和俄国文学问题》，中国社会科学出版社，1982年版，第229—230页。
② 《列宁全集》，第2版第53卷，第311页。
③ 《列宁全集》，第2版第53卷，第311页。句中所引诗句出自普希金的抒情诗《英雄》。

枯燥，完全蜕化成为作者的一种概念化的工具，丧失了应有的个性和活生生的血肉。因此这类人物性格是残缺不全的。

列宁美学思想一向以反映社会本质的"真"或"真实"作为美和审美标准的核心内容。《红星》假冒科幻文艺来编造"社会主义制度"的神话，肆意歪曲科学社会主义的特征和基本规律。这种"欺骗"同作者的另一篇小说《工程师曼尼》一样，目的在于采用花样翻新的拟人化手法"伪造马克思主义"，攻击否定辩证唯物主义的认识论和社会学。《工程师曼尼》被列宁称之为马赫主义的胡言乱语。指出如果《真理报》按照波格丹诺夫的要求公开发表这类拙劣的东西，这无疑意味着同马克思主义者决裂。[①] 这篇小说同样运用虚幻的形象画面向读者兜售"那套马赫主义＝唯心主义"的旧货，只不过"伪装得"容易让"愚蠢的编辑"上当，一时难以识破它的真面目。[②] 正因为如此，及时揭穿它的欺骗手法，暴露它的反动本质，从理论上廓清其有害影响，这对正在激烈进行的无产阶级革命斗争是具有迫切的现实意义的。

除了波格丹诺夫、巴扎罗夫这样一些马赫主义的头面人物和中坚分子以外，在斯托雷平反动时期，卢那察尔斯基也一度作为俄国马赫主义派别——前进报派的成员，发表了《无神论》(《关于马克思主义哲学的概论》中的一篇) 等著作，主要从美学上

---

① 参见《列宁和俄国文学问题》，中国社会科学出版社，1982年版，第228—229页。
② 《列宁全集》，第2版第46卷，第242页。

为经验批判主义作注脚。他用"造神论"解释马克思主义原理，主张把所谓人类集体的潜在力"加以神化，给它加上荣耀的光轮，以便更强烈地爱它"。把恩格斯关于自由和必然的论述称之为"宗教经济学的绝妙篇章"[①]。又谬称高尔基宣扬"造神论"的小说《忏悔》"就艺术意义而论"，"比《母亲》更高得多"[②]。他认为，艺术仅仅是社会地组织起来的经验的表现，物理自然界、客观社会生活只是这种人类"集体经验"的派生物。他甚至想用一些马克思主义词句来调和两种对立的世界观、艺术观，声称马赫所鼓吹的"精神高度昂扬的时刻"而"自我"消失，从而使人类"达到了理想主义的高度"的理论是可取的。在许多情况下，"马赫主义的这些思想同科学社会主义思想处于最谐和的和音之中"[③]，是可以相互补充的，等等。

列宁在对比卢那察尔斯基和波格丹诺夫的观点时，特别强调指出了经验批判主义的认识论和美学观的一致性。"只有瞎子才看不出，在卢那察尔斯基的'人类最高潜在力的神化'和波格丹诺夫的心理东西对整个物理自然界的'普遍代换'之间有着思想上的血缘关系。这是同一种思想，不过前者主要是用美学观点来

---

① 卢那察尔斯基：《关于马克思主义哲学的概论》，第153页。引自《列宁和俄国文学问题》，中国社会科学出版社，1982年版，第233页。
② 卢那察尔斯基：《论文学》译后记，蒋路译，人民文学出版社，1978年版，第617页。
③ 卢那察尔斯基：《关于马克思主义哲学的概论》，第153页。引自《列宁和俄国文学问题》，中国社会科学出版社，1982年版，第234页。

表达的，而后者主要是用认识论观点来表达的。"①

卢那察尔斯基的文学创作，在他的主观唯心论美学思想的影响制约下，也显得枯燥乏味。列宁"半开玩笑地"对人谈起他读剧本《魔法师》的情形："序言中说，这个剧本是在一次去前线时的几个夜里写成的，看样子，大概会使许多人满意。可是，我拿起来一读，刚读到第五页就睡着了。"②工艺美校的学生们询问他对《魔法师》的印象时，他笑着说："这要看对谁来说。"③列宁的潜台词是，这个剧本对作者本人和经验批判主义者们来说，大概会感到"满意"；但对马克思主义者和工农群众来说，则味同嚼蜡，催人欲睡。判然有别的审美趣味对剧本的价值得出了截然相反的结论。

不过，列宁具体地历史地分析了卢那察尔斯基的美学观艺术观之后，认为他同波格丹诺夫之间在许多重要的原则问题上还是存在着质的区别的。这就是列宁想在美学上争取卢那察尔斯基最终摆脱马赫主义影响的缘由。"如果卢那察尔斯基也像他（指阿列克辛斯基。——引者注）这样在美学上脱离波格丹诺夫……假如……"④列宁相信，后来的实践也证明，卢那察尔斯基能够回心转意，最终回到马克思主义的正确轨道上来。列宁曾经对

---

① 《列宁选集》，第3版第2卷，第238页。
② 沃尔金：《和列宁在一起》。引自《列宁论文学与艺术》（二），人民文学出版社，1960年版，第971—972页。
③ 辛金：《列宁在高等工艺美术学校的公社里》。引自《列宁论文学与艺术》（二），人民文学出版社，1960年版，第988页。
④ 《列宁全集》，第2版第46卷，第242页。

高尔基坚定地表示:"他的个人主义没有那两个(指波格丹诺夫、巴扎罗夫。——引者注)多。真是稀有的才能。我对他有些偏爱……我的确喜欢他,您知道,一个优秀的同志!他有一些法国式的光彩。他的轻率也是法国式的,他的轻率来自他的唯美主义。"[①]卢那察尔斯基坚决主张维护和继承优秀的民族文化遗产;对高尔基及其创作的历史地位,力排众议(如普列汉诺夫),作出了公正的评价;特别是在捍卫和阐释列宁美学思想的丰富内涵和珍贵价值方面,作出了不可磨灭的贡献。这一切都使我们在估价卢那察尔斯基的功过得失时,同样需要坚持具体的历史的分析方法,像列宁所做的那样,如实地给予这位走过崎岖道路而终于"皈依"了马克思列宁主义的美学家以应有的历史地位。

另外,如前所述,高尔基流寓意大利期间,也接受过经验批判主义哲学的影响,在理论和创作上散布"造神论",受到了列宁的严肃批评和热情帮助。最后通过学习马克思列宁主义,又经过革命实践的考验,高尔基终于回到了正确道路上来。

第二节 对"衰落时代的艺术"——未来派的批判

俄国未来派形成于1911—1913年期间。其中的"自我未来派""诗歌顶楼派"都不及"立体未来派"影响深远,后者的主

[①] 高尔基:《列宁》。引自《列宁论文学与艺术》,人民文学出版社,1983年版,第416页。

要代表人物是马雅可夫斯基。十月革命胜利之初,未来派一度十分兴盛,占据了俄国文坛。此后便日渐衰落,终于解体。但它的影响并未就此消失。

一 列宁从整体上否定未来派

从艺术整体上看,列宁认为未来派作品"意义被勾销了,内容模糊不清";情节离奇、语言古怪的形式主义"反映了不健康的文化的第一个征兆"[①]。它以"左"的面目标榜唯我革命,对民族遗产采取虚无主义态度,把艺术创作庸俗化为"生产艺术"(把艺术生产等同于物质生产)、"社会订货"(把社会对艺术的需求单一化。艺术成为"时代精神的单纯的传声筒")而抹杀了艺术的特性。尽管它的作者们在革命前因为社会地位卑下而带有某种反抗性,憎恶资本主义制度,要求艺术上的革新;苏联建国初期,他们又率先站到革命一边欢呼新政权的诞生,"首先支持了革命",表现出激越的政治热情。但是,这个流派的艺术主张和创作实践显然同无产阶级的美学观、同苏维埃政权的文艺方针相悖,他们甚至要求接管文艺领导权,实行左翼艺术"专政"。这些都注定了未来派不会长久的历史命运。[②]

列宁一向对未来派持否定态度。对其中的具体作家作品,则

[①] 《卢那察尔斯基文集》,俄文版第3卷,第260页。引自李辉凡:《二十世纪初俄苏文学思潮》,社会科学文献出版社,1993年版,第31页。

[②] 参见李辉凡:《二十世纪初俄苏文学思潮》,社会科学文献出版社,1993年版,第21—49页。

运用美学观点历史观点加以分析,给以批评帮助。

卢那察尔斯基证实,列宁"基本上是否定未来派的",甚至鄙夷地称呼"未来派的丑八怪"。①

在列宁领导下作出的俄共中央《关于无产阶级文化协会》的决议(即1920年12月《俄共中央的信》)指出:"他们在'无产阶级文化'的幌子下,给予了工人们以资产阶级的哲学观点(马赫主义),而在艺术方面他们则给工人培养了一种荒唐的不正常趣味(未来主义)。"②卢那察尔斯基对此解释道:"凡是关心艺术的同志都还记得党中央关于艺术问题的宣言(即上述决议。——引者注),这个宣言尖锐地反对了未来主义。我并不十分清楚制定这个宣言的详情,不过我想这个宣言里的一大滴蜜一定是属于弗拉基米尔·伊里奇的。"③蔡特金在《列宁印象记》中更详尽地记述了列宁对未来派的态度:"为什么只因为那是'新'的,就要把新的东西当作供人信奉的神一样来崇拜呢?那是荒谬的,绝对是荒谬的。……我不能把表现派、未来派、立体派和其他各派的作品,当作艺术天才的最高表现。我不懂它们。它们不能使我感到丝毫愉快。"④因此,列宁直言不讳地对主管国家出版工作的波克罗夫斯基说:"我再次请您在与未来主义等流派的斗争中

---

① 卢那察尔斯基:《列宁和艺术》。引自《列宁论文学与艺术》(二),人民文学出版社,1960年版,第923、920页。
② 《苏联文学艺术问题》,人民文学出版社,1959年版,第4页。
③ 《列宁论文学与艺术》(二),人民文学出版社,1960年版,第924—925页。
④ 《列宁论文学与艺术》,人民文学出版社,1983年版,第434页。

给予帮助。……能否找到一些可靠的反未来主义者。"① 列宁为什么如此坚定地否定未来派呢？根本原因还不是出于政治上的考虑（如未来派盗用"国家艺术"的名义出版作品；企图同党平起平坐，独揽文艺大权等②），而是反映了以列宁为代表的无产阶级、辩证唯物主义与唯心主义形而上学之间一种尖锐深刻的美学分野。

首先，未来派破坏了艺术的基本法则，完全背离了生活的真实。蔡特金曾这样嘲笑未来派绘画的荒诞："我不得不承认，我也缺少理解力，不懂为什么在一个有灵感的人看来，鼻子的艺术形式会是个三角形，也不懂为什么对革命活动的渴望会把有胳膊有腿的人体变成放在一副高跷上的装有两柄五齿耙的一个没有定型的袋子。列宁尽情地笑了。"③ 卢那察尔斯基的回忆文章进一步印证了列宁批评未来派"艺术致命伤"的严厉态度："对未来派，列宁清楚地意识到它不是繁荣时代的艺术，而是衰落时代的艺术，并且明白原因在哪里。因为在未来派的艺术里意义被勾销了，内容模糊不清；因为在这种艺术里形式占据主要地位，而这一点正说明它反映了不健康的文化的第一个征兆，不论它叫得多

---

① 《文学遗产》，俄文版第65卷，第210页。引自岳凤麟：《浅谈列宁对未来主义的论述》，载于《北京大学学报》（哲社版）1985年第4期。
② 参见李辉凡：《二十世纪初俄苏文学思潮》，社会科学文献出版社，1993年版，第25—26页。
③ 蔡特金：《列宁印象记》。引自《列宁论文学与艺术》，人民文学出版社，1983年版，第434页。

么响亮。"①

其次,未来派艺术不能给人带来健康正常的审美趣味。如果一篇作品或一种艺术对于审美对象来说"不是需要的而又难懂"②,它便丧失了自己的美学价值。因为"不懂"便难以产生"丝毫愉快"③,艺术品对观众、听众变成了"盲区"或"哑语",其结果只能是把它供给少数"怪人"去咀嚼。列宁由此提出了一个美学上的根本问题:一种艺术如果仅有极少数人懂得,为他们偏狭甚至古怪的审美趣味而存在,完全脱离了人民群众的审美实践,那么"不论它叫得多么响亮",也是没有前途的,注定要走进自生自灭的死胡同。因为在总数以百万计的人口中,"艺术对其中几百人甚或几千人的贡献也是不重要的"。对未来派来说,更是如此。接着,列宁提出了那个著名的美学论断:"艺术属于人民。它必须深深地扎根于广大劳动群众中间。它必须为群众所了解和爱好。它必须从群众的感情、思想和愿望方面把他们团结起来并使他们得到提高。它必须唤醒群众中的艺术家并使之发展。"④未来派致命的缺陷是孤芳自赏,违背艺术的客观规律,脱离人民群众的审美趣味。他们缺少一张"极其坚硬的、实践的喙"(卢那察尔斯基语),"甚至'列夫'(即"左翼艺术阵

---

① 《卢那察尔斯基文集》,俄文版第3卷,第260页。引自李辉凡:《二十世纪初俄苏文学思潮》,社会科学文献出版社,1993年版,第31页。
② 《列宁论文学与艺术》(二),人民文学出版社,1960年版,第887页。
③ 《列宁论文学与艺术》(二),人民文学出版社,1960年版,第912页。
④ 蔡特金:《列宁印象记》。引自《列宁论文学与艺术》,人民文学出版社,1983年版,第435页。

线"。——引者注）最好的作品由于其中缺少现实主义的材料而显得苍白无力"[①]。历史证明，这个流派最终在俄国文坛上销声匿迹，它的代表人物马雅可夫斯基也中途转向社会主义现实主义，并从此走向了艺术上的成熟，究其原因，应该说首先不在外部条件的变化，而是内因起了决定性的作用。

二 列宁对马雅可夫斯基未来派诗歌的批评

列宁不仅从总体上、从宏观上对未来派作出了美学评价，而且以马雅可夫斯基的诗为侧重点，分别对未来派的具体作品（主要是诗歌和绘画）加以分析，一一进行了准确、切实、尖锐、犀利的点评。

有一次，列宁参观纪念碑设计草案展览。"弗拉基米尔·伊里奇用批判的眼光看了所有的纪念碑设计。没有一个使他满意。他站在一个用未来派的手法设计的纪念碑的面前，流露出一种十分惊讶的神情"。当他得知陪同参观的卢那察尔斯基也有同感时，十分高兴地说："我还以为您会搞出一个未来派的丑八怪来哩。"[②] 列宁还参观过一次所谓"革命"画家的画展。"在涂抹着五光十色的油彩的背景上，钉着一些各式各样破布条、破瓦片、一块块的烟筒碎片等乌七八糟的东西，所有这些都是当作新艺术来展

[①] 卢那察尔斯基：《新文化的基石》，载于《文学遗产》俄文版第65卷，第33页。引自李辉凡：《二十世纪初俄苏文学思潮》，社会科学文献出版社，1993年版，第35页。
[②] 《列宁论文学与艺术》（二），人民文学出版社，1960年版，第920页。

览的。"当海凯尔为此而气恼,同一位画家展开争论时,站在背后的列宁摇着头说:"海凯尔同志,你瞧,我们也是有这种玩意的!"①很明显,列宁对现代派的怪异荒诞是持不屑一顾的鄙夷态度的,他不承认"这种玩意"属于真正的艺术。

马雅可夫斯基的未来派诗歌一直受到列宁的批评指责。高尔基在《忆列宁》中记述道:"他对于马雅可夫斯基是不信任的,甚至是不高兴的:'乱叫乱嚷,捏造一些离奇古怪的字眼,并且他写的全不是需要的,在我看来,——不是需要的而又难懂。一切都是不连贯的,难读得很。有才能吗?甚至有很大才能吗?唔一唔,我们瞧一瞧吧!'"②列宁对马雅可夫斯基的"新艺术"表示"格格不入,不能理解",还有一个明显的例证。女演员格叔夫斯卡娅在克里姆林宫的音乐会上朗诵马雅可夫斯基的诗《我们的进行曲》:"我们的上帝,是奔跑,心,是我们的鼓。"她向列宁做出"进迫的姿势",使列宁"由于出乎意外而有些手足无措,显得很尴尬"。直到节目更换,由另外的演员朗诵契诃夫的《凶犯》时,列宁才"如释重负地透了口气"③。这位女演员格叔夫斯卡娅后来回忆说,在她演出结束后,列宁曾当面问她:"您在普希金的诗之后读的是什么?你干吗要选这首诗来读呢?我没有完全弄懂它。……诗里尽是些怪词。……您最好多朗诵点普希金

---

① 《列宁论文学与艺术》(二),人民文学出版社,1960年版,第969页。
② 《列宁论文学与艺术》(二),人民文学出版社,1960年版,第886—887页。
③ 《列宁论文学与艺术》,人民文学出版社,1983年版,第397页。

的诗。"① 列宁在不同的场合总是拿俄国优秀文化的光辉代表普希金来同马雅可夫斯基对比，意在指明后者诗歌的"难懂"和"古怪"，根源就在背离了民族的优秀文化传统，也同当今人民群众的审美实践南辕北辙。

对马雅可夫斯基的长诗《一亿五千万》，列宁把它当作未来派诗歌的样板，批评更加声色俱厉："胡说八道，尽是蠢话，十足的蠢话，装腔作势。依我看，这类东西10篇里只能印1篇，而且不能超过1500册，供给图书馆和一些怪人。卢那察尔斯基支持未来主义，应该受到痛斥。"② 卢那察尔斯基本人也回忆道："弗拉基米尔·伊里奇肯定不喜欢马雅可夫斯基的《一亿五千万》。他认为此书过于离奇古怪和玩弄手法。"③ 列宁为什么对这首诗采取严厉的态度呢？首先，列宁对诗中关于共产主义的庸俗见解和空洞口号（如自我标榜为"共产主义者——未来主义者"。所谓"伟大的共产主义的理想"就是俄罗斯壮士的"每一道最细最细的动脉里"都驶出"诗的虚构的幻想的船"云云）深表反感，并加以辛辣的嘲讽："嘿！这是非常有意思的文学作品。这是一种特殊形式的共产主义。这是胡闹的共产主义。"④ 同时，

---

① 《文学遗产》，俄文版第65卷第208页。引自岳凤麟：《浅谈列宁对未来主义的论述》，载于《北京大学学报》（哲社版）1985年第4期。
② 《列宁全集》，第2版第50卷，第307页。
③ 《卢那察尔斯基文集》，俄文版第2卷，第207页。引自岳凤麟：《浅谈列宁对未来主义的论述》，载于《北京大学学报》（哲社版）1985年第4期。
④ 引自岳凤麟：《浅谈列宁对未来主义的论述》，载于《北京大学学报》（哲社版）1985年第4期。

诗人在这首诗中对民族文化遗产采取了虚无主义态度("未来主义者粉碎了过去的一切,把文化的纸屑撒向大风"),对个人与集体、领袖与群众之间的关系进行了歪曲描写("没有英雄,也没有伟人")。这种唯心史观当然不能不受到列宁的严正批评。

其次,这首诗在艺术描写上表现出明显的公式化概念化倾向。情节场景离奇荒诞,人物苍白无力而缺乏个性。语言晦涩难懂,不知所云。为了与传统艺术"决裂"并给一般公众的趣味"一记耳光",诗人故意生造词语,追求怪异,通过自我标榜达到哗众取宠的目的。

再次,诗人在这首诗中狂妄地表露出"代表政权说话的企图"。在封面上没有作者署名,却赫然印着"俄罗斯苏维埃社会主义联邦共和国。全世界无产者联合起来!"字样,意在误导读者承认它是"国家赞许的新艺术的样板",以"国家艺术"自居。

列宁对《一亿五千万》的批评并不限于这首诗本身。他借此表明了无产阶级文艺方针政策的导向和原则性,表现出一种新的审美价值观。对于艺术家及其作品来说,只有人民群众才是最公正和最后的裁判者。蔑视社会实践的检验标准,自命不凡,甚至要给公众的审美趣味"一记耳光",这样的艺术是同无产阶级的美学观水火不能相容的,绝不会得到人民群众包括专业艺术家的理解和喜爱。党和政府无意以行政手段干预艺术风格和艺术个性,或者以此决定某一流派、某种作品的命运。即使作为思想家理论家和革命领袖的列宁,也"从不把个人审美上的爱憎作为领导思想"①。但是对错误思想不良倾向放任自流,不加批评和引导也是不对的。坚持马克思主义理论和党的路线方针的指导作用,提倡创作自由和批评自由,这是以列宁为首的布尔什维克党一贯的思想作风。

今天看来,列宁对现代派艺术的完全否定,特别是对未来派诗歌和绘画雕塑的严厉批判,是否有失全面与公允呢?在列宁时代,苏维埃国家一直处于资本主义世界的包围与孤立之中。政治上军事上的激烈对抗造成了阶级之间美学观、艺术观的尖锐对立。包括现代派艺术在内的一切"资产阶级的"东西理所当然地被视为"怪物"而受到鄙弃。再加上苏联当时所处的国际环境,西方文化和艺术不大可能被全面地考察,客观地介绍,从而对它们作出具体深入的分析评价。虽然俄国本土产生的未来派试图模仿现代派艺术而"自立门户",但是由于它的领袖们世界观的局限,艺术上的幼稚和宗派林立,这类作品也一直遭到人们的冷眼。

列宁本人是按照无产阶级的美学标准、美学趣味甚至是政治的需要来衡量评判现代派艺术的。如指责它们不为广大群众所理

---

① 《列宁论文学与艺术》(二),人民文学出版社,1960年版,第924页。卢那察尔斯基的这句评语说明,列宁对艺术,包括对未来派的评价是非常慎重而有分寸的。他经常声称"我在艺术问题上不能冒充专家",劝告别人去请教卢那察尔斯基等理论家和"内行",或者经过集体讨论再作决议。在与蔡特金的谈话中,他甚至风趣地说:"我们不再懂得新的艺术了,我们只是一瘸一拐地跟在它的后面。"(列宁语见蔡特金:《列宁印象记》)

解、属于"衰落时代的艺术"。但问题在于,艺术的真正价值并不完全取决于欣赏对象的多寡,也不取决于它对某种时代风尚的适应程度。一个明显的例证就是托尔斯泰。"甚至在俄国也只有极少数人知道艺术家托尔斯泰",但这种状况并不削弱或降低这位伟大艺术家对人类精神的深远影响。现代派艺术确实是在很大程度上背离了传统的欣赏习惯,或者有悖于个人的爱好。但某些艺术新品种、新风格一时使人感到"古怪"或"难懂",无法引起"愉快",这也许是艺术史上常见的现象。应该允许时间的鉴定,应当允许切合实际的分析批判,通过社会实践的检验,让艺术最终确证自身的优劣高下。

第三节 对"无产阶级文化派"的批判

"无产阶级文化协会"和"无产阶级文化派"是两个不同的概念,不同的名称。十月革命前夕成立的"无产阶级文化协会"是一个群众性的文化团体。革命胜利后,它在各地的各级组织非常活跃,培养了一大批业余文化和文艺人才,其基本路线是正确的。当时,列宁肯定了这个组织的活动内容与活动方式,一再指示必须给无产阶级文化协会的艺术规划提供某种宽广的空间,认为无产阶级文化协会"在艺术(音乐、戏剧、造型艺术、文学)方面的工作仍持自主权"。[①]

[①] 《列宁全集》,第2版第40卷,第13页。

但是，这个组织的迅猛发展也为一批反马克思主义的哲学家，未来派颓废派的文人，以及资产阶级政论界的人物大开方便之门。波格丹诺夫、普列特涅夫等人纷纷以"新文化的缔造者"的身份钻进了协会的各级组织，并逐渐把持了领导权。从此，一个改变了协会性质的"无产阶级文化派"得以形成，并提出了一套"制作无产阶级文化"的完整的理论纲领。列宁对"无产阶级文化派"制造无产阶级文化的野心十分担心，认为这种不合时宜也难以胜任的想法完全是心血来潮，其必然结果是堵塞无产者学习科学文化之路，让"某种政治邪说"在协会里立下脚根。事实证明，列宁的担心是有道理的。"无产阶级文化派"提出的文化纲领和美学观点同以列宁为首的布尔什维克党形成了尖锐的对立，这场严重的思想斗争持续了几年才告结束。

"无产阶级文化派"的错误主要表现在以下三个方面：

（一）全盘否定人类优秀的民族文化遗产，鼓吹文化虚无主义。他们公开宣布"无产阶级的精神发展首先应当建筑在同过去的一切作精神决裂的基础上"，"不需要继承的联系"。因此，他们号召烧掉一切旧文化，捣毁剧院、博物馆、图书馆这些"反动艺术的巢穴"，"枪毙"古典作家。基里罗夫一首题名《我们》的诗声嘶力竭地狂呼：

我们是一群狂暴之徒，

任人向我们叫骂："是你们把美扼杀"。

为了我们的明天，我们要把拉斐尔烧掉，

还要捣毁博物馆,踩碎艺术之花。

既然不需要民族文化遗产,那么无产阶级就只能在一片"净土"上制造"特殊的文化"。制造的途径是建立"实验室"——工艺学校、俱乐部、茶馆之类的文化组织,通过这种新文化的"熔炉"培育工人文艺爱好者,让他们再去白手起家地制造所谓"纯粹无产阶级的文化"。①

"无产阶级文化派"的理论家波格丹诺夫还从"经验一元论"出发,对文艺提出了他们的要求:客观世界没有独立存在的意义,它仅仅是"集体人类""社会地组织起来的"经验的产物。所以,文艺即是可以触摸的"死的物质"和人类"感情"的综合("感觉的复合")。艺术家运用集体的"组织经验"(借用"活的形象")把这种综合显现出来,这就是艺术品。据称,无产阶级的"阶级经验"是同历史上所有阶级的经验完全对立的,所以无产阶级作家无需借助过去的遗产(经验),只凭自己的"阶级本质"信笔直书,便可以创作出直接"来自车床"的一流作品。"文学界的老辈弟兄们总是劝告人民作家要学习,学习写作,他们还提出现成的刻板公式:契诃夫、列斯科夫、柯罗连科⋯⋯不,'老辈弟兄们',工人作家不需要学习,而要创作。这就是说,应当表现自己,表现自己的独特性和自己的阶

---

① 参见刘保端:《列宁反对无产阶级文化派的斗争》,载于《美学论丛》,中国社会科学出版社,1981年第3期。

级本质。"[①] 这种单凭主观的"组织经验"来取代对社会生活的真实反映的唯心主义创作论，是同马克思主义的认识论、列宁的反映论根本对立的。不仅如此，这种主观唯心主义的创作论还是一种"左派"幼稚病，带着狭隘的宗派情绪与行会观念。例如，宣布无产阶级文艺只能由站在车床旁的生产者，抡大锤的产业工人才能创作出来，知识分子作家由于先天的"寄生阶级"的劣根性，不可能也不需要他们参与无产阶级文化与文艺的创造。"理论家"普列特涅夫声称："在艺术创作中，整个生产过程，或者它的一个部分，例如，大锤旁边的那种劳动的紧张状态，只有直接参加到其中的人，即无产者本人，而不是袖手旁观的人，才能够表达出来。"[②] 列宁在"产生过程""大锤旁边"下面批上横杠，在整段引文旁边打上三个问号，明确表示了他对作者经验批判主义谬论的鄙夷愤慨。对此，克鲁普斯卡娅也有力地反驳道："一个艺术作品之所以是无产阶级的艺术作品，并不是因为其作者的出身是无产者，而是因为它浸透着无产阶级意识形态。不是任何无产者都是有足够觉悟的，不是任何无产者都是无产阶级心理、无产阶级意识形态的体现者，有完全浸透了小市民意识形态的无产者，有同无产阶级的思想、无产阶级纪律和坚毅精神格格不入

[①] 参见刘保端：《列宁反对无产阶级文化派的斗争》，载于《美学论丛》，中国社会科学出版社，1981年第3期。
[②] 《列宁全集》，第2版第60卷，第461页。

的无产者。仅仅是无产阶级出身是不够的。"① 她还进一步指出,无产阶级艺术是不能"孵出来"的,"不能人为地创造它,而只能为它扫清道路。它只能在生活中成长"②。无产阶级不应该"鼓吹自我孤立,故步自封",不应该也不可能"同一切非无产阶级的东西隔离开来";而是要"关心一切阶级",担当起"普及文化"的重任。否则,它就永远也创造不出真正的无产阶级文艺来的。

列宁运用唯物辩证法全面而又深刻地阐明了无产阶级的文化纲领,指出民族文化遗产对于建设无产阶级新文化必不可少的借鉴意义。"学习吧,把资产阶级文化拿过来,别让那些神话故事欺骗自己,说什么无产阶级文化在某个密封的房间里成长出来了,不管这个密封的房间叫什么名字。要辩证地考虑无产阶级文化的诞生。这个过程的实质,就是千百万人在苏维埃国家的条件下,掌握资产阶级文化的成果。"③ "不是臆造新的无产阶级文化,而是根据马克思主义世界观和无产阶级在其专政时代的生活与斗争的条件的观点,发扬现有文化的优秀的典范、传统和成果。"④ 列宁提出的文化纲领,对于批判唯心主义美学观和建设无产阶级

---

① 《无产阶级意识形态和无产阶级文化协会》,载于《真理报》1922年10月8日。引自李辉凡:《二十世纪初俄苏文学思潮》,社会科学文献出版社,1993年版,第84页。
② 《无产阶级意识形态和无产阶级文化协会》,载于《真理报》1922年10月8日。引自李辉凡:《二十世纪初俄苏文学思潮》,社会科学文献出版社,1993年版,第84页。
③ 白嗣宏编:《无产阶级文化派资料选编》,中国社会科学出版社,1983年版,第187—188页。
④ 《列宁全集》,第2版第39卷,第334页。

的美学理论具有重要的指导意义。

直到逝世前夕,列宁在口授的最后一篇文章中仍然严肃地批判了"无产阶级文化派"否定民族文化遗产的错误主张。他指出:"对那些过多的、过于轻率地侈谈什么'无产阶级'文化的人,我们就不禁要抱这种态度,因为在开始的时候,我们能够有真正的资产阶级文化也就够了,在开始的时候,我们能够抛掉资产阶级制度以前的糟糕之极的文化,即官僚或农奴制等等的文化也就不错了。在文化问题上,急躁冒进是最有害的。"①

(二)否定知识分子的作用,排斥作家艺术家

列宁指出,革命成功不仅意味着夺取政权,而且更重要的在于保持和巩固政权。要把革命坚持下去,单靠专政、暴力、强制是办不到的,必须掌握文明的、技术先进的资本主义的全部经验,团结改造和使用旧时代过来的知识分子。

列宁认为,作家诗人艺术家,不管其阶级出身如何,无产阶级应该有说服力地向他们阐明,回到旧制度的后路是再也走不通了,只有忠诚地为苏维埃政权服务,才能在创作上获得新生。如果他们愿意与新政权合作,以自己特殊的劳动方式创作出适合工农趣味的作品,党和政府就没有理由排斥他们,他们的劳动必须受到尊重。

"无产阶级文化派"完全否定知识分子的积极作用,声称工人不需要"知识分子保姆",要独立地创建全新的无产阶级文艺。

---

① 《列宁选集》,第3版第4卷,第784页。

波格丹诺夫在《无产阶级的文艺批评》一文中对俄国社会各阶级阶层的性质作出了自己的界定：农民是小有产者，军人是破坏者，知识分子是个人主义者。农民甚至非产业工人都无权参与文化建设，知识分子的利己主义只能传播资产阶级思想。由此得出结论，"在文化领域实行无产阶级精神的专政"。

鉴于这种荒谬的阶级定性，无产阶级就必然蜕化成一种特殊的、排除一切"外部干扰"的、与世隔绝的"纯"的"穴居野人"，其文化心理全然失去了个性特征，成为所谓"集体主义""机器主义"的抽象品。工人按照机器的节奏和速度进行劳动，与机器化为一体，从而也就变成了无语言、无意识的自动机器的某种部件。无产阶级的新文化就是要表现这种人和机器一体化的"机器主义"。在这种理论指引下，"无产阶级文化派""孵化"出来的所谓"纯粹"产业工人的文艺，必须同包括农民诗人在内的一切其他阶级出身的作家的作品"划清界限"。"我们不怀疑，真正的、伟大的诗人只承认'钢铁的耶稣'，而不承认生在牲口槽的救世主。"[1] 这样，他们的诗歌创作中就充满了铁的撞击声，机器的嘈杂声："我的亲爱的，我的铁，我的亲爱的机器乐园！"一种号称体现了工人集体主义精神的"宇宙诗"也应运而生，以极度夸张的语言、想入非非的梦幻表现了"革命者"的狂热。[2]

---

[1] 白嗣宏编：《无产阶级文化派资料选编》，中国社会科学出版社，1983年版，第261页。
[2] 参见刘保端：《列宁反对无产阶级文化派的斗争》，载于《美学论丛》，中国社会科学出版社，1981年版第3期。

普列特涅夫《在意识形态战线上》一文对"机器主义""集体主义"的谬论作了进一步的诠释和发挥。他武断地声称:"<u>新世界的造型艺术将是生产的艺术,否则就根本不会有什么艺术。</u>"无产阶级欣赏的不是通常所说的艺术品,而是劳动过程中生产出来的那种巍峨壮观的物质产品。文学也将和造型艺术一样,优雅的古典形式的语言要"变得像电报般精确,把词的内容大大压缩,以至前后连贯不起来","<u>个人主义的感受的公式让位给群众运动</u>","一元论地思维的能力现在变成艺术家的<u>如同呼吸、吃喝一样的需要。</u>"列宁在这些句子下面或者划上横杠,或者旁批一个"嘿!"字;又在"无产阶级的艺术家<u>既是艺术家,同时也是工人</u>"一句下面划上横杠,旁批"胡说"。[①]这些都清楚地表明,列宁对"无产阶级文化派"取消艺术,排斥作家艺术家,进而完全否定人类优秀文化遗产的幼稚和狂妄是何等鄙视,何等厌恶!"左"派代表人物曾经公开喊出"打倒职业艺术家!"的口号,主张用建筑工人、石匠、技师代替职业建筑学家,用油漆工人、印染工人代替职业画家,用印刷工人代替职业作家和诗人。这种谬论同普列特涅夫的"胡说""十足的杜撰"如出一辙,都是当时流行的"左"倾社会思潮的典型表现。

(三)鼓吹"独立""自治",摆脱党的领导

"无产阶级文化派"借口"文化自由""文化特殊"拒绝党和政府(通过"教育人民委员会")的领导和监督。在组织上,要

---

① 《列宁全集》,第2版第60卷,第468、467页。

求同党组织"平等",从而"享有最完全的自治权";在思想上,诬蔑工农联盟的苏维埃政权是"半无产阶级性质"的,只有协会才是"纯无产阶级性质"的组织,因此不存在领导与被领导的关系。这是公开向党和政府闹分裂,甚至企图凌驾于党和政府之上。

1920年12月,在列宁主持下起草并发表了俄共(布)中央《关于无产阶级文化协会》的决议,即俄共中央的公开信,尖锐地批评该协会的主要错误是"在'无产阶级文化'的幌子下,把资产阶级的哲学观点(马赫主义)硬塞给工人;而在艺术方面,则向工人灌输荒唐的、不正常的趣味(未来主义)。""他们不是帮助无产阶级青年认真学习,加深对生活和艺术中各种问题的共产主义态度,而是远离共产主义,仇视它的艺术家和哲学家;宣称自己是真正的无产阶级,却阻碍了工人掌握无产阶级文化,走上真正的无产阶级创作的宽广道路。"[①]公开信明确宣布必须加强党对这个协会的领导,同敌视无产阶级的错误倾向作坚决的斗争。

由列宁亲自领导的这场批判"无产阶级文化派"的斗争,到1922年有了分晓。在组织上,该协会被纳入"教育人民委员会",并改组了领导机构;在思想政治方面,遏制了分裂主义倾向,改善加强了党的领导,端正了政治方向。此后,直到1932年协会正式解散,无产阶级新文化日益壮大,一大批工农出身的

---

① 《苏联文学艺术问题》,人民文学出版社,1959年版,第4页。

业余艺术家迅速地成长起来。一代苏维埃著名作家如革拉特珂夫、富曼诺夫、法捷耶夫、奥斯特洛夫斯基等,都是在列宁无产阶级文化思想、美学原则的哺育下诞生成熟起来的。他们的作品是用共产主义理想启迪人类灵魂的美的教科书,这才是真正的无产阶级文化。如果不经过这一场严重的斗争,无产阶级文化艺术事业有可能受"政治邪说"的误导而走上脱离工农、脱离革命实践的歧路,上面提到的一大批苏联优秀作家也将无由产生,或者中途夭折。回顾历史,列宁领导的这场斗争不仅对苏联文化、苏联文艺学,而且对包括中国革命新文学在内的世界进步文化事业都产生了深远的影响。

20年代初,流行已久的"左派"幼稚病同"无产阶级文化派"的某些论调声息相通。如提倡所谓"生产艺术论",以"造型技能"("物的艺术""艺术劳动")取代职业画家的"画架艺术";号召提前跃进到共产主义高级阶段等等。列宁指出,"这无异于叫四岁的小孩去学高等数学"[①]。这种急躁心情反映出"左派"青年的觉悟低,缺乏必要的经验。但是他们对革命抱着很大的热情,在艺术上富于探索精神。在一些根本问题上,他们是与"无产阶级文化派"的首领们有着重要区别的。"目前共产主义运动中左倾学理主义错误同右倾学理主义(即社会沙文主义和考茨基主义)错误比较起来,其危害性和严重性不及后者的千分之一,然而这只不过是由于左倾共产主义是一种刚刚产生的还很

---

① 《列宁选集》,第3版第4卷,第159页。

年轻的思潮。只是因为这个缘故,这种病症在一定条件下容易治好,但是必须用最大的努力去医治。"[①] 事实证明,"左派"青年一旦从斗争实践中认清了真假革命的区别,他们就会以百倍的热情投入到无产阶级文化建设中去,并作出巨大的贡献。诗人马雅可夫斯基,电影艺术家爱森斯坦等都是在经历了"左派"艺术理论和艺术实践的考验之后,相继走上了列宁主义的道路,为苏联文艺宝库增添了不朽的艺术瑰宝。

---

① 《列宁选集》,第 3 版第 4 卷,第 210 页。

三 列宁继承发展马克思主义美学的卓越贡献

马克思恩格斯美学遗产的继承者拉法格、李卜克内西、梅林、蔡特金、卢森堡和普列汉诺夫等人,他们在阐释马克思主义美学的丰富内涵,捍卫马克思主义美学的战斗传统方面,分别作出了自己的贡献。但是,比较而言,他们的贡献仍然是局部的,或者是阶段性的(如普列汉诺夫)。

历史进入了帝国主义和无产阶级革命的新时代,革命实践中出现的新情况、新问题需要马克思主义理论作出创造性的总结,给以有力的回答。无产阶级革命文艺本来是一种国际现象,但它在20世纪上半叶的苏联取得了特别辉煌的成果,马克思主义美学从此开始了第二个历史发展阶段——列宁阶段。列宁科学地总结了这一阶段革命文艺实践的成功经验,把马克思主义美学理论推向了另一个高峰。他是第二阶段当之无愧的光辉代表。

对马克思主义来说,继承与发展是同一过程中相互依存、对立统一的两个方面。没有继承,发展就因失去了必要的根基和血脉而陷于停滞;反之,没有发展,所谓继承便成为历史的简单重复,丧失了生命的活力。因此,列宁一方面指出:"我们完全以马克思的理论为依据,因为它第一次把社会主义从空想变成科学,给这个科学奠定了巩固的基础,指出了继续发展和详细研究这个科学所应遵循的道路。"[1]另一方面,列宁又谆谆告诫说:"我们决不把马克思的理论看作某种一成不变的和神圣不可侵犯的东西;恰恰相反,我们深信:它只是给一种科学奠定了基础,社会党人如果不愿落后于实际生活,就应当在各方面把这门科学推向前进。"[2]列宁运用继承与发展的辩证法,在新的历史条件下提出了一整套无产阶级的文化纲领,全面系统地发展了马克思主义的文化学说和美学理论。

---

[1] 《列宁选集》,第3版第1卷,第273页。
[2] 《列宁选集》,第3版第1卷,第274页。

第一章

"新"美与"旧"美的辩证关系

在文化问题上,在美学史的理论问题上,列宁关于批判继承民族文化遗产的论述,关于"两种民族文化"的学说,都对丰富发展马克思主义作出了重要贡献。

第一节 关于文化遗产的批判继承

在马克思恩格斯的时代,真正的无产阶级文艺尚在襁褓之中。马克思主义的文化学说与美学理论,主要运用唯物史观总结几千年的人类文明史和传统的美学经验。关于文化遗产对无产阶级新文化建设的意义,以及新旧文化的相互关系等问题,当时还不可能提出具体明确的构想。到了无产阶级革命胜利的前夜,新文化和新的美学实践已从马克思恩格斯时代的萌芽状态进入了迅速发展和日益壮大的历史阶段,遗产对新文化的作用如何也成为实践和理论亟待解决的迫切问题。列宁通过对马赫主义等各种主观唯心论和庸俗唯物论的批判，以及后来对"无产阶级文化派"和"'左派'幼稚性"的斗争，极大地发展了马克思主义的文化遗产理论。

马克思恩格斯对待文化遗产的一贯态度是批判继承。既指出其历史的阶级的局限性，又肯定它作为前提条件对于发展新文化的意义。恩格斯以黑格尔哲学体系为例，指出："费尔巴哈打破了黑格尔的体系，简单地把它抛在一旁。但是简单地宣布一种哲学是错误的，还制服不了这种哲学。像对民族的精神发展有过如此巨大影响的黑格尔哲学这样的伟大创作，是不能用干脆置之不理的办法来消除的。必须从它的本来意义上'扬弃'它，就是说，要批判地消灭它的形式，但是要救出通过这个形式获得的新内容。"[①] 这里所谓"扬弃"，指的是去粗取精、去伪存真的批判过程。批判仅是一种手段，继承才是目的。马克思指出，"希腊神话不只是希腊艺术的武库，而且是它的土壤"，"希腊艺术的前提是希腊神话"[②]。恩格斯也说："每一个时代的哲学作为分工的一个特定的领域，都具有由它的先驱传给它而它便由此出发的特定的思想材料作为前提。"[③] 列宁继承了马克思恩格斯关于文化遗产是后代文化发展"前提"的论断，明确提出，保留"旧"的美就是要把它当作新艺术的"榜样""起点"和"进一步发展的出发点"；只有利用人类已经获得的知识的"坚固基础"才能创造出

---

① 《马克思恩格斯选集》，第2版第4卷，第223页。
② 《马克思恩格斯选集》，第2版第2卷，第28、29页。
③ 《马克思恩格斯选集》，第2版第4卷，第703—704页。

新文化。这种"前提"和"起点"的理论，都是从历史的角度阐述了文化遗产的地位与价值。不过在马克思恩格斯的时代，无产阶级新文化尚处于幼稚阶段上，它没有而且也不可能对旧文化形成"声势"而从理论上提出明确的时代要求。列宁的文化遗产理论则是在无产阶级革命胜利的条件下，直接面对着正在蓬勃兴起而成为时代主流的革命新文化的。因此，它具有更为完整的理论形态和强烈的实践性。

关于文化遗产批判继承的方式方法，马克思主义经典作家们首倡古为今用。马克思说："一切已死的先辈们的传统，像梦魔一样纠缠着活人的头脑。当人们好像刚好在忙于改造自己和周围的事物并创造前所未闻的事物时，恰好在这种革命危机时代，他们战战兢兢地请出亡灵来为他们效劳，借用他们的名字、战斗口号和衣服，以便穿着这种久受崇敬的服装，用这种借来的语言，演出世界历史的新的一幕。"[①]列宁也经常从当前的革命斗争需要出发，以俄罗斯古代作家特别是革命民主主义作家的先进思想为武器，或者借用著名的人物形象、格言警句，经过点化改造，为现实的斗争服务。

其次，对待文化遗产，必须运用革命发展的辩证法对它的内容和形式进行革新创造。马克思恩格斯指出，人们都在利用以前留下的材料、资金和生产力来创造历史。"每一代一方面在完全改变了的环境下继续从事所继承的活动，另一方面又通过完全改

[①] 《马克思恩格斯选集》，第 2 版第 1 卷，第 585 页。

变了的活动来变更旧的环境。"① 改变旧的环境，也即创造新的环境；旧的环境是前提或出发点，新的环境是实现既定目的的现实关系或目的本身，二者的对立统一就是遗产批判继承和革新创造的辩证法。恩格斯所谓"批判地消灭它的形式"，"救出通过这个形式获得的新内容"②；列宁所谓"抛弃形式、改造内容"③，都是意在指明继承文化遗产需要对内容与形式进行全盘改造，从旧质中产生出新质，这是文化和文艺矛盾运动的必然规律。

但是，批判继承是一个复杂的矛盾运动过程，不可能一蹴而就。就整体而言，文化遗产是精华与糟粕并存、蜜糖与毒药混杂的矛盾统一体。从革命意义上说，批判扬弃就是运用辩证法对矛盾进行历史的具体的分析，剔除糟粕，吸取精华，以利于当前的斗争。马克思对英国诗人拜伦、雪莱和小说家威廉·科贝特艰难创作历程的评论④，恩格斯对歌德和巴尔扎克世界观与创作中矛盾关系的分析⑤，都为如何评价古代作家身上的深刻矛盾现

---

① 《马克思恩格斯选集》，第2版第1卷，第88页。
② 《马克思恩格斯选集》，第2版第4卷，第223页。
③ 《列宁选集》，第3版第2卷，第412页。
④ 马克思认为："拜伦和雪莱的真正区别在于：凡是了解和喜欢他们的人，都认为拜伦在36岁逝世是一种幸福，因为拜伦要是活得再久一些，就会成为一个反动的资产者；相反地，这些人惋惜雪莱在29岁时就死了，因为他是一个真正的革命家，而且永远是社会主义的急先锋。"（见《马克思恩格斯论艺术》，人民文学出版社，1963年版，第261页。）马克思评威廉·科贝特，参见《马克思恩格斯全集》，第1版第9卷，第168、214—215页。
⑤ 恩格斯指出："歌德有时非常伟大，有时极为渺小；有时是叛逆的、爱嘲笑的、鄙视世界的天才，有时则是谨小慎微、事事知足、胸襟狭隘的庸人。"见《马克思恩格斯全集》，第1版第4卷，第256页。

象树立了典范。列宁面对的社会矛盾及其在作家身上的反映,由于产生自无产阶级革命时代的激烈斗争中而更趋尖锐,也更为复杂。列宁的反映论为新的历史条件下文化遗产的批判继承提供了一种科学的方法论,从而使马克思主义的遗产理论更加丰富,并带着鲜明的时代特色。例如,他对赫尔岑从赴汤蹈火投身革命到1884年革命失败后精神陷于破产的矛盾历程,进行了深刻的分析。指出这位"兽乳养大的"英雄的精神悲剧并不是个人的偶发的现象,而是"资产阶级民主派的革命性已在消亡(在欧洲)而社会主义无产阶级的革命性尚未成熟这样一个具有世界历史意义的时代的产物和反映"[①]。

列宁分析托尔斯泰的世界观和创作中的诸种矛盾,更是达到了唯物辩证法炉火纯青的极致,堪称新的历史条件下马克思主义美学理论,特别是遗产批判继承理论发展史上光辉的一页。列宁运用马克思解剖资本主义的细胞——商品交换和恩格斯分析歌德、巴尔扎克矛盾现象的辩证法来研究考察托尔斯泰的学说和作品,以及他的文化遗产中各种复杂的矛盾。他从历史哲学的高度概括出了一种具有普遍指导意义的研究方法:"马克思主义的全部精神,它的整个体系,要求人们对每一个原理都要(α)历史地,(β)都要同其他原理联系起来,(γ)都要同具体的历史经验联系起来加以考察。"[②]具体地说,就是"要确定发生这一现象

[①] 《列宁选集》,第3版第2卷,第284页。
[②] 《列宁选集》,第3版第2卷,第785页。

的活生生的社会年代，也就是确定作为被研究对象的历史基础的、各社会现象之间的联系"①。这样，列宁运用这一方法来观察托尔斯泰创作和思想的基本性质与基本矛盾，就同一切立宪民主党人、资产阶级自由主义者的结论相反，把它如实地看作是"19世纪最后30多年俄国实际生活所处的矛盾条件的表现"②的反映，在他的"作品里异常突出地体现了整个第一次俄国革命的历史特点，这场革命的力量和弱点"③。正是从这样一种充满矛盾的社会物质生活前提出发，而不是从单纯的"精神"（良心、信仰、灵魂等）出发来考察分析托尔斯泰身上的矛盾，它们就会从一团乱麻的混沌状态中被梳理出来，变得清晰、合理、有说服力。最繁难的矛盾也就迎刃而解了。

列宁的贡献不仅在于深刻地分析了托尔斯泰学说和作品中的矛盾状况及其必然产生的社会根源，而且他还以发展的观点，结合当前革命斗争的需要，把构成这些矛盾的历史与现实，这些矛盾在不同社会阶段上的意义与作用，分别进行了精辟的论述。列宁指出，托尔斯泰的文化遗产中既有"属于过去"的东西，也有"属于未来"的东西。对于这位处在深刻矛盾中的世界一流的伟大作家，"不应该从现代工人运动和现代社会主义的角度去评价……而应该从那种对正在兴起的资本主义的抗议，对群众破

---

① 卢那察尔斯基：《论文学》，蒋路译，人民文学出版社，1978年版，第36页。
② 《列宁选集》，第3版第2卷，第243页。
③ 《列宁全集》，第2版第20卷，第20页。

产和丧失土地的抗议（俄国有宗法式的农村，就一定会有这种抗议）的角度去评价"①，否则就会对他提出非历史主义的苛求。对当前的革命斗争来说，"俄国工人阶级研究列夫·托尔斯泰的艺术作品，会更清楚地认识自己的敌人；而全体俄国人民分析托尔斯泰的学说，一定会明白他们本身的弱点在什么地方，正是这些弱点使他们不能把自己的解放事业进行到底。为了前进，应该明白这一点"②。特别是关于托尔斯泰学说的空想性质，列宁紧密结合现实的革命斗争，对它的矛盾内容、历史地位和现实意义，都作了具体的分析评价。列宁指出，这种学说的内容"从最正确最深刻的含义"上来说是"反动的"，但又不能说它不是社会主义的，不能说"这个学说里没有可以为启发先进阶级觉悟提供宝贵材料的批判成分"。这种批判成分在作家生活的年代"有时实际上还能给某些居民阶层带来好处"，但是它的意义"是同历史的发展成反比的"。随着科学社会主义的广泛传播和革命斗争的深入，它的积极意义就会逐步丧失，甚至发生逆转，对革命运动"造成最直接和最严重的危害"③。

列宁历史地具体地分析遗产中的矛盾现象，紧密结合现实斗争的需要作出科学的评价，并达到了如此精深的程度，这是对包括美学研究方法在内的马克思主义认识论与辩证法的杰出贡献。

在文化遗产问题上，列宁的另一个重要思想是正确处理

---

① 《列宁选集》，第3版第2卷，第243页。
② 《列宁全集》，第2版第20卷，第72页。
③ 《列宁全集》，第2版第20卷，第103、104页。

"旧"美与"新"美、高雅与通俗、提高与普及的关系问题。从当时的历史条件看,这一思想在很大程度上是在无产阶级夺取政权后提出来的,因为一个前提条件是:新的美和通俗艺术最终能够形成同旧的美和高雅艺术相得益彰的力量,只有在无产阶级执政的社会主义社会里才能实现,而且离不开苏维埃政权的大力扶持。列宁指出,文化遗产固然需要,但是第一,它自身带着不可避免的历史和阶级的局限性,必须让新艺术对它形成某种"压力",以利于旧艺术的革新改造;第二,不能对成熟的旧艺术和刚刚崭露头角而很"软弱"的新艺术采用"同一的美学见解"[①],否则旧的、更加成熟的艺术就会倚势妨碍新艺术的发展,同时也不利于促进旧艺术更快地改造。列宁这一思想对扶持无产阶级革命艺术的迅速成长,对正确认识遗产的意义和作用,都是至关重要的。

在资本主义制度下,由于历史条件的限制,稚嫩的无产阶级艺术(如维尔特的诗歌)还无力形成与旧艺术分庭抗礼的对峙局面;作为现存制度的异己力量,它总是处于被压抑被摧残的境地。因此,马克思恩格斯还不可能提出无产阶级专政条件下那种新旧艺术对立统一的关系问题,更谈不上新艺术对旧艺术的"压力"。他们虽然以极大的热情关注着无产阶级新艺术的诞生和成长,高度评价反抗压迫和剥削的民间文学,但是比较而言,他们注目的侧重点和理论上的主要贡献还是在文化遗产(包括古代

---

① 《列宁论文学与艺术》(二),人民文学出版社,1960年版,第929页。

文化史、美学史）的批判继承方面，还是着力于从唯物史观的角度详细考察、研究各种意识形态形式同一定的物质生产方式、经济基础的关系问题。当然，也探讨了资本主义生产同某些精神生产部门如艺术和诗歌"相敌对"的现状，以及"世界文学"的诞生与发展的前景等等。至于无产阶级夺取政权后革命新文艺应该怎样对待民族文化遗产，应该具备哪些与旧美不同的新的审美品质，以及它的前途命运如何，这些问题从理论到实践的最后解决，只能依赖列宁。

另外，怎样正确对待通俗艺术与高雅艺术，如何处理普及与提高的关系，这也是无产阶级胜利后文化领域里提出来的新问题。苏维埃政权建立初期，以"无产阶级文化派"和"'左派'幼稚性"为代表的民族虚无主义一度在社会上流行，如要求停止出版普希金等古典作家的作品，关闭大剧院和高等艺术院校，停演俄国和世界优秀传统剧目等等。另一方面，民族保守主义也在知识界颇具影响。卢那察尔斯基就曾要求列宁为大剧院增拨巨款，大量出版未来派的作品。许多人表现出对工农文化渴求和对民间文艺价值的贱视或忽视。列宁坚持唯物史观，及时总结了苏联新文艺的实践经验，不断排除"左"右倾错误思想的干扰，创造性地提出了一整套包括繁荣发展社会主义新文艺在内的无产阶级文化纲领。他批评了小人民委员会主席加尔金主张停演《茶花女》《卡门》和《叶甫盖尼·奥涅金》这些"陈旧的'资产阶级'话剧和歌剧"的报告，指出这种对剧院的看法"多少有些幼稚"。列宁的这一表态起到了扭转局势的作用，使"作为俄罗斯民族文化的骄傲的剧院得以继续工作下去"①。但是，列宁又指出，"在饥饿时期"，依靠大家的革命热情以防止"文化的擎天柱倒塌"虽然十分重要，可是投入巨款以维持"奢华的剧院"的做法显然不妥。因为"不论怎么说，这总是纯粹的地主文化，这一点谁也无法争辩"②，"难道当工农大众还缺少黑面包的时候，我们要把精制的甜饼干送给少数人吗？"③列宁在这里指出了文化遗产的"地主文化"的性质，并非"敌视"文化遗产或试图否定文化遗产的真正价值。他主要是从普及与提高的角度提出问题，指出当务之急是普及文化知识，给工农送去急需的"黑面包"，而不是首先为少数人准备"精制的甜饼干"以满足他们对"歌剧里的那种充斥着宫廷浮华的情调"④的追求。

列宁认为，普及与提高、通俗与高雅之间存在着一种对立统一的辩证关系，既没有不可逾越的鸿沟，又不能偏废而各执一端。例如，有人主张，"目前这个时期的困难和危险是可以用Panem etcircenses（'面包和马戏'）来克服的"。列宁承认，"面包和马戏"是人民物质生活和精神生活最起码的需求。只有"在面包问题解决了的条件下"才会"成长出真正新的伟大的共产主义艺术"⑤。所以，在革命胜利之初困难的形势下，视"面包和马

---

① 《列宁论文学与艺术》（二），人民文学出版社，1960年版，第891页。
② 《列宁论文学与艺术》（二），人民文学出版社，1960年版，第924页。
③ 《列宁论文学与艺术》（二），人民文学出版社，1960年版，第912页。
④ 《列宁论文学与艺术》（二），人民文学出版社，1960年版，第924页。
⑤ 《列宁论文学与艺术》（二），人民文学出版社，1960年版，第915—916页。

戏"无足轻重而一味追逐高雅艺术，这只能是脱离群众不切实际的空谈。不过，如果满足于现状，宣布只要有了维持"低微的生活条件"的面包，有了"比较有趣的游艺"的马戏，就算实现了不愁温饱的福利共产主义，这也纯粹是鼠目寸光的市侩习气，是对共产主义的严重歪曲。从长远的历史的观点看，为革命承担了无数牺牲的工人农民，在物质文化生活提高之后，"理应享受比马戏更好的东西"。而且，按照艺术发展的规律，"群众文化水平的普遍提高就会奠定坚实的、健康的基础，而在这个基础上就会给艺术、科学和技术的发展提供强大的、取之不尽的力量"①。所以，普及与提高无分先后，它们是一个过程的两个方面。二者互相补充，互相促进。在普及的基础上提高，在提高的指导下普及，这是无产阶级艺术繁荣发展的必由之路。

第二节 关于"两种民族文化"的学说

马克思恩格斯在《德意志意识形态》中指出："统治阶级的思想在每一时代都是占统治地位的思想。"②就是说，物质生产关系中占统治地位的阶级，它的思想必然在这个时代里居于统治地位。列宁把这一马克思主义原理运用于文化史领域，提出了"两种民族文化"的科学论断："每个民族文化，都有一些民主主义

---

① 《列宁论文学与艺术》（二），人民文学出版社，1960年版，第916—918页。
② 《马克思恩格斯选集》，第2版第1卷，第98页。

的和社会主义的即使是不发达的文化成分,因为每个民族都有被剥削劳动群众,他们的生活条件必然会产生民主主义的和社会主义的意识形态。但是每个民族也都有资产阶级的文化(大多数还是黑帮的和教权派的),而且这不仅表现为一些'成分',而表现为占统治地位的文化。"①"每一个现代民族中,都有两个民族。每一种民族文化中,都有两种民族文化。"②列宁运用阶级分析方法考察民族文化得出的这个普遍性的结论,创造性地发展了马克思主义的文化理论。

列宁"两种民族文化"的理论是在同资产阶级民族主义,特别是同崩得分子的尖锐斗争中提出来的,它是对世界范围内民族文化发展规律的科学概括。当时,奥地利民族沙文主义者鲍威尔之流和俄国的崩得分子沆瀣一气,打着"保卫祖国"的旗号掩盖统治阶级反动政府的侵略本质;散布超阶级的"民族文化统一"论,极力夸大一个民族的共同性和不同民族的差异性,以此为帝国主义的侵略扩张政策张目。列宁针对性地提出了"两种民族文化"学说,指出每一个现代民族中都存在着两种对立思想体系的文化。谁鼓吹统一的"民族文化","谁就只能与民族主义市侩为伍"③。"任何在涉及无产阶级的问题时把某个民族文化当作整体同另一个据说是整体的民族文化相对立等等的行为,都是资产阶

---

① 《列宁选集》,第3版第2卷,第336页。
② 《列宁选集》,第3版第2卷,第344页。
③ 《列宁选集》,第3版第2卷,第337页。

级民族主义,应该与之作无情的斗争。"①因为这种并不存在的超阶级的同一的"民族文化",实际上是资产阶级文化和一切剥削阶级文化的代称或幌子,宣传的目的是要否定劳动群众民主主义和社会主义文化的地位和价值,兜售剥削阶级反动腐朽的"旧东西和帮会东西",为资产阶级民族主义鸣锣开道。

"两种民族文化"之间存在着对立统一的辩证关系。一般地说,二者的对抗性、斗争性是普遍的,绝对的。这是两种文化的阶级性质所决定的。如果不承认或者有意掩盖这种阶级分野的实质,就会滚到资产阶级文化"统一"的泥潭中去。但是,两种民族文化之间也并非一种简单的、泾渭分明的对等关系。剥削阶级文化中可能存在着某种进步的、合理的因素,劳动群众的文化也会表现出时代阶级的局限,甚至掺杂着剥削阶级思想的杂质。它们彼此影响,互相渗透,民族文化的共同性因素寓于不同阶级文化的个别性之中。所以,列宁在强调从整体上,从实质上划清"两种民族文化"的阶级分野,区别它们进步与落后、革命与反动的界限的前提下,坚持对文化现象进行历史的具体的分析。如对剥削阶级的文化,列宁就在批判"左"右倾错误思潮时明确指出"必须取得资本主义遗留下来的全部文化"②,吸收和改造"人类思想和文化发展中一切有价值的东西"③的必要性和重要性。特别是对伟大作家和著名作品,就更要仔细研究其中瑕玉互见、

---

① 《列宁选集》,第3版第2卷,第345—346页。
② 《列宁全集》,第2版第36卷,第48页。
③ 《列宁选集》,第3版第4卷,第299页。

良莠并存的复杂性矛盾性，鉴别真伪，分清主次，防止以阶级出身或民族成分定性。一种文化里面，除了阶级的分野，还存在某些共同性的东西。如民族审美心理；民族形式，尤其是民族语言；本民族喜闻乐见的风格情调等等。列宁"两种民族文化"学说并不否定这些民族共同性的存在，只是强调文化的阶级内容对区分文化性质的决定作用，批判资产阶级民族主义无限夸大这种共同性，把它提升为某种超阶级超时代的抽象物，以此掩盖文化的阶级实质，打着所谓统一的"民族文化"的旗号谋取阶级集团的私利。

针对资产阶级"民族文化"的口号，列宁提出了"民主主义的和全世界工人运动的各民族共同的文化"[①]的口号。马克思恩格斯在《德意志意识形态》中论述国家民族间的思想联系、文学联系在人类文化史上的重大意义时指出：民族间精神交往的发展不是一个独立的、孤零零的过程，它跟劳动分工，跟闭关自守的宗法式的基层经济组织的崩溃过程，跟世界市场的形成有着密切的联系。《共产党宣言》进一步论述了"世界文学"形成的历史条件及其未来前景：在资本主义制度下，随着资本主义市场的开拓，民族的壁垒被打破。"过去那种地方的和民族的自给自足和闭关自守状态，被各民族的各方面的互相往来和各方面的互相依赖所代替了。物质的生产是如此，精神的生产也是如此。各民族的精神产品成了公共的财产。民族的片面性和局限性日益成为

---

① 《列宁选集》，第3版第4卷，第335页。

不可能，于是由许多种民族的和地方的文学形成了一种世界的文学。"① 世界文学是各民族文学互相吸收、高度融合的必然结果。虽然它的最后成熟需要一个漫长的历史过程，但这种发展趋势是不可逆转的。列宁提出的"民主主义的和全世界工人运动的各民族共同的文化"继承并发展了马克思恩格斯关于民族间精神交往和"世界文学"的思想。他认为："人类的整个经济、政治和精神生活在资本主义制度下就已经愈来愈国际化了。社会主义会把这三方面的生活完全国际化。"② 无产阶级不赞同任何旨在巩固资产阶级民族主义的思想和做法，相反，它赞同具有世界历史意义的打破民族壁垒、消除民族差别、使各民族同化的趋势，这种趋势将是使资本主义转变为社会主义的最大动力之一。

但是，列宁所说的"各民族共同的文化"并非像崩得分子李普曼所诬蔑的那样，是一种"非民族的""纯粹的文化"，即凌驾于各民族之上的一种"统一"的文化现象。恰恰相反，列宁一再强调各民族共同的文化"必须'适应'各地方和各民族的特点"③，在各民族物质生活与精神生活日益接近的历史条件下互相吸收融合，取长补短，潜移默化，自然形成一种世界范围的社会主义、共产主义文化。这是一个逐渐积累的历史过程，一个由量变到质变的发展过程。各民族共同的文化不仅不会削弱而且一定会大大地加强人类的"差异化"，使人类的精神生活和思想流派、

---

① 《马克思恩格斯选集》，第2版第1卷，第276页。
② 《列宁全集》，第2版第23卷，第332页。
③ 《列宁选集》，第3版第2卷，第337页。

意向、色彩益发丰富多彩。就"各民族共同的文化"的美学含义而言，就是在保留并发展各民族美学的优良传统和各民族美学的鲜明特色的同时，逐步扩大、丰富人类共同美的因素，把充分体现人类精神丰富性与多样性的美学，不断提高到一个新的历史阶段。

第二章

写作的党性原则

"马克思和恩格斯在哲学上自始至终都是有党性的","政治经济学正像认识论一样,是一门有党性的科学。"① "唯物主义本身包含有所谓党性,要求在对事变作任何评价时都必须直率而公开地站到一定社会集团的立场上。"② 列宁在《党的组织和党的出版物》一文中提出的"党性原则"继承发展了马克思主义,为无产阶级夺取政权和巩固政权的斗争提供了锐利的思想武器。

第一节 马克思恩格斯首倡文学的"倾向性"和"党派观点"

1842年,青年马克思在《莱茵报》上公开宣布:"没有党派就没有发展,没有区分便没有进步。"③ 当时,普鲁士国王扬言:

---

① 《列宁选集》,第3版第2卷,第231、234—235页。
② 《列宁全集》,第2版第1卷,第363页。
③ 《马克思恩格斯全集》,第1版第1卷,第129页。

"朕但知有国而不知有党"。御用文人们也打出"无党性"的招牌声讨文学的党派观点。马克思编辑的《莱茵报》把这种谬论同警察的书报检查制度联系起来加以批判，因为这种检查制度竭力禁止文学中一切被视为党派斗争的内容公开出现。当然，当时还是革命民主主义者的马克思所提倡的党派观点，同无产阶级社会主义意义上的党性还不完全相同。它只是一般地号召革命者参加实际斗争，划清阶级界限，表明党派立场。

马克思恩格斯在《德意志意识形态》和《共产党宣言》等著作中确立了无产阶级党性学说，热情赞扬了早期无产阶级文学的倾向性和党性。如赞美织工歌曲《血腥的屠杀》是"一个勇敢的战斗的呼声"，"无产阶级在这支歌中一下子就毫不含糊地、尖锐地、直截了当地、威风凛凛地厉声宣布，它反对私有制社会。"[①] 威廉·魏特林的著作《和谐与自由的保证》也因它具有鲜明充沛的无产阶级感情而得到了马克思的高度评价："只要把德国的政治论著中的那种俗不可耐畏首畏尾的平庸气拿来和德国工人的这种史无前例的光辉灿烂的处女作比较一下，只要把这双无产阶级巨人的童鞋拿来和资产阶级侏儒的政治烂鞋比较一下，我们就能够预言这位灰姑娘将来必然长成一个大力士。"[②] 恩格斯在《致敏·考茨基》的信中广泛地考察了世界文学后得出了"倾向性"是一切优秀作家作品的共同本质的结论："悲剧之父埃斯库

---

① 《马克思恩格斯全集》，第1版第1卷，第483页。
② 《马克思恩格斯全集》，第1版第1卷，第483页。

罗斯和喜剧之父阿里斯托芬都是有强烈倾向的诗人……席勒的《阴谋与爱情》的主要价值就在于它是德国第一部有政治倾向的戏剧",而写出优秀小说的俄国人和挪威人也"全是有倾向的作家"①。马克思读过敏·考茨基的小说《格里兰霍夫的斯蒂凡》后"赞不绝口",主要原因就是它"以突出斗争因素的方式而完美地保持了倾向,从而不仅弥补了这方面的一个空白,并且为当代文学闯出了一条新路"②。

在马克思恩格斯的时代,阶级斗争路线斗争在文艺领域的集中表现之一就是对倾向性、党性的激烈争论和严重分歧。恩格斯严厉批判了以倍克为代表的所谓"真正的社会主义"诗歌的"倾向性",指出这类作品只歌颂怀着卑微的、虔诚的和互相矛盾的愿望的"穷人""小人物",却"并不歌颂倔强的、叱咤风云的和革命的无产者"。这种游离于实际斗争和党性之外的"倾向性",实际上是德国小市民的一种鄙俗气,是对敌人令人作呕的阿谀奉承。

第二国际的机会主义、修正主义首领也极力反对文学活动同党的工作相联系,反对党的领导;他们号召"不干涉"艺术的自发发展过程,维护创作的"绝对自由"。考茨基为社会主义设计出了一种"生产方式的模式",叫作:"物质生产领域里的共产主

---

① 《马克思恩格斯选集》,第2版第4卷,第673页。
② 《弗·恩格斯与敏·考茨基的书信往来》,德文版第31页。引自汉斯·科赫:《马克思主义与美学》,佟景韩译,漓江出版社,1985年版,第622页。

义，精神生产领域里的无政府主义"[①]。伯恩施坦则公开鼓吹：必须把精神生产，特别是科学"视为不属于党的范围的部门"[②]。这种"非党性""无党性"论调的甚嚣尘上从反面证明，包括文艺创作活动在内的意识形态，作为社会民主主义机器的"齿轮和螺丝钉"，或者作为夺取革命胜利的斗争的一翼，必须加强党的领导，旗帜鲜明地提出"党性原则"以抵制资产阶级思想的进攻，为即将到来的无产阶级专政作好舆论准备。列宁《党的组织和党的出版物》这一光辉文献就是在这种严峻的国内外斗争形势下诞生的，"党性原则"的提出为无产阶级迎接新时代的到来准备了锐利的思想武器。

第二节　列宁的"党性原则"对马克思主义美学理论的贡献

在19和20两个世纪之交，世界正处于帝国主义和无产阶级革命的新时代。伟大的俄国革命在经历了1905年的暂时挫折之后，如婴儿躁动于母腹，正在酝酿着新的革命高潮。面临这种严峻的形势，革命成败的关键在于无产阶级政党能否肩负起历史的使命，真正发挥先锋队的领导作用。布尔什维克党已经从地下转

[①] 卡·考茨基：《社会革命》，柏林1907年德文版，第109页。引自汉斯·科赫：《马克思主义与美学》，漓江出版社，1985年版，第625页。

[②] 爱·伯恩施坦：《社会主义的前提》，斯图加特—柏林1921年德文版，第241页。引自汉斯·科赫：《马克思主义与美学》，漓江出版社，1985年版，第625页。

为公开，无产阶级夺取政权的斗争需要革命舆论的配合，需要意识形态领域的革命变革以适应急剧发展的新形势。

列宁"党性原则"正是在这个历史转折的关头提出来的。它要求写作事业必须成为党的总的事业的组成部分，充分发挥"齿轮和螺丝钉"的战斗作用。它揭穿了资产阶级"创作自由"的伪装，提出了写作事业为千千万万劳动人民服务，为社会主义服务的伟大历史任务。

马克思恩格斯的美学观、艺术观着重从存在与意识、经济基础与上层建筑的关系上考察艺术的本质及其发展规律性，指出优秀艺术作为特定时代里积极进步的民族文化成分与占统治地位的剥削阶级的思想文化之间的对立斗争，以及它对现存经济基础的削弱破坏作用。到了列宁时代，情况发生了很大变化。无产阶级及其政党与革命的或进步的文艺之间，正在建立起一种新型的关系。同封建社会资本主义社会里优秀的文艺与现存经济基础、统治阶级思想的对立关系相反，革命的或进步的文艺不是损害而是服务于革命事业，不是破坏而是维护即将诞生的新的经济基础。在这个革命的时代，优秀作家彻底改变了他在旧社会的历史地位，从愤世嫉俗备受摧残变为歌唱新时代，赞美新生活；从剥削阶级的逆子贰臣变成了无产阶级的时代号手和忠诚卫士。整个革命事业同写作活动之间是一种整体与部分、领导与被领导、和谐而又统一的关系。或者像列宁比喻的那样，是整部机器与"齿轮和螺丝钉"的关系。马克思恩格斯没有也不可能预见到这种新的社会图景，只有列宁适应新的革命形势，为意识形态领域的变革指明了新的方向。"党性原则"赋予了革命文艺以新的品格,新的历史使命,丰富发展了马克思主义关于经济基础与上层建筑的理论。

几百年来,资产阶级惯于打着"自由"的旗号自我标榜,吹嘘资本主义制度的优越性。国际工人运动兴起以后,他们又诬蔑无产阶级共产主义扼杀自由,消灭个性,以"自由"的卫士自居。可以说,在现代社会,"自由"成为各个阶级各个集团热心关注、聚讼纷纭的话题;或者说,成为无产阶级同资产阶级、马克思主义同机会主义思想斗争的一个焦点与核心。

列宁《党的组织和党的出版物》的主要命题就是从当时的革命形势出发,针对资产阶级鼓吹的"创作自由",精辟地论述了写作事业自身性质与社会职能的对立统一的辩证法:既充当社会民主主义机器的"齿轮和螺丝钉",又享有充分的创作自由。这两个矛盾的方面能否在服务于无产阶级革命事业的前提下统一起来呢?列宁的回答是肯定的。

马克思主义诞生以后,无产阶级及其政党始终为争取人类的自由解放而斗争。历史上,资产阶级以"自由"为武器同封建主义进行斗争。这种斗争在当时具有进步性,但"自由"的口号却掩盖着资产阶级的私利。无产阶级从来不把自由看作超越时空的抽象概念,它自身具有历史的阶级的具体内涵。恩格斯指出,自由是对必然的认识。正确地认识、顺应并利用客观规律(包括自然、社会和思维)以实现既定的目的,才能获得真正的自由。马克思激烈地批判了普鲁士官方书报检查制度禁止言论出版自由,扼杀精神多样化的卑劣行径。《资本论》揭穿了资本主义的分工促成"人的细分",从而泯灭人的个性、摧残人的自由意志的本质特征。"我们成了奴隶民族,我们中间没有自由人"[①]。资本使劳动者自身"异化"为生产资料与产品的奴隶,把劳动"异化"为"可诅咒的事情"而使劳动者失去了乐趣与自由。不仅如此,分工还使科学和艺术变成了一些特殊的、表面独立的"狭隘"专业,科学家艺术家不得不奴隶般地屈从于分工而丧失了独立人格、精神自由。

马克思恩格斯面对的是无产阶级无权的条件下资本与压迫者剥削者肆意地剥夺人民的自由权利。因而无产阶级斗争的目的是揭露统治者的横暴,推翻专制政权,夺回人民失去的自由。

对列宁来说,情况则有所不同。他要在两条战线上为自由而斗争。一方面,他肩负着与马克思恩格斯相同的历史使命,即揭穿沙皇、斯托雷平反动政权与资本主义势力迫害工农群众,扼杀自由的罪行,为夺取政权作舆论准备。另一方面,由于无产阶级革命胜利前夜阶级力量对比的变化,垂死的贵族地主阶级、野心勃勃的资产阶级,以及濒临破产的唯心主义者(如马赫主义)则反过来诬蔑日益强大的无产阶级及其政党"残暴""专制",伸手向人民索取"个人的思想创作的绝对自由"。资产阶级的走卒和食客们总是"把社会主义描写成生活千篇一律的、死气沉沉的、单调无味的军营",以此"吓唬"人民终止争取自由的斗争,满

[①] 《马克思恩格斯全集》,第1版第23卷,第392页。

足于资本主义制度下"那种服苦役住军营的生活,从事永无休止、令人厌烦的劳动,过着半饥半饱、贫困不堪的日子"①。资产阶级知识分子则大叫大嚷社会民主党"把自由的思想斗争、批评的自由、创作的自由等等贬低了、僵化了、'官僚主义化了'","你们想使创作这样精致的个人事业服从于集体!你们想使工人们用多数票来解决科学、哲学、美学的问题!你们否认绝对个人的思想创作的绝对自由!"②

斗争对象、斗争目标的改变使列宁首先起而揭穿资产阶级"创作自由"的虚伪本质:这种叫嚷"只能是资产阶级知识分子个人主义的表现",或者说,完全是一种"无政府主义的空话"。因为"在以金钱势力为基础的社会中,在广大劳动者一贫如洗而一小撮富人过着寄生生活的社会中,不可能有实际的和真正的'自由'"。列宁尖锐地指出,所谓"创作自由"的实质是什么呢?"不过是他们依赖钱袋、依赖收买和依赖豢养的一种假面具(或一种伪装)罢了。"③

那么,无产阶级所主张的创作自由意味着什么呢?列宁首先针对资产阶级诬蔑社会民主党否定创作自由的叫嚣公开申明:"无可争论,写作事业最不能作机械划一,强求一律,少数服从多数。无可争论,在这个事业中,绝对必须保证有个人创造性和个人爱好的广阔天地,有思想和幻想、形式和内容的广阔天

---

① 《列宁选集》,第3版第3卷,第375、376页。
② 《列宁选集》,第3版第1卷,第663—664、665页。
③ 《列宁选集》,第3版第1卷,第664、666页。

地。"①"每个人都有自由写他所愿意写的一切，说他所愿意说的一切，不受任何限制。"②但是，自由是相对的，并非天马行空般的放任，或蔑视客观规律的随心所欲。例如，一个社会民主党员就没有"利用党的招牌来鼓吹反党观点"的自由。否则，为了不致使党从思想上、物质上陷于瓦解，党也有把他"赶走"和"清洗"出党的自由。

无产阶级的创作自由"是指它不仅摆脱了警察的压迫，而且摆脱了资本，摆脱了名位主义，甚至也摆脱了资产阶级无政府主义的个人主义"③。列宁在这里从更加严格的意义上指明了无产阶级的创作自由同无政府主义个人主义是不能相容的。无政府主义的自由观实质上是一种资产阶级个人主义的放肆或随意性，它鼓吹文艺创作可以不依赖社会条件，不尊重客观规律，一味地独来独往，随心所欲。实际上，这种"创作自由"从来没有真正实现过。正如高尔基所说："……我，一个文学家，根据自身的经验知道：一个文学家的思想和感情是多么放肆，他企图在历史的严格指示之外，在历史的基本的起组织作用的思想之外找到创作的自由。"④

从正面意义上讲，无产阶级的创作自由就是作家自觉地按

---

① 《列宁选集》，第3版第1卷，第664页。
② 《列宁选集》，第3版第1卷，第665页。
③ 《列宁选集》，第3版第1卷，第664—665页。
④ 高尔基：《论文学》（续集），冰夷等译，人民文学出版社，1979年版，第456页。

照"党性原则"和创作规律进行创作,努力实现主观与客观的统一,内容与形式的统一,最终创作出适合于时代和群众需要的优秀作品。为什么只有无产阶级的写作事业才称得上是真正自由的写作呢?列宁指出,第一,这是源于它的社会主义思想本质和对劳动人民的同情。它是在这种崇高的思想情操支配下摆脱了私利贪欲,名誉地位,不断壮大着写作队伍。第二,它忠实地为千千万万劳动人民服务,不再充当贵妇人和"上等人"的奴婢。第三,它善于把过去的经验与现在的经验结合起来,以丰富人类革命思想的最新成就。

党对艺术的领导不限于单纯的政治问题、组织问题、一般意识形态问题,同时也广泛深刻地涉及美学问题。

德国马克思主义美学家汉斯·科赫对此发表过精辟的见解:"坚持党的领导,决不是一项'外加'于文学、不顾及艺术自身的发展条件和审美标准的'文学法令';它是文学发展本身'固有的''内在的'特殊条件的完全合乎规律的结果。否定党的领导作用,就是破坏文学同它所赖以生长的社会土壤的有机联系,就会使文学脱离生活、脱离现实。"[①]列宁对待文艺的"齿轮和螺丝钉"的作用与"创作自由"这一对矛盾,坚持了对立统一的辩证法。如果不适当地强调前者,过分突出了政治因素,就可能对艺术的特点估计不足,产生公式化概念化与庸俗社会学倾向,甚

---

① 汉斯·科赫:《马克思主义和美学》,佟景韩译,漓江出版社,1985年版,第641页。

至对艺术采取简单粗暴的功利主义态度。所以列宁用两个"广阔天地"特意指明了写作与艺术的特殊性。反之,如果片面强调审美因素,忽视艺术固有的倾向性和意识形态功能,则必然陷入"艺术至上""为艺术而艺术"的泥潭,抹杀了艺术的本质特征——阶级性与党性。因此,文艺的"齿轮和螺丝钉"的作用与"创作自由"这一对貌似相互抵牾的概念,是在"党性原则"的前提下统一起来了。"党性原则"在这里并非一个单纯的政治概念,而是一个反映了无产阶级艺术内部政治因素与审美因素紧密结合的特定的美学范畴。

列宁认为,艺术作品中"公开的、诚实的、直率的、彻底的党性"不会损害艺术,特别是无产阶级艺术固有的特性。相反,通过具体生动的形象体系表达出来的旗帜鲜明的党性,有助于强化无产阶级艺术的战斗性和崇高风格。在马克思恩格斯时代,以批判现实主义为主流的文学创作,如《城市姑娘》,"小说主要是面向资产阶级圈子里的读者"。这种特定的读者对象在很大程度上决定了作品主题题材的处理方式和艺术表现特点。恩格斯认为,这类小说只要真实地描写了现实关系来"打破关于这些关系的流行的传统幻想,动摇资产阶级世界的乐观主义,不可避免地引起对于现存事物的永恒性的怀疑"[①]。即使作者没有提出解决办法或明确表明立场,这部小说也算完成了自己的使命。恩格斯这种要求作者不必公开表明倾向性,而让它"自然而然地流露"的

---

① 《马克思恩格斯选集》,第2版第4卷,第673页。

观点，在当时是完全正确的。它易于为"资产阶级圈子里的读者"所接受，也符合文艺通过形象图画"显示"思想观点的艺术表现特点。

但是到了无产阶级革命胜利的前夜，空前激烈的阶级斗争要求革命文艺发挥战斗号角、匕首投枪的作用。社会民主党已从地下转为公开，舆论不再需要"伊索寓言式的笔调"和"虚假的掩饰"。对文艺创作来说，观点不是"隐蔽"起来，而是需要旗帜鲜明，毫不含糊。文学批评也要"同党的工作，同领导全党的工作更紧密地联系起来"①。无产阶级革命时代文艺的主要对象已从"异己"的资产阶级读者变成了"自己人"，即千百万工农群众。他们主要不是借小说消遣解闷，最多洒下几滴同情的眼泪；而是急需这类精神食粮鼓舞斗志，指引方向，把它当成夺取胜利的锐利武器。所以说，党性是无产阶级革命胜利的时代里革命文艺的"新质"，是一种必须具备的崭新品格。

那么，艺术活动中如何体现党性呢？或者说，作品中的党性原则具有什么审美意义呢？这是我们理解《党的组织和党的出版物》的另一个重要问题。马克思批评拉萨尔的剧本《弗兰茨·冯·济金根》"席勒式地把个人变成时代精神的单纯的传声筒"②。恩格斯认为敏·考茨基小说中的人物"个性就更多地消融到原则里去了"③。他们不约而同地阐明了一条艺术法则：直露地

---

① 《列宁全集》，第2版第45卷，第171页。
② 《马克思恩格斯选集》，第2版第4卷，第555页。
③ 《马克思恩格斯选集》，第2版第4卷，第673页。

宣布政治观点，图解"未来的解决办法"，使倾向性成为游离于形象体系之外的徽章标记，这是同艺术以形象典型反映社会生活的特性根本不相容的。这样做不仅损害了作品的整体美学价值，而且也歪曲了倾向性的真实含义。

一般地说，马克思恩格斯是把倾向性、党性同艺术性、艺术技巧相对举而加以说明的。它们作为艺术品的内容要素，归入了思想性的范围。列宁的"党性原则"更多的是从文艺美学的角度提出问题（如创作自由），是一个覆盖面更广的美学范畴，具有丰富的美学内涵。同资产阶级的或世俗的观点相反，"党性原则"不仅不是死板僵化的教条，而且它自身固有的美学素质就自然地排斥一切"公式主义"和试图把写作事业同其他事业"刻板地等同起来"的不良倾向，排斥"机械划一，强求一律，少数服从多数"。因此，艺术中如何体现"党性原则"首先是个美学问题而不是个艺术表现技巧问题。作家必须如实地承认并深入发掘"党性原则"的审美价值，才有可能创作出真正优秀的艺术作品。

工人阶级争取自身解放的斗争范围非常广泛。它涉及经济基础、上层建筑的各个领域，渗透到了人与人之间、人与自然之间的一切关系之中。美学、艺术既以工人解放斗争为研究、反映的对象，它就必然要表现这些社会关系和自然关系。党性作为文艺作品的灵魂，它同这些关系水乳交融，保持着千丝万缕的联系，同它们一起化作艺术机体的血肉。一位党性强的作家，无需加意去喊出他的政治意图。通过真实生动的艺术描写，一种闪耀着党性光辉的精神美就会自然地充溢于作品的故事情节、人物命运之中。高尔基的《母亲》，奥斯特洛夫斯基的《钢铁是怎样炼成的》，都是这方面的典范作品。即使是缺少政治内容的山水诗、风景画，如果作者是一位革命作家，他的党性素养也会不知不觉地作用于题材的选择，意境的构思，并渗透到作品的风格情调之中。

总之，艺术中党性的审美价值首先在于它深化了作品的思想意义，增加了思想的"含金量"，从而大大提高了作品的整体素质，艺术水平。同时，作为艺术机体的灵魂和血肉，党性与艺术性在作品中是密不可分，浑然一体的。纯洁的党性和高度的艺术性共同决定了作品的美学价值，二者的失衡或偏废都会给作品带来直接的损害。

第三章

艺术辩证法

列宁对马克思主义美学思想的贡献是多方面的,并且都带有根本性质。如前所述,他创造性地阐述了反映论原理;总结无产阶级文化革命的实践经验,深刻论述了批判继承民族文化遗产的重要原则;首次提出并阐明了"两种民族文化"学说和写作的"党性原则"等等。但是比较而言,艺术辩证法作为贯穿列宁美学思想各个领域各个范畴的普遍原则,它"提供理解一切现存事物的'自己运动'的钥匙"[①]。因此,它更显示出列宁美学思想的鲜明特色,为美学理论研究和艺术实践提供了锐利的思想武器。

第一节 唯物辩证法的核心——对立统一规律的美学含义

列宁在《唯物主义和经验批判主义》《哲学笔记》和《谈谈

---

① 《列宁选集》,第3版第2卷,第557页。

辩证法问题》等论著中，结合对马赫主义主观唯心论和形而上学的批判，深入探讨了唯物辩证法，把恩格斯概括的三条基本规律中的对立统一规律确定为辩证法的实质与核心。他运用对立统一规律考察审美实践、艺术创造活动，取得了辉煌的成就。其中，论托尔斯泰的一组文章"是把列宁的方法应用于文艺学的光辉典范"[①]。

对立统一规律认为，包括文艺创作在内的世界上的万事万物都包含着矛盾。两个对立的东西相互依存，相互渗透，彼此有机地联系在一起，共处于一个统一体中，这就是矛盾的对立统一。"两个相互矛盾方面的共存、斗争以及融合成一个新范畴，就是辩证运动。"[②]"发展是对立面的统一（统一物之分为两个互相排斥的对立面以及它们之间的相互关系）。"[③]处于运动变化中的社会生活，以及忠实地反映了这种社会生活的伟大作家和伟大作品，同样也是一些内容有别、形式不同的矛盾统一体。列宁运用矛盾对立统一的观点来破译托尔斯泰学说及创作的"世界之谜"，剖析赫尔岑这位"兽乳养大"的贵族革命家"精神破产"的深刻矛盾，以及用发展的眼光来看待高尔基光辉的文学成就与思想迷误之间的关系，都可以看作是艺术辩证法的伟大胜利。

托尔斯泰及其作品，从作家在世的时候起就成为各个阶级

---

① 卢那察尔斯基：《论文学》，蒋路译，人民文学出版社，1978年版，第43页。
② 《马克思恩格斯选集》，第2版第1卷，第144页。
③ 《列宁选集》，第3版第2卷，第557页。

集团、各种政治观点和艺术观点的人们聚讼纷纭、争论不休的焦点。产生分歧的关键就在如何认识这位作家身上深刻复杂的矛盾及其社会根源。普列汉诺夫并非完全没有注意到这种显而易见的矛盾现象，但是他却把矛盾简单化绝对化了，把艺术家的托尔斯泰与思想家的托尔斯泰机械地分割对立起来：一方面赞扬托尔斯泰是位描写贵族之家生活的天才作家，是位心理分析的大师①；另一方面，又指责他的精神和道德发展"所走的道路，同俄国有教养的平民知识分子的精神和道德发展所走的道路毫无共同之处"，"列夫·托尔斯泰甚至在他似乎像一个革命者的地方，也是一个彻头彻尾的老爷"②。同列宁相反，普列汉诺夫的论述中，"与托尔斯泰正面的东西相比较，托尔斯泰反面的东西研究得更为详尽和有力"，而列宁对矛盾的分析却是"多方面的和辩证的"③。

民粹派作家米海洛夫斯基试图分清托尔斯泰进步的"右手"和反动的"左手"的区别，但对二者之间的联系无法作出解释，因而也就难以对作家的复杂思想矛盾给以正确的分析评价。

列宁艺术辩证法的威力不仅表现在他全面准确地找到了托尔斯泰身上的诸种矛盾，而且更重要的是紧密结合俄国革命的性质

---

① 普列汉诺夫：《从这里到这里（政论家短评）》，《托尔斯泰和自然界》。引自《列宁和俄国文学问题》，中国社会科学出版社，1982年版，第310页。
② 《普列汉诺夫文集》，第10卷，第388页。引自《列宁和俄国文学问题》，第411页。
③ 《卢那察尔斯基文集》（八卷本），苏联国家文学出版社，1967年俄文版第8卷，第294、447页。

和特点，对这些矛盾的时代内容、产生根源及其对无产阶级革命事业的意义进行了深刻的分析，令人信服地阐明了这些尖锐对立的矛盾是怎样合理地、有机地统一在一个伟大作家身上及其作品之中。

列宁首先指出，托尔斯泰作品、观点中的矛盾是显著的。一方面，他作为天才的艺术家，有力地揭穿了社会的撒谎和虚伪，无情地批判了资本主义剥削和政府的暴虐，充分暴露了贫富悬殊的深刻矛盾，撕下了一切假面具；另一方面，他又是一位笃信基督的地主和颓唐的"托尔斯泰主义者"，狂信道德自我修养和"不用暴力抵抗邪恶"，并鼓吹宗教。这些彼此尖锐对立的矛盾方面竟然统一存在于一位伟大作家的身上，不用辩证观点加以考察，确实难以理解。沙皇御用文人、立宪民主党人、资产阶级自由派乃至孟什维克机会主义者，都出于不同的目的而企图否定这些矛盾的存在。有的从全面攻击诬蔑转为"流着鳄鱼的眼泪"，进行肉麻的颂扬奉承；有的用"一些官方自由主义的、陈腐不堪的教授式的空话"[①]，如"伟大的良心""生活的导师""文明人类的呼声"云云来故意掩盖矛盾，实际上是通过"强调那种表现托尔斯泰的偏见而不表现他的理智的东西"[②]来达到掩盖矛盾的目的。庸俗唯物论者和社会民主党内"左"倾思想的人则完全抹杀托尔斯泰身上积极的、革命的因素，不分青红皂白地称之为贵族

---

① 《列宁全集》，第2版第20卷，第24页。
② 《列宁全集》，第2版第20卷，第25页。

地主和老爷。他们同样不会以辩证观点分析矛盾,解决矛盾。有些批评家和理论家虽然在表面上看到了托尔斯泰的矛盾,但他们总是脱离开作家所处的历史时代里具体的斗争内容,把这些矛盾抽象地解释成"雅斯纳雅·波良纳隐士"怪癖的产物,寻神者上下求索的结果,或者是这位"平民化的老爷"渴望安慰"痛苦的良心"的表现等等。

列宁艺术辩证法的精彩之笔,尤其表现在他从俄国19世纪下半期到20世纪初期的社会历史状况出发,对托尔斯泰矛盾根源的深刻分析方面。他指出:"托尔斯泰的观点和学说中的矛盾并不是偶然的,而是19世纪最后30多年俄国实际生活所处的矛盾条件的表现。""托尔斯泰观点中的矛盾,的确是一面反映农民在我国革命中的历史活动所处的矛盾条件的镜子。"[1] "托尔斯泰的观点中的矛盾,不是仅仅他个人思想上的矛盾,而是一些极其复杂的矛盾条件、社会影响和历史传统的反映,这些东西决定了改革后和革命前这一时期俄国社会各个阶级和各个阶层的心理。"[2] 这就是说,托尔斯泰身上这些矛盾的终极原因是社会历史造成的。他作为"发明救世新术的先知",是"可笑的";但作为"俄国千百万农民在俄国资产阶级革命快要到来的时候的思想和情绪的表现者",又是"伟大的"。[3] 这样两个矛盾方面相互斗争又相互依存的内因,最终决定了"在世界文学中占有第一流的地

---

[1] 《列宁选集》,第3版第2卷,第243页。
[2] 《列宁全集》,第2版第20卷,第23页。
[3] 《列宁选集》,第3版第2卷,第243页。

位"的托尔斯泰的历史命运。

分析复杂的矛盾现象,必须善于抓住主要矛盾。这样,一切使人困惑的问题就会迎刃而解了。19世纪后期,俄国各种社会矛盾中起支配作用的是农民与沙皇君主政体即地主土地占有制的矛盾。这一矛盾决定了俄国革命的性质是农民资产阶级革命。托尔斯泰学说和作品正是这一主要矛盾的生动而真实的反映。"他的全部观点,总的说来,恰恰表现了我国革命是农民资产阶级革命的特点。"[①]列宁认为,托尔斯泰之所以成为世界一流的作家,从主客观条件看,都决定于这一主要矛盾。从客观上说,托尔斯泰如果避开社会的主要矛盾,像当时的二三流作家A.博博雷金那样"侧重于描写次要的、非本质的现象";即使接触到马克思主义者与民粹派的争论,也错误地描写了两者分歧的实质。那么,托尔斯泰就不成其为今天的托尔斯泰了。同理,从主观上说,作家如果根本没有意识到这一主要矛盾;或者对它作了完全错误的理解(如反动文人描写农民暴动及其爆发的社会根源),那么,托尔斯泰同样也就不是今天的托尔斯泰了。

但是,列宁对主要矛盾的分析并没有到此为止。他在论述农民与沙皇地主政权这一对主要矛盾时,进一步指出,农民及其日益觉醒的革命运动已经成为19世纪末20世纪初的时代主流,即矛盾的主要方面,是它决定了俄国革命的性质和特点。这一矛盾的主要方面反映在托尔斯泰的作品中,就是农民的生活状况、思

---

① 《列宁选集》,第3版第2卷,第243页。

想情绪以至对社会的激烈批判成为作家创作中最精彩最动人的一幕。托尔斯泰"反映出革命的某些本质的方面",他的遗产中又存在着大量的"没有成为过去而是属于未来的东西"[1]。这些都构成了托尔斯泰及其作品中矛盾的主要方面,起着主导的、支配的作用。与之相比,作为"发狂地信仰基督的地主",颓唐的、歇斯底里的"托尔斯泰主义者",这些仅是伟大作家身上的次要矛盾方面。就是说,它们不能决定作品的根本性质和总体价值。托尔斯泰及其作品中这样两个矛盾方面时时碰撞出耀眼的火花,而且愈到后来,愈是焕发出丰富性、深刻性的绚丽光彩。当然,对托尔斯泰来说,这是一个历史发展的过程。在他的世界观完成从贵族地主向宗法制农民的转变之前,他身上体现的这样两个矛盾方面的地位与作用是同后来恰恰相反的。这里,列宁抓住了矛盾性质转化的关键之处,即作家世界观的根本转变。

列宁的辩证法认为,"发展是对立面的'斗争'"[2]。处于矛盾统一体中的两个矛盾方面通过对立斗争,一方克服了另一方,最终实现了"向对立面的转化",即促成"旧东西的消灭和新东西的产生",这就是精神和社会普遍存在的"活生生的"辩证法。[3] 托尔斯泰世界观中"贵族地主"这一矛盾方面,通过作家的社会实践(亲眼看见农奴制的残酷,农民的痛苦生活及其日渐觉醒),通过作家长期艰苦的精神探索,终于被"宗法制农民"这一矛盾

---

[1] 《列宁全集》,第2版第20卷,第25页。
[2] 《列宁选集》,第3版第2卷,第557页。
[3] 《列宁选集》,第3版第2卷,第557页。

方面所克服，所代替。就是说，世界观中新质与旧质的相互移位开辟了托尔斯泰创作生涯的新纪元，确立了他在世界文学中的崇高地位。

列宁运用同样的方法深刻地分析了赫尔岑思想创作的矛盾及其产生的社会基础，分析了这些矛盾的性质及转化过程。"赫尔岑的精神悲剧，是资产阶级民主派的革命性已在消亡（在欧洲）而社会主义无产阶级的革命性尚未成熟这样一个具有世界历史意义的时代的产物和反映"，"在赫尔岑那里，怀疑论是从'超阶级的、资产阶级民主主义幻想到无产阶级严峻的、不屈不挠的、无庄不克的阶级斗争的转化形式"[①]。正是这种特定的社会矛盾及其转化（"说句公道话，尽管赫尔岑在民主主义和自由主义之间动摇不定，民主主义毕竟还是在他身上占了上风。"[②]）成就了这位"贵族地主革命家"的勋业，同时也是造成赫尔岑精神悲剧的终极原因。

列宁关于对立统一规律的辩证法思想贯穿于他的哲学、美学和文化理论的各个方面。例如，关于两种民族文化相互对立又彼此依存的学说，关于写作事业中党性原则与创作自由的对立统一，关于"新"美与"旧"美、革命文艺与文化遗产的辩证关系，关于普及与提高、通俗与高雅相辅相成的理论等。无论是对复杂多样的社会矛盾，还是对这些矛盾在作家作品中的反映，列

---

① 《列宁选集》，第3版第2卷，第284、285页。
② 《列宁选集》，第3版第2卷，第286—287页。

宁都能运用辩证法这把解剖刀游刃有余地进行深入细致的解剖，从理论与实践的结合上丰富发展了马克思主义的矛盾学说。

第二节　辩证法、认识论与逻辑的"三统一"

在唯心主义和旧唯物主义那里，辩证法、认识论和逻辑学是被割裂开来，互不关联，彼此独立的。黑格尔首次提出三者统一（同一）的思想，列宁认为他"天才地猜测到了"逻辑规律作为"客观世界的反映"[①]，它同本体论、认识论是密切联系，相互一致或同一的。当然，黑格尔理解的这种"三统一"是建立在唯心主义基础之上的，其出发点和落脚点都来自所谓"绝对观念"。

马克思恩格斯虽然没有明确提出过"三统一"的命题，不过，《资本论》实际上体现了"三统一"的思想。恩格斯通过批评黑格尔的唯心主义，同时也肯定了他关于思维和存在同一的观点，即关于逻辑学和本体论相一致的思想。列宁比他的前辈提供的"新东西"之一，就是创造性地提出了辩证法、认识论与逻辑在物质世界的基础上（即都是对同一个物质世界的正确反映）必然实现的"三统一"，并且明确指出它们实质上是同一门科学的三个不同方面。

列宁不但从理论上深刻阐述了"三统一"的哲学含义，同时又结合俄国革命实践把它运用于文艺学领域，丰富发展了辩证唯

---

① 《列宁全集》，第2版第55卷，第151页。

物主义的方法论。

列宁指出:"虽说马克思没有遗留下'逻辑'(大写字母的),但他遗留下《资本论》的逻辑,应当充分地利用这种逻辑来解决这一问题。在《资本论》中,唯物主义的逻辑、辩证法和认识论[不必要三个词:它们是同一个东西]都应用于一门科学,这种唯物主义从黑格尔那里吸取了全部有价值的东西并发展了这些有价值的东西。"[①]辩证法是一门"关于外部世界和人类思维的运动的一般规律的科学",着重于"本体论"(研究世界存在和本质的世界观、宇宙观)方面;认识论重在说明认识的本质、认识的条件及其发展历史,即研究整个认识过程的一般规律;逻辑(辩证逻辑)则是研究思维(理性思维)的规律和思维形式,它是"对世界的认识的历史的总计、总和、结论"[②]。三者之间虽然存在着差异,而统一却是本质的、主要的方面。它们都以客观物质世界为统一的基础,都覆盖或包容于辩证法的总体原则之下。客观世界和主观世界从本质上讲都是辩证的,正如恩格斯在《自然辩证法》中指出的:"所谓的客观辩证法是在整个自然界中起支配作用的,而所谓的主观辩证法,即辩证的思维,不过是在自然界中到处发生作用的、对立中的运动的反映。"[③]列宁也说,"辩证法也就是(黑格尔和)马克思主义的认识论"[④],辩证法"其本身包括

---

① 《列宁全集》,第2版第55卷,第290页。
② 《列宁全集》,第2版第55卷,第77页。
③ 《马克思恩格斯选集》,第2版第4卷,第317页。
④ 《列宁选集》,第3版第2卷,第559页。

现在称之为认识论的内容，这种认识论同样应当历史地观察自己的对象，研究并概括认识的起源和发展，从不知到知的转化"[①]。而逻辑所研究的思维规律、思维方式则是"从自然界和人类社会的历史中抽象出来的"[②]，它同样反映了客观事物的辩证法原则，如归纳和演绎、分析和综合、从抽象上升到具体等等。所以，从三者的关系看，逻辑不仅同辩证法同一，而且"逻辑学是和认识论一致的"[③]，"逻辑学是关于认识的学说。它是认识论"[④]。

列宁辩证法、认识论与逻辑"三统一"的思想在哲学上的重要意义在于：它科学地揭示了马克思主义即辩证唯物主义哲学的丰富内容，以及世界观与方法论的高度一致性。对于马克思主义美学来说，它为解决一些长期争论不休的美学难题提供了一把钥匙。

列宁"三统一"思想从宏观上、从哲学高度上指明了解决文艺学体系基本问题的方向。文艺作为一种特殊的认识形式或审美活动方式，它自有其内部构成及相应的外化形态。但不管形式怎样特殊，个性如何鲜明，文艺作为精神生产的一个部门，它与一定物质生产的必然联系，它与其他意识形态共同性的一面，以及它自身内容与形式的对立统一关系等等，都不能不遵循着客观存在的辩证法原则，不能不遵循认识过程（从感性认识到理性

[①]《列宁选集》，第3版第2卷，第422页。
[②]《马克思恩格斯选集》，第2版第4卷，第310页。
[③]《列宁全集》，第2版第55卷，第146页。
[④]《列宁全集》，第2版第55卷，第152页。

认识再回到实践）和逻辑序列（辩证思维中的归纳演绎、分析综合、从感性具体经过思维抽象到理性具体等）的必由之路。"从生动的直观到抽象的思维，并从抽象的思维到实践，这就是认识真理、认识客观实在的辩证途径"[①]。包括文艺在内的各种反映形式都要经历这样一个复杂深刻的认识过程，其中充满了感性与理性、情感与思想、理解与想像、历史与现实等一系列心理内容的交织与组合。辩证法、认识论与逻辑学都会参与并融会统一于具体事物（如文艺作品）及其形成过程（如作品的孕育与完成）之中。

准确地把握"三统一"的原则，有助于我们从历史与逻辑相一致的高度上重新考虑文艺学体系的内部结构与外部联系，以辩证观点深刻认识文艺的发生、发展的特殊规律性。辩证法作为马克思主义的世界观、方法论，它为马克思主义文艺学体系的建立提供了锐利的思想武器。在它的指导统驭下，我们对正确反映了社会生活本质与文艺自身规律的文艺学体例框架就会有更加深入的认识，我们的思维方式也会豁然开朗，上升到一个崭新的境界。因为一个科学严整的理论体系并非纯粹主观的臆想杜撰，而是社会生活本质与文艺创作本身客观规律的正确抽象。过去，我们的文艺学基本理论及其框架结构往往脱不出机械唯物论、庸俗社会学与形而上学的窠臼，究其根源，主要还是我们没有深入掌握马克思主义认识论（反映论）的真谛，没有深刻理解并熟练运

---

① 《列宁全集》，第2版第55卷，第142页。

用辩证法，在思维方式上则缺少辩证思维，习惯于简单的形式逻辑推理，容易陷入公式化概念化。例如，关于内容与形式的关系，列宁从辩证逻辑的角度指出："形式是富有内容的形式，是活生生的实在的内容的形式，是和内容不可分离地联系着的形式。"① 我们则往往把形式与内容截然分开，以"内容决定形式"为口实否定形式的相对独立性，否定形式对内容的反作用，更不承认内容与形式在一定条件下互相转化的辩证法。这种简单化的或者僵化的思维模式脱离了创作实践，很容易窒息理论的生命力，使文艺学体系变成一种凝固化、板结式的陈腐套路。回顾历史，列宁"三统一"的思想对我们创建科学的文艺学体系具有深刻的启迪指导意义。

列宁论托尔斯泰、论批判地继承民族文化遗产是运用"三统一"思想分析问题解决问题的光辉范例。列宁善于紧密联系一定的物质生产方式、社会生活特点来考察由此产生的意识形态形式，运用辩证法从历史发展和现实革命斗争的实践出发去把握它们的性质和特点，评判它们的历史价值和现实价值。这种分析的显著特点是把实践引进认识论，把认识论置于社会实践的基础之上。这样，理论本身就显示出深刻性、战斗性和强烈的针对性。例如，对托尔斯泰主观上避开革命而客观上却像镜子般反映了俄国农民资产阶级革命的特点，对他的世界观和创作中一系列让人迷惑不解的矛盾现象，列宁从俄国19世纪最后20年的阶级

---

① 《列宁全集》，第2版第55卷，第77页。

关系、社会生活状况出发，深入考察了这些矛盾的成因和表现特点。他从不抽象地谈论问题，而是依据马克思主义的认识论，具体分析了这些矛盾赖以产生的条件、社会影响和历史传统（东方制度与亚洲制度），以及它们的时代特点和民族特点。他运用辩证法这把锋利的解剖刀，对矛盾逐一剖析；特别是对托尔斯泰学说中的批判成分在不同时代里迥然相反的意义和价值，作出了慧眼独具的深刻评价。

列宁这种以物质世界、革命实践为基础，运用辩证法、认识论与逻辑的"具体的统一"来评论作家作品的方法论，为托尔斯泰研究开辟了新的天地，从而得出了以往剥削阶级及其御用文人们无法得出也不可能得出的最正确最科学的结论。

列宁还以"三统一"的方法批判地总结民族文化遗产，处理新旧文化之间的辩证关系。从反映论的角度看，遗产是历史的产物，其中许多珍贵品还都出自剥削阶级之手。但马克思主义者并不因为历史和阶级的局限性而简单地否定遗产的价值。列宁认为，人类认识（包括各个时代的遗产）总要经历一个由低级向高级、由简单向复杂的历史发展过程。必须用辩证的观点看到认识过程的阶段性与长远性的对立统一，遗产的阶级性与民族性的对立统一。既不能沉溺于过去，又不能割断历史。所以列宁鄙弃抱残守缺的国粹主义、保守主义；同时又批判了拒绝一切遗产，鼓吹在"净土"上重建无产阶级文化的"左派"幼稚病和民族虚无主义。

当然，从根本上讲，遗产毕竟是过去的时代，已经逝去的阶级的精神文化遗存。对无产阶级来说，它仅是"流"而不是"源"，不可能代替无产阶级新文化的地位和作用。马克思恩格斯高度评价古代希腊罗马及其他文明古国灿烂辉煌的文化成就，但是由于历史的原因，当时的无产阶级新文化还没有成长起来而同旧文化形成对峙的局面，因此两位马克思主义创始人还没有也不可能提出如何处理新旧文化的关系问题。正是在这方面，列宁又一次显示出他娴熟自如地运用辩证法和认识论分析矛盾、解决矛盾的卓越才能。例如，他一方面提倡继承优秀的文化遗产，同时又清醒地认识到革命胜利后根基深厚的旧文化同刚刚破土而出的新文化萌芽之间力量对比的差距，因而明确提出不能采用"同一的美学见解"去评判二者的优劣高下，"否则旧的、更加成熟的艺术会妨碍新的艺术的发展"[①]。列宁遵循对立统一规律，主张既要保存"文化的脉络"，珍视优秀的遗产；又要批判它的时代阶级的局限性，推陈出新，以适应时代的需要。既要强调遗产的价值，保护它不至泯灭；又不能因此而鄙薄、冷落新艺术的"软弱"和"幼稚"，甚至宁肯剥夺工农群众需要的暂时还较粗糙的"黑面包"，也要把"精致的甜饼干"[②]奉送给少数人。因此，列宁号召必须大力扶持新艺术，让它在竞争中对旧艺术形成某种"压力"而促其"改变"。这种压力愈小，旧艺术就"改变得愈慢"[③]。

[①] 《列宁论文学与艺术》（二），人民文学出版社，1960年版，第929页。
[②] 《列宁论文学与艺术》（二），人民文学出版社，1960年版，第912页。
[③] 《列宁论文学与艺术》（二），人民文学出版社，1960年版，第929页。

列宁充满辩证法的文化理论、美学理论是无产阶级革命胜利时代文艺实践和群众审美经验的科学总结,也是指引苏联多民族文化事业兴旺发达的灯塔和指南。历史雄辩地证明,列宁的美学思想具有永久的生命力。随着时代的前进,它必将对人类美学理想向着更高更光辉阶段攀登而愈益显示出深远的影响。

下编

其他美学家的美学思想

一 斯大林的美学思想

约瑟夫·维萨里昂诺维奇·斯大林（1879—1953）是列宁无产阶级革命事业的继承者，布尔什维克党的领导人。作为政治家，其美学思想散见于政治论文、哲学论著和书信中。他的文化思想、文学思想是与党的政策和无产阶级政权的方略紧密结合在一起的。由于后者对审美实践——文学艺术创作及欣赏——的直接规范，从而显示出斯大林美学思想的鲜明特色。

斯大林主要的美学思想均产生于十月革命之后，尤其是列宁逝世之后。苏维埃建设新文化的任务是繁重的，怎样处理众多民族意识形态的共性与个性的辩证关系，怎样对待不同思想倾向的文学艺术作品，怎样解释语言的本质属性等等……都需要布尔什维克党领袖给予原则性的指导和有针对性的理论阐释。

第一章

审美判断与社会主义政治原则

从巩固无产阶级政权的实际需要出发,斯大林宏观地原则地把握着苏联文学艺术的创作方向。

审美判断与一般逻辑判断的区别在于前者具有"无法比拟的丰富性和多样性"。一般地说,马克思主义世界观的高度概括性把审美判断分为三种层次:一是对客体的完整判断,二是对客体的内容判断,三是对客体的形式判断。斯大林确立的审美判断原则是以无产阶级的根本利益和"尽全力去建设社会主义"为总前提的。他的著名论断是:理想的社会主义文学艺术,其"内容是无产阶级的,形式是民族的"[①]。如果说,列宁著名的"两种民族文化"的理论侧重于对审美对象的内容的审视与判断,那么,斯大林的论断则同时注重了对审美对象内容与形式的考察和要求,强调的是对客体构成因素的全面的审视和判断,这是与苏联的多

---

① 《斯大林全集》,第7卷,第117页。

民族文化土壤分不开的。当然，如果深入剖析斯大林文章中出现的频率较高的"价值"内涵时，作为政治领袖的斯大林，仍然是把政治原则的判断标准放在第一位的。

第一节 内容与形式

马克思主义认为，任何事物都是共性与个性的统一，内容和形式的统一。在内容和形式的对立统一中，内容决定形式。然而，由于内容相对活跃、易变，形式相对稳定并具有某种独立性，因此形式也会影响内容。依此原理，斯大林提出了社会主义文化发展的辩证法，实际上也涉及文学艺术的审美原则。在《论东方民族大学的政治任务》（1925年）中他说："我讲过关于提高东方各苏维埃共和国民族文化的问题。什么是民族文化呢？怎样把民族文化和无产阶级文化结合起来呢？难道列宁不是在战争以前就说过我们这里有两种文化——资产阶级文化和社会主义文化，并且说民族文化这个口号是力图用民族主义毒素来毒化劳动者意识的资产阶级的反动口号吗？……我们在建设无产阶级文化。这是完全对的。但是社会主义内容的无产阶级文化，在卷入社会主义建设的各个不同的民族当中，依照不同的语言、生活方式等等，而采取各种不同的表现形式和方法，这同样也是对的。内容是无产阶级的，形式是民族的，——这就是社会主义所要达到的全人类的文化。无产阶级文化并不取消民族文化，而是赋予它内容。相反，民族文化也不取消无产阶级文化，而是赋予它形式。当资产阶级执政的时候,当各民族在资本主义制度保护下巩固起来的时候,民族文化这个口号是资产阶级的口号。当无产阶级执政的时候,当各民族在苏维埃政权保护下巩固起来的时候,民族文化这个口号就成了无产阶级的口号。谁不了解这两种不同情况的原则性的差别,谁就永远不会了解列宁主义,也永远不会了解民族问题的实质。"① 首先应当明确的是,斯大林使用的"文化"概念有时是指广义的文化范畴,即意识形态的全部内容;有时又偏重于文学艺术所反映的社会意识形态内容,带有狭义文化范畴的色彩。斯大林的文化思想与其政治思想紧密相连,他评判文化现象特别突出了政治标准,因此他的审美原则是以社会美为基础而确立起来的。他认为,新的社会制度决定了意识形态的新内容,民族语言、表达手段是这种新内容的外在形式。

一 社会主义的内容

不论是一部具体的文学艺术作品,还是复杂的社会主义现象,在斯大林的审美标准面前,思想内容是否正确最为重要。他提出:"如果在文艺界运用阶级方面的概念甚至'苏维埃的'、'反苏维埃的'、'革命的'、'反革命的'等等概念,那是最正确的。"② 尽管他不同意把"右倾"或"左倾"这些党内判断是非的概念应用于文学艺术等"非党的和无比广阔的领域",但是,对

---

① 《斯大林全集》,第7卷,第117页。
② 《斯大林全集》,第11卷,第280页。

文艺评判的头等标准仍然是政治的、阶级的,即苏维埃的(革命的)或反苏维埃的(反革命的)。

那么,他衡量革命与反革命的标准是什么呢?

第一,从对待劳动群众的态度上去判断。"资产阶级统治时期的民族文化的口号就是要一切民族的劳动群众在精神上服从资产阶级的领导,服从资产阶级的统治,服从资产阶级的专政。"反之,"在苏维埃基础上发展苏联各民族的民族文化的口号……就是……要使苏联各民族中民族文化的发展符合于社会主义的利益和要求,符合于无产阶级专政的利益和要求,符合于苏联一切民族劳动人民的利益和要求"①。

第二,从对待战争的态度上去判断。斯大林在给高尔基的一封信里指出:"我们所需要的是这样的小说,它们能够把读者从注意帝国主义战争的惨祸引导到了解必须打倒组织这种战争的帝国主义政府。此外,要知道我们不是反对一切战争。我们是反对帝国主义战争,因为它是反革命的战争,但是我们拥护解放的、反帝国主义的、革命的战争,虽然大家知道这种战争不仅没有免于'流血的惨祸',甚至充满了这种惨祸。"②

第三,从对待苏联的历史和现实的态度上去判断。别德内依是苏联国内战争年代一位热情而积极的诗人。1930年,他在《真理报》上发表了三篇诗体讽刺小品文,对苏联现实中民族劣根性

---

① 《斯大林全集》,第10卷,第63—64页。
② 《斯大林选集》下卷,第236页。

的各种表现,例如好吃懒做、喜欢吹牛等等,不加分析地进行了揭露和嘲讽。为此,斯大林写信批评了他。斯大林指出:"你的错误的实质就在于:对苏联生活缺点的批评,你最初运用得很准确很巧妙的这个必要的……批评……开始发展为对苏联的诽谤,对苏联过去和对苏联现在的诽谤。"①在斯大林看来,"世界各国的革命工人都一致向苏联工人阶级,首先向苏联工人的先锋队——俄罗斯工人阶级欢呼,把它当作自己公认的领袖,因为它实行着其他各国无产者曾经梦想实行的最革命最积极的政策。……这一切都使俄罗斯工人心里产生(不能不产生!)革命的民族自豪感,这种自豪感能够移山倒海,能够创造奇迹"②。可是别德内依没有看到这一点,结果,他的小品文在斯大林眼里成了"对苏联的侮辱,对苏联无产阶级的侮辱,对俄罗斯无产阶级的侮辱"③。

第四,从对待社会主义建设的态度上去判断。首先,积极进步的文学艺术要"以社会主义精神教育劳动者"④。组织群众为社会主义而斗争。其次,要动员他们去完成社会主义建设的新任务。再次,要传播社会主义建设所提倡和鼓励的竞赛思想,并且应"以竞赛的精神感染读者"⑤。

以上四个方面就是斯大林审美判断的政治原则。

---

① 《斯大林全集》,第13卷,第24页。
② 《斯大林全集》,第13卷,第24—25页。
③ 《斯大林全集》,第13卷,第25页。
④ 见1935年1月11日《真理报》斯大林:《致苏联电影管理总局舒米亚茨基同志》。
⑤ 参见《斯大林全集》,第12卷,第102页。

二 民族的形式

苏联是一个多民族的国家，具有多姿多彩的民族文化。无产阶级革命中的"左"倾分子倡导建立"全人类的文化"，即要消灭民族文化；创立所谓全人类统一的语言，取消各种民族语言。针对这种错误思想，斯大林指出："人们（例如考茨基）谈论在社会主义时期随着一切语言的消亡而形成的统一的全人类的语言。我不大相信这个无所不包的统一语言的理论。无论如何，经验不是证实而是推翻了这种理论。直到现在，情形是这样的：社会主义革命并没有减少而是增加了语言的数目，因为它震动了人类的最下层，把他们推上政治舞台……如果谈到各民族参加发展无产阶级文化，那么这种参加一定会采取符合这些民族的语言和生活方式的形式。"①

超越民族属性的集团和个体是不存在的，超越民族语言等特定表现形式的审美对象也是不存在的。社会主义革命调动和挖掘出了各民族成员的精神潜能，以丰富的艺术手段来表现社会主义的思想内容，这是审美判断依据的客观标准。因为允许并鼓励每个民族以自己特有的形式和独特的个性融入社会主义文化洪流，是壮大社会主义文化的出发点和党的基本政策。

时代的更替带来的文化内容的变化，仍然需要通过特定的形式来加以体现。民族心理较为恒定的特点决定了民族语言等文

---

① 《斯大林全集》，第 7 卷，第 117—118 页。

化形式的相对稳定。因而,"民族一定会消失而融合成一个有共同语言的统一民族"的提法是非历史主义的。即使"无产阶级专政在全世界范围内获得胜利以后","民族差别和国家差别还会存在很久"。斯大林指出:"全人类的无产阶级文化不是排斥各民族的民族文化,而是以民族文化为前提并且滋养民族文化,正像各民族的民族文化不是取消而是充实和丰富全人类的无产阶级文化一样。"① 就是说,二者的关系既是民族文化的个性与无产阶级全人类文化的共性的辩证关系,又是无产阶级文化的个性与民族整体文化的共性的辩证关系。任何阶级的文化内容都是以特定的民族形式来表达的,对于民族形式的重视以及正确处理社会主义内容与民族形式的对立统一关系是促进无产阶级文化发展的根本保证。对此,斯大林的理论是充分而求实的。

三 "内容是无产阶级的,形式是民族的"

无产阶级革命要把不占有生产资料的劳动阶级从出卖劳动力的被剥削地位上解放出来,使之成为时代的主人。然而,几千年的私有制文化积淀,使文化变革十分困难。不论是文学艺术还是科学教育,要真正实现无产阶级思想为统帅,必须经过长期艰苦的斗争。

从社会美的角度分析,斯大林对于理想化的社会主义文化的原则性规定,是以社会主义制度的政治需要为出发点的。巩固

---

① 《斯大林全集》,第7卷,第119页。

十月革命胜利成果，加强无产阶级专政成为新文化发展的最高目标。斯大林把社会主义文化建设中内容与形式的对立统一关系确立为审美原则的方法论依据。

衡量社会主义文化的标准不能脱离内容决定形式的一般规律。无产阶级的思想内容是社会主义文化必须反映的根本。但是，忽视或轻视民族形式也会给社会主义文化建设带来消极的影响。斯大林强调民族形式对于无产阶级内容的重要性，他看到了形式不仅具有相对的独立性，而且可以积极地影响内容。其一，无产阶级文化是否能被苏维埃各民族的人民所接受，就要首先看看这种文化中是否具有了鲜明的民族形式。其二，通过民族的形式，无产阶级思想才能真正深入到民族的群众之中，并在其中生根。排斥民族形式，势必造成无产阶级思想与各民族，尤其是少数民族群众的情感隔膜，对于发展全人类的无产阶级文化带来巨大的危害。因而，在确立了社会主义文化只能表达无产阶级的思想内容的前提下，斯大林格外论证了民族形式在社会主义文化建设中的积极作用：它不仅在当时特定的历史时期内具有迫切的实践意义，而且因其既合目的又合规律，也是一种经得住历史检验的客观真理。

第二节　政治原则与文化价值

斯大林是一位政治家，是政权的掌握者。他的价值观念以特定的感情意志为基础，从现实性内容中去把握发展前景。政治原则是他考察各种文化现象所依据的判断标准。

一 "价值"的文化意义

在斯大林的书信和论著中,"价值"一词的运用频率较高。他所谓的价值,主要指文化价值而非经济价值。

在《致费里克斯·康同志》的信里有这样的话:"难道这本小册子的价值是由个别细节而不是由它的总的倾向决定的吗?"紧接着又有"米库林娜同志的小册子的价值在什么地方呢?在于它传播了竞赛的思想,以竞赛的精神感染了读者"[①]。

在《给阿·马·高尔基的信》里他又指出:"至于描写战争的小说,那必须严加选择之后再出版。在书籍市场上出现了许多描写战争'惨祸'、引起对一切战争(不仅对帝国主义战争,而且也对其他一切战争)反感的文艺小说。这是没有多大价值的资产阶级和平主义的小说。"[②]

在《给别泽缅斯基同志的信》里他又说:"《射击》和《我们生活的一天》我都读过了。……它们的基本思想在于尖锐地提出了我们机关的缺点问题,并且深信这些缺点能够改正。……它们的主要价值也就在这里。这个价值大大地盖过了而且深深地淹没了它们那些很小的、在我看来是正在消失的缺点。"[③]

在为米库林娜的小册子《群众的竞赛》所作的序中,斯大林

---

① 《斯大林全集》,第 12 卷,第 101—102 页。
② 《斯大林选集》下卷,第 236 页。
③ 《斯大林全集》,第 12 卷,第 175—176 页。

说:"我认为叶·米库林娜同志的小册子是根据竞赛的实际材料来连贯地叙述竞赛是劳动群众自己的事情的初次尝试。这本小册子的价值在于它朴素而真实地叙述了构成社会主义竞赛内部动力的那些伟大劳动高潮的深刻过程。"①

不论是小说、诗歌(《我们生活的一天》)、剧本(《射击》),还是非文学类的通讯报道,在新生的社会主义国家里,其文化价值都愈来愈有力地表现出来。斯大林充分认识到这一点,因而他所谓"价值",一是指在历史回顾中表现出来的意向性所造成的社会影响;二是指在现实评判中流露出来的理想追求在社会上的思想导向。战争,对于30年代的苏联人民已经暂时成为历史。如何认识正义战争与非正义战争的区别,如何引导人民自觉自愿地投入正义战争、以鲜血和生命去消灭非正义战争,新生的苏维埃政权必须随时准备着。文学作品的思想导向是十分重要的。在给高尔基信中所说的"价值",与给费里克斯·康信中所说的"价值"意思相同,即指文学或新闻所具有的社会教育意义。前者,斯大林认为,历史回顾中否定一切战争的"资产阶级和平主义"是没有价值的;后者,他则肯定了现实评判中鼓励社会主义劳动竞赛的思想倾向是有价值的。其实质差别在于是否教导人民拥护布尔什维克领导的革命斗争和社会主义建设,而作品的"价值"也就是它的社会教育意义。

在给别泽缅斯基的信和《群众的竞赛》的序言中,"价值"

---

① 《斯大林全集》,第12卷,第100页。

则是认识意义的同义语。它启发执政者正视自身的缺点，也启示劳动者正视自己作为社会主人的创造性潜力。在启迪社会的同时，必须揭示出事物发展的必然前景。如"深信这些缺点是能够改正的"，"社会主义竞赛的内部动力"是劳动群众的彻底觉悟，这种觉悟具有远大的发展潜能。认识客观现实性，认识现实性中蕴含着的未来的可能性，是斯大林"价值"观的又一重要含义。

文化，是人类创造的一切文明的总和。它内涵宽泛，包括物质文化、社会文化（集体交往文化）和精神文化。三者相互渗透，又相互区别。在斯大林审美判断的思想观念中，"价值"显然介乎社会文化——在交流中实施教育——和精神文化——意识形态的建构二者之间，是对文学艺术、教育活动等社会实践的原则规定，既制约着从创造到传播的全过程，又制约着从接受到掌握研究、指导行为的全过程。

二 "价值"在政治领域中的内涵

社会美的审美判断离不开功利主义，艺术美的审美价值的标定同样离不开功利主义。斯大林的价值观是以政治原则为前提来衡量对象的，因而表现出政治选择的单一性，从而也就程度不同地淡化了道德观、宗教观等其他意识形态。他的"价值"在政治领域内的含义并不复杂。概括地讲，一是以有益于无产阶级专政还是有损于无产阶级专政为标准，二是以拥护布尔什维克的领导还是反对布尔什维克的领导为标准。所以在斯大林潜在的审美意识中，作品的审美价值与政治的实用价值是一致的，审美价值的核心应当是政治原则，是毫不隐晦的功利主义的需要。

斯大林是夺取政权、巩固政权的无产阶级政治家。这种特定的历史地位造就了他特有的精神世界，使之在尊重马克思主义原理的基础上，更多的是从政权需要出发去建构国家意识形态的大厦，其价值观——审美价值观自然不能例外。同时，它的局限性也十分明显，容易造成观念停滞、思想保守的定势，这给简单化、概念化、公式化等留下了可乘之隙。

第二章

审美判断与马克思主义哲学原则

在一些美学的基本问题上，斯大林尽力遵循马克思主义原理，作出了自己的解释。譬如，在怎样划分语言在社会形态中的属性的问题方面；在怎样辩证地、全面地分析文学（广及文化）现象及其产生的根源方面；在建设全苏各民族共同的无产阶级文化与民族文化传统的关系方面，他都依照马克思主义哲学的基本原则，结合苏联革命和建设的实践经验，得出了当时历史条件下所能得出的许多正确的结论。

第一节 语言性质的辩证法

语言（主要指文学语言或艺术语言）是审美意识的物质外壳。

应当如何认识语言的本质属性？这是直接影响到审美判断的一个重要问题。斯大林著名的《马克思主义和语言学问题》一书有力地回答了语言学界聚讼纷纭的各种问题，体现了马克思主义辩证唯物论的思想原则，对语言艺术的创作与欣赏，对一切审美活动都有重要的指导意义。

一 语言与思维的关系

在语言与思维的关系上，有两种偏激的观点：或者认为语言与思维可以分割开来，把语言当成一种独立自在的东西，抹杀语言记载并巩固思维活动的事实；或者认为语言即是上层建筑，等同于政治观念、法律观念等诸种意识形态，并伴随着经济基础的变化而发生根本性改变。斯大林从马克思主义哲学原则出发，有力地驳斥了这两种错误认识，对语言与思维二者之间的辩证关系，提出了许多正确的见解。

首先，他提出语言不能与思维割裂开来。原因是：语言是思维的"自然物质"，语言的内容和结构方式决定于思维方式；通过语言，思维又获得了特定的表述形式。语言，一定是表述某种思维的符号；而思维，也一般是借助内在语言（念头）才能进行正常的心理活动的。语言受思维的制约，而思维又用语言来表现。对此，他从时代性与民族性两个角度给予了有力的论证。

"由于产生了新的社会主义生产，由于出现了一种新的国家、新的社会主义的文化、新的社会观点、新的道德，以及由于技术和科学的发展，增加了一大批新的词语；有许多词语获得了新的含义而改变了意思；若干陈旧的词从词汇中消失了。"[①] 时代造就

---

① 《斯大林选集》下卷，第 502 页。

了新的思维方式特点和思维内容，新的思维内容为新鲜语言的出现开辟了道路，奠定了基础。没有新时代培育的新思想，新鲜语言也无从产生。反之，新鲜语言又固定并充分表达了新思想的成果。

民族语言的相对稳定性是由其民族固有的心理素质和思维方式所决定的。"历史表明，民族语言不是阶级的，而是全民性的，对每个民族的成员是共同的、对整个民族是统一的。"[①] 民族中的不同阶级固然具有不同的政治倾向、不同的道德标准，但由于民族共同的文化传统和心理积淀，其传统思维方式的特点是不会由阶级差异所分化或代替的。因而，各个民族语之所以能够顽强地发展下去，首先是与其特殊的生存环境和思维方式特点密不可分的。

同时，斯大林还提出，语言不能等同于一般意识形态，不能与经济基础之上的上层建筑画等号，这是他的语言理论的核心问题，为此在本书中进行了专门的论述。

二　语言与上层建筑的关系

语言，是审美对象的内容因素还是形式因素？这是影响到审美判断的重要问题之一。如果依据马克思主义原理来确定了语言在社会形态中的属性，那么也就在实际上解答了语言究竟是内容还是形式这一美学问题。当有人请教：语言是基础上的上层建

---

① 《斯大林选集》下卷，第507页。

筑，对吗？斯大林见解明快、语言干脆地回答说："不对！不正确。"理由是什么呢？斯大林作了详尽的解释。

"基础是社会发展在其一定发展阶段上的经济制度。上层建筑是社会的政治、法律、宗教、艺术、哲学的观点，以及同这些观点相适应的政治、法律等设施。

任何基础都有同它相适应的自己的上层建筑。……如果基础发生变化和被消灭，那么它的上层建筑也就会随着发生变化和被消灭。如果产生新的基础，那么就会随着产生同它相适应的上层建筑。"[1]

基本原则明确之后，斯大林从四个方面论证了语言与上层建筑的区别：

第一个区别是：上层建筑随着经济基础的变更而逐步变更，而语言"基本上"还是同"以前一样"的。

第二个区别是：上层建筑由经济基础决定，又"积极促进自己基础的形成和巩固，采取一切办法帮助新制度去根除和消灭旧基础和旧阶级"[2]。语言则不同，"作为人们交际工具的语言的服务作用，不是为一个阶级服务，损害另一些阶级，而是一视同仁地为整个社会、为社会各阶级服务"[3]。

第三个区别是："上层建筑是某个经济基础存在和活动的那一个时代的产物。因此上层建筑的生命是不长久的，它是随着这

---

[1]《斯大林选集》下卷，第501—502页。
[2]《斯大林选集》下卷，第502页。
[3]《斯大林选集》下卷，第503页。

个基础的消灭而消灭……而语言则相反,它是若干时代的产物,在这些时代中,它形成起来、丰富起来、发展起来、精炼起来。所以语言比任何基础、任何上层建筑都生存得长久得多。"①

第四个区别是:"上层建筑同生产、同人的生产活动没有直接关系",其"活动的范围是狭窄的和有限的"。"而语言则相反,它是同人的生产活动直接联系的,不仅同生产活动,而且同人的工作的一切领域(从生产到基础、从基础到上层建筑)中的任何活动都有直接联系",其"活动范围包括人的活动的各个领域,它比上层建筑的活动范围要广泛得多、方面也多得多,不仅如此,它的活动范围几乎是无限的"②。

语言,是审美对象的形式因素,与所表现的思想内容即各种观念(意识)形态的关系是相辅相成、对立统一的。尽管没有语言,人类的意识形态便无以准确而全面地得以传达,但语言只是思想观念的"自然物质"外壳。斯大林的这一理论观点是符合实际的,能够经得起历史的考验。

第二节　文艺评论的方法论

文艺评论的尺度即艺术美的审美标准,是以特定的方法论为指导原则来确定的。斯大林评论作品的方法论原则是:整体把

---

① 《斯大林选集》下卷,第504页。
② 《斯大林选集》下卷,第505—506页。

握、具体分析，以发展的眼光看待文艺现象。

一 看作品的"总倾向"

一部文学作品，本身就是一个矛盾的统一体：时代特点与民族传统的矛盾；主观目的性与客观规律性的矛盾；内容与形式的矛盾等等。在苏维埃政权逐步巩固的历史阶段，如何对待某些作品中的真实性与倾向性的矛盾呢？斯大林明确提出要看其"总倾向"。

任何文学作品中都必然带有作者自己的主观因素或审美评价，即肯定什么否定什么，或夸大什么淡化什么。出于对劳动群众建设社会主义热情的由衷的赞赏，"文坛上无名的人"米库林娜写了一本小册子《群众的竞赛》，其中有些细节是不真实的。一位叫鲁索娃的人在评论中建议禁止出售这本小册子。对此，斯大林十分愤慨，指出："难道这本小册子的价值是由个别细节而不是由它的总的倾向决定的吗？……如果我的序言给她这本实质上很平常的小册子造成了过高的评价，那么这不是米库林娜同志的过错。决不能因此以禁止出售这本小册子来惩罚小册子的作者以及它的读者。禁止出售的只能是非苏维埃倾向的作品，反党反无产阶级的作品。米库林娜同志的小册子里没有任何反党的和非苏维埃的东西。"[①]

什么是作品的"总倾向"呢？斯大林在这里揭示得十分清

[①] 《斯大林全集》，第12卷，第101—102页。

楚，即拥护苏维埃的无产阶级政权。只要抓住了这一根本，其他的细节都可以放到第二位。在倾向性与真实性相对立的时候，只要倾向性不是"反党反无产阶级"的，即使真实性在细节方面有些不足，也属于"白璧微瑕"，是可以理解的。因为在矛盾冲突中，主要矛盾方面制约着矛盾性质，主导着矛盾的发展方向，这是唯物辩证法的一条根本原则。

在同一篇文章中，斯大林又举例说："当代名作家肖洛霍夫同志在他的《静静的顿河》中写了一些极为错误的东西，对塞尔佐夫、波德焦尔柯夫、克利沃什吕柯夫等人物作了简直是不确实的介绍，但是难道由此应当得出结论说《静静的顿河》是一本毫无用处的书，应该禁止出售吗？"① 矛盾的对立面互相依存、互相贯通是辩证法的一条普遍规律，在文学创作中也不例外。《静静的顿河》尽管有上述缺陷，但毕竟只是矛盾的一个方面。作者以"广阔的视野、可贵的政治胆识、广泛而真实地再现了十月革命这个历史上巨大变动的艰难曲折的全过程"，立足于哥萨克一个民族对革命与叛乱、真理与偏见、红军与白军的根本选择，充分地揭示出了"阶级斗争的复杂、尖锐、残酷及其悲剧意义"。在这个过程中，作者的世界观的矛盾表现得十分突出。民族的偏见、生活的局限，使他难以完全按照布尔什维克党的政治要求去写作；而作家的良心、革命者的觉悟又使他必定要"反映出旧制度的没落灭亡、新制度的诞生巩固都是不可避免的"这一真理，

---

① 《斯大林全集》，第12卷，第101页。

哥萨克最终一定会转变到苏维埃政权方面来，这是历史发展的必然结果。权衡利弊，斯大林明确指出《静静的顿河》这本书的总倾向不是"毫无用处的"，因而不应"禁止出售"。

没有杂质的纯而又纯的文学作品是不存在的。要客观地、科学地进行审美判断，必须抓住主要矛盾的主要矛盾方面，以作品的"总倾向"为主，进行具体分析。这就是斯大林把马克思主义方法论运用于审美评价的一个重要的观点。

二 不能用"不变的结论和公式"评价作家作品

马克思主义的辩证法认为，一切事物都处于发展变化之中，一成不变的事物是没有的。审美对象相对客观的变化，必然引起审美标准相应的变化。如果说看作品的"总倾向"是从审美客体的角度来立论的，那么斯大林进一步提出不能用"不变的结论和公式"去评判客体，则是从审美主体的角度，从发展的观点来提出问题的。

在《马克思主义和语言学问题》一书中，斯大林指出："马克思主义不承认绝对适应于一切时代和时期的不变的结论和公式。马克思主义是一切教条主义的敌人。"[①] 对文学艺术来说，审美判断标准也应当随着时代的变化而变化，否则将走入教条主义的误区。

杰米扬·别德内依是一位热衷于批判民族劣根性的作家。在

---

① 《斯大林选集》下卷，第538页。

十月革命之前,这种不讲情面的揭露批判有其积极的意义。然而经过无产阶级革命的洗礼,在苏维埃政权下的俄罗斯人民的心理素质、精神面貌都已发生了根本的变化。若再以旧时代不变的标准来评判俄罗斯民族,醉心于揭发阴暗面而看不到光明,这显然是一种"一叶障目"的极端的片面性。斯大林毫不留情地批评说:"现在全世界都承认,革命运动的中心已经从西欧移到俄国来了。……你不去理解革命历史上这个最伟大的过程,不把自己提高到能够担负起先进无产阶级的歌手的任务,反而……向全世界宣布:过去的俄罗斯是装满了丑恶和颓废的瓶子;现在的俄罗斯是十足的'比里尔瓦';'懒惰'和渴望'坐在热炕头上'几乎是一切俄罗斯人的民族特点,因此也是完成过十月革命的、当然仍旧是俄罗斯人的俄罗斯工人的民族特点。"① 他又引述列宁的教导,指出正是革命带来的民族意识的变化鲜明地标志着民族的进步与发展:"也许你这位'有学问的人'不会拒绝听听下面这段列宁的话吧:'我们满怀民族自豪感,因为大俄罗斯民族也造就了革命阶级,也证明了它能给人类提供为自由和为社会主义而斗争的伟大榜样,而不只是大暴行,大批的绞架和刑讯室,普遍的饥荒以及对神父、沙皇、地主和资本家十足的奴颜婢膝'。"② 从民族的自卑到民族的自豪这一质的飞跃,其深刻的社会根源就是无产阶级革命的兴起和不断深入:"大俄罗斯人的民族自豪感(不

---

① 《斯大林全集》,第13卷,第24—25页。
② 参见《斯大林全集》,第13卷,第25—26页,并见《列宁选集》第3版第2卷,第450页。

是奴才心目中的那种自豪感）的利益是同大俄罗斯（以及其他一切民族）无产者的社会主义利益一致的。"①

适用于一切民族、一切时代的审美标准是不存在的，它只能是教条主义的同义语。尽管斯大林的晚年也犯过严重的教条主义错误，但是他依据辩证唯物论倡导的不能用"不变的结论和公式"去判断一切审美对象的思想，却是一条颠扑不破的真理。

---

① 参见《斯大林全集》，第13卷，第26—27页，并见《列宁选集》第3版第2卷，第453页。

二 高尔基的美学思想

高尔基,原名阿列克谢·彼什科夫(1868—1936),马克西姆·高尔基是他在1892年发表第一篇文学作品时为自己选择的笔名,意为"痛苦的",考察高尔基的美学思想不难发现,其精神逻辑的起点就是"痛苦"。

马克思主义美学的精髓昭于世人的是:美的本质存在于人(主体)与社会和自然(客体)之间既对立斗争又和谐统一的关系之中。高尔基的美学思想因此可以划分为三个发展阶段:其一,底层生活的艰辛使年轻的高尔基充分体味到人与社会的尖锐冲突,这一阶段(1892—1900)在他的论文及文学创作中体现了探索人生意义的美学倾向。其二,经历了革命斗争锻炼的中年高尔基,是一位理想主义者,他并不幻想客观世界服从于人的主观世界,却执着地赞美了征服客观世界的正义斗争与奉献精神。这一阶段(1901—1917)他高度肯定不向黑暗势力妥协的坚强意志,在斗争中创造主客体的和谐,是高尔基美学的主要品格。其三,逐渐完整成熟起来的世界观、人生观、价值观和文学观直接影响了步入晚年的高尔基的美学思想:实践主体与实践对象由对立而进入和谐的多重复杂的过程，诞生了人类独有的审美经验。这一阶段（1918—1936）是高尔基美学思想体系最后形成的重要时期。

高尔基首先是一位伟大的作家。他的美学思想浸透在他的每个时期的创作中。研究他的美学贡献，仅仅以理论形态为依据是远远不够的。有着创作主体和欣赏主体双重身份的高尔基，审美体验深刻而丰富，他的美学思想是对审美创作实践和社会斗争实践的总结，因而价值独特。

综合考察高尔基世界观的发展过程，其中充分体现了辩证法否定之否定的规律。他心灵中根深蒂固的人道主义思想像一条红线，鲜明地贯穿于他的理性与情感之中。朴素唯物主义思想使他把研究的目标一贯确定在人类社会的各个方面，辩证唯物主义思想又引导他在变化和发展中寻找社会进步的积极力量。当然，客观唯心主义也曾一度使他陷入"造神说"的困境，主要是列宁帮助他回到了辩证唯物论的正确立场上来。

高尔基的美学思想博大精深，丰富多彩。我们对于他的了解和认识很有限，对于他的美学思想的介绍和评价也必然很有限。尽管这条思想的大河波涛汹涌、异彩纷呈，其主导趋势却一直没有变，这就是通过人（主体）与社会和自然（客体）的各种矛盾去探索美的本质、美的特点，总结对美的感悟，完成对美的创造。

第一章

高尔基早期的美学思想

高尔基的美学思想发端于文学创作。1892年处女作《马卡尔·楚德拉》问世时，高尔基还不是一位马克思主义者。滋养了他美学思想胚胎的是古老的俄罗斯民间文化，强盛的俄罗斯文人文化，还有他被奴役、被压迫的经历与痛苦。革命民主主义者的思想影响，则启发着他矢志不移地思考并探寻俄国人民大众的命运和被压迫者的出路。

第一节 同生存意识联系在一起的美学命题

20世纪之前，经历了艰难人生、跋涉过青春悲观主义泥沼的高尔基，终于摆脱了自杀前后剧烈的精神痛苦和肉体痛苦，开始多角度、多侧面、多层次地去认识人与生存环境的关系，去把握人的本质与人生的意义。这种自觉而顽强的探索精神坚实地奠定了高尔基早期美学命题的思想基础。

一 美的本质

显而易见,对于美的本质的认识是以人的本质为前提的。因为,离开了关照审美对象的主体(人),世上则无美丑可言。

高尔基是用"人为什么活着"为切入点去钻研人的本质的。在他早期的一系列作品和论文里集中地探讨了这个问题。作者先陈列出人生实际的生存状况,进而剖析了造成这种生存状况的客观原因和主观原因,然后再提出人类应当怎样活着的构想,并对这种构想的虚幻性与合理性进行了艰苦的探索。层层剥笋,渐次贴近人的本质——美的本质这一核心命题。

作者以亲自观察到的社会问题的客观性,结合切身体验的主观性,对人生的实际状况作了并非积极的描述:"谁能够说出自己为什么活着?没有一个人说得出来。"[①]"命运之手把您插在哪儿,您就杵在哪儿好了!"[②]"命运使你充满了无数随时都会发生的威胁和危险,甚至连我理智的慧眼也无法预测命运的打击……"[③]人生若被看作是被动的存在,盲目、无奈便会充斥着人生。当作者对其根源进行终极性哲学思考的时候,他认为答案就在客观实际之中:1.先天遗传给人类的劣根性和心理、生理方面的基因是不以人的意志为转移的客观存在。人,不能选择生命。2.后天强加给人类的生存环境以及人与环境之间的尖锐对立

---

① 《高尔基文集》,第1卷,人民文学出版社,1981年版,第3页。
② 《高尔基文集》,第1卷,人民文学出版社,1981年版,第73页。
③ 《高尔基文集》,第1卷,人民文学出版社,1981年版,第78页。

和矛盾，也是不以人的意志为转移的客观存在。人，也不能选择环境。尽管高尔基清楚地认识到这两方面原因是规律使然，他却没有丧失探索和奋斗的信心。为此，他提出"抗拒"和"追求"。小玛娅为了爱情抗拒了家族的规矩[①]，杜尼卡为了人格抗拒了命运的规定[②]。一位诗人"要教会人们只期望一种幸福——为自己的思想和行为的纯洁与伟大而尊重自己的那种幸福"[③]。一位流浪汉引导一个年轻的农民摆脱下贱和贪婪，去追求精神上的独立和自由。[④] 那么，抗拒与追求是否能够成就有意义的人生呢？高尔基从社会发展的客观规律中又看到了环境的残酷性。小玛娅在初尝爱情之后竟对自己的抗拒行为产生了怀疑："幸福只不过是一种期待。"杜尼卡在拯救自己人格的同时，让生命与妓院在大火中同归于尽。那位懂得追求的诗人，终于一行诗都没有写出来就结束了生命，而那位流浪汉能够做的，也只是帮助青年农民走出贫穷，却不能重新铸造他的灵魂。……环境钳制着生命，生命抗拒着环境，二者对抗的绝对性在高尔基的人生意识中占据了主导地位。

高尔基始终没有放弃探索。在寻找"人类究竟应当怎样活着"的途径时，他站得更高，挖掘得更深，使其立论达到了具有超越特定时空容量的文化高度。（直到1969年，苏联还在推出根

[①] 《高尔基文集》，第1卷，人民文学出版社，1981年版，第52页。
[②] 《高尔基文集》，第1卷，人民文学出版社，1981年版，第289页。
[③] 《高尔基文集》，第1卷，人民文学出版社，1981年版，第293页。
[④] 《高尔基文集》，第1卷，人民文学出版社，1981年版，第363页。

据《马卡尔·楚德拉》改编的故事片《浪迹天涯》就是例证。)

以人类进化的百万年历史与人类理性化文明的五千年历史相比较,沉积于人类心理遗传之中的动物本性十分强悍。求生存,是人的本能。用生命原初状态的强大力量反抗人类社会不合理的"文明",是高尔基生存意识的必然性结论,即凭借反人类理性常规的"野性"逻辑来塑造理想化的有价值的人生。"世界上再没有比辽阔草原上的雷雨和海洋上的风暴更为有力、更加可怕的现象了",年轻的牧人却"坚定地站在草原中间,听凭狂风暴雨拍打着他的胸膛……他含笑望着乌云,欣赏着它那阴森的美和力"[1]。这里可以看到与大自然浑然为一的野性的宣泄、粗犷奔放的应战豪情、享受暴虐就是征服暴虐的生命的辩证。青年牧人带着原始蒙昧与非文明驯化的自虐和狂放,以自在的能征服客观世界的粗悍与放任直逼"雷雨",这是个特定的象征。作者有意选用这样的标题《小仙女与青年牧人——瓦拉几亚童话》,以淡化人类文化的具体性。对于生活的庸俗和恐惧的残酷,少年时的高尔基就有过深深的体验。报复邪恶的人类理性文明,他采用了"疯狂的淘气行为",目的只是"因为我希望感觉自己是个活生生的人"[2],因为"找不到其他方法来证明这一点"[3]。这种生存意识

---

[1] 《高尔基文集》,第1卷,人民文学出版社,1981年版,第57—58页。
[2] 高尔基:《论文学》,孟昌、曹葆华、戈宝权译,人民文学出版社,1978年版,第174页。
[3] 高尔基:《论文学》,孟昌、曹葆华、戈宝权译,人民文学出版社,1978年版,第174页。

的自然显现深化了高尔基对人的本质的认识：当人类自觉的目的性在客观世界里被击得粉碎的时候，人类就会以反人类理性文明的生命野性逻辑来塑造自为的人性。

人的本质是与人应当怎样活着的结论相一致的。人的本质是在制造劳动工具、使用劳动工具的过程中求得生存。而人类应有的生存方式是：自由的、有意识的活动得以实现。恣意的生命野性不能达到这个层次，日渐成熟起来的文学家高尔基，在人的本质与美的本质之间找到了一个合理的过渡，即生存的"自由"状态。自由，在人的生命中是双向的选择。或者是自觉地选择合乎客观规律的目的性，或者是自然地顺应客观规律以实现无目的的目的性。高尔基"自由"的美学命题显然是前一种选择。他概括了两种自由：一是不合规律的虚幻化的自由，一是合乎规律的理想化的自由。前者凌驾于生命过程之上，是一种寓言式的符号。作者把爱情与自由截然对立起来："自由之歌和爱情之歌是不协调的"[①]，"只有无所爱恋的心灵才是自由自在的"[②]，"你跟她亲过嘴之后，你心里的自由就死掉了"[③]。爱情是人类生存、繁衍的必然过程。从客观世界的发展规律来看，爱情与自由生命的一致是人类作为自然界物种的必然性。然而，高尔基却发现了这一过程中主体（相爱的一方）与客体（相爱的另一方）之间实践关系的不和谐性，原因是他把人的生存习惯与人格的尊严推到了绝对化

---

① 《高尔基文集》，第 1 卷，人民文学出版社，1981 年版，第 55 页。
② 《高尔基文集》，第 1 卷，人民文学出版社，1981 年版，第 49 页。
③ 《高尔基文集》，第 1 卷，人民文学出版社，1981 年版，第 4 页。

的地步,"自由",只能是一种幻想,是不能实现的选择。

高尔基概括的后一种"自由"是超越社会现实存在的一种理想,从心灵的主观臆想进入到具体的生存环境,再经由生存环境的磨炼而升华为一种理想。高尔基提出:生活中最主要的"就是自由!"自由的全部含义是"自己做自己的主人,你爱去哪儿就去哪儿,爱干啥就干啥"①。他认为要实现这种自由,需要几个前提条件:第一,必须是"不平常的人"。"他们不平常的地方就在于他们这些'脱离劳动阶级的人'——脱离了本阶级而被自己的阶级所抛弃的人,——已经丧失了他们的阶级面貌的最突出的特征。"②他们"不贪心,不互相倾轧,也不积蓄金钱……不对生活发牢骚"③。他们之间"和睦地相处",有着"同志般地互相帮助的感情"④。第二,必须是"一个世界上不需要的人"。需要是相互的。一个人不会为了金钱"发疯""折磨自己""出卖自己"⑤的时候,就超越了私有者的褊狭、嫉妒、贪婪和残酷。他不需要倾轧和被倾轧构成的世界,这个世界自然就不需要他。因而,这就是无产阶级革命斗争所拥有的丰厚的社会基础。高尔基心目中

---

① 《高尔基文集》,第1卷,人民文学出版社,1981年版,第334页。
② 高尔基:《论文学》,孟昌、曹葆华、戈宝权译,人民文学出版社,1978年版,第195页。
③ 高尔基:《论文学》,孟昌、曹葆华、戈宝权译,人民文学出版社,1978年版,第196—197页。
④ 高尔基:《论文学》,孟昌、曹葆华、戈宝权译,人民文学出版社,1978年版,第196页。
⑤ 《高尔基文集》,第1卷,人民文学出版社,1981年版,第363页。

强盗化的流浪汉,就是世界不需要的不平常的人。革命民主主义战士柯罗连科在读了高尔基的小说《切尔卡什》之后说:"您是个现实主义者啊!"又马上补充说,"同时,您还是个浪漫主义者!"[①]这表现出柯罗连科对理想主义的"自由"的肯定或认同。

令人遗憾的是,这一时期的高尔基在考察人的本质时,没有也不可能对"人"是"一切社会关系的总和"[②]进行充分的阐释。人,只是带有高尔基个人主观色彩的个体生命。即使他意识到了主体须置于客体的对应位置才能认识清楚,但是由于思想理论的某种局限,他却依然没能对人的时代规定性、阶级规定性予以充分地挖掘与展示;他对于人类应该拥有的生存方式进行了合理的假想,却对人所处的复杂的社会关系(经济关系、政治关系、伦理关系等等)缺乏透辟的把握和阐释。当然,高尔基对人的本质的思考,对人类生存状态的研究,在当时的历史条件下,已经开始贴近马克思主义有关美的本质的核心理论。尤其是"自由"这一美学命题的确立,更显示了高尔基较高的美学理论起点。

二 悲剧

从17岁时,高尔基"已经严肃地关心到人类的命运,幻想改革社会制度,幻想政治变革……还竭力要把自己培养成一个

---

① 伊·格鲁兹杰夫:《高尔基传》,辛守魁译,黑龙江人民出版社,1981年版,第95页。
② 《马克思恩格斯选集》,第2版第1卷,第56页。

'巨大的积极力量'"①。然而社会展现给他的是"在世纪末风气里、在怀疑主义里,以及在其他绝望的骚乱里,遭到灭亡的那种痛苦"②,以及他用身心体会到的"不可忍受的俄罗斯的痛苦"③。文学展现给他的又是什么呢?波德莱尔留下的只是一些"流露出冷酷的绝望气息的阴暗狠毒的诗"④,都德留下的则是"对于那曾经是理想的、并且号召人们为追求真理和人与人的关系方面的正义而去改造生活的一切东西,是采取怀疑态度的"⑤。而保尔·魏伦呢?他终生倾诉着的是不可解脱的苦恼:"在他那些总是忧郁的、流露出深深的苦闷的诗歌里,可以清晰地听到绝望的哀号,以及渴望光明、渴望纯洁、找上帝而找不到、想爱人们而不能爱的多情善感的心灵的苦恼。"⑥痛苦的生存经历、痛苦的社会现实、痛苦的文学世界,却促使高尔基从悲哀、悲伤、悲观的消极中"突围"出来,着手去培育创造生活、改造世界的积极力量。

高尔基在朴素唯物主义世界观指导下进行的美学探索,还不

---

① 《高尔基文集》,第1卷,人民文学出版社,1981年版,第474页。
② 高尔基:《论文学》(续集),冰夷等译,人民文学出版社,1979年版,第25页。
③ 高尔基:《论文学》(续集),冰夷等译,人民文学出版社,1979年版,第25页。
④ 高尔基:《论文学》(续集),冰夷等译,人民文学出版社,1979年版,第7页。
⑤ 高尔基:《论文学》(续集),冰夷等译,人民文学出版社,1979年版,第5页。
⑥ 高尔基:《论文学》(续集),冰夷等译,人民文学出版社,1979年版,第2页。

能把人的生存、人与现实的关系、人的感性活动当作社会实践去理解，还没有把人的生存理解为一种客观活动，把理论思考看作人的全面活动的一种体现。从他对于悲剧理论的阐述中，也明显地暴露出这些片面性、局限性。

1. 悲剧——个人与个人的冲突

高尔基承袭了两支文化血脉。一是古老的俄罗斯民间文化，培养了他"创造奇迹的愿望"和追求"自由""无畏"的精神。二是18—19世纪欧洲的文化传统，教导他做一个"坚韧不拔的人"，"树立一种献身于某种重要而伟大的事业的志愿"[①]。当他把愿望与现实结合在一起的时候，他发现"愿望"的发出者之间，彼此构成了不可调和的矛盾。高尔基不是悲观主义者，但他的悲剧理论却不能完全脱离个人主义。1899年他在给画家列宾的信里说："我以为，每个人必须在自己的思想和感情上是自由的，必须仅仅是代表自己、为了自己、关于自己才说话的，同时对自己所说的一切都要负责。"[②] 这是他早期美学思想中悲剧范畴的基础。为此，他曾用两个符号（文学形象）表达了"愿望"与"愿望"的相互冲突和共同毁灭。盗马贼洛伊科·左巴尔是自己主宰自己命运的自由的生命，茨冈少女拉达美丽、狂放，也有着反抗权势、反抗金钱的自由精神。他们相爱了。左巴尔说：我要娶你

---

① 伊·格鲁兹杰夫：《高尔基传》，辛守魁译，黑龙江人民出版社，1981年版，第14页。
② 高尔基：《文学书简》上卷，曹葆华、渠建明译，人民文学出版社，1962年版，第55—56页。

做妻子。"可是，你当心，不要妨害我的自由——我是一个自由的人，我高兴怎样生活，就怎样生活！"① 拉达也说："我从来没有爱过任何一个人，洛伊科，可是我爱你。可是我仍旧爱我的自由！这自由，洛伊科，我爱它胜过爱你。"② 这是两种人格力量的冲突，根源却是同一个：人类生存的最高境界——自由。从相互矛盾的内容和人物的追求与愿望来看，它们都有"辩护的理由和存在的合理性"。但是由于极度膨胀的自我为中心的个人主义，它们又明显地带有各自的片面性。因而，一方要达到自己的目的必须以牺牲对方的利益或损害、否定对方的追求与愿望为前提。高尔基的悲剧观与康德"审美判断力的辩证"中"二律背反"的美学思想，与黑格尔具有辩证因素的矛盾冲突学说有着某种相似或相通之处。为争取自由而奋斗的对立的双方灭亡了，却用他们的生命和曾经奋斗过的实践证实了人的生存的意义。

2. 悲剧——个人与群体的冲突

如果说在1892年《马卡尔·楚德拉》问世的时期高尔基尚未将悲剧与英雄主义联系在一起，那么到了1895年，《伊则吉尔老婆子》中的悲剧意识就产生了重要的变化：英雄，成为悲剧的主角。个人主义的自由观转化为民本主义的幸福观和价值观。

高尔基开始关注人类追求生存的最高境界——自由所要经历的过程。要自由，只有两条路：或者战胜强大凶狠的敌人；或

---

① 《高尔基文集》，第1卷，人民文学出版社，1981年版，第11页。
② 《高尔基文集》，第1卷，人民文学出版社，1981年版，第13页。

者冲出坚固的黑暗,求得新生。冲突,是贯穿于整个历程的主旋律:人类与自然界恶劣环境的冲突,人类自身内部(部族与敌人)的冲突;英雄丹柯与部族群众的冲突。其中既包括现实力量的冲突,又包括精神力量的冲突。尤为重要的是,他还充分挖掘了各类冲突中悲剧的复杂性。丹柯热爱自己部族的人们,"愿意搭救他们"。可是这些人却自私、"软弱""胆怯",很容易被"恐惧""悲哀"、疲惫所压倒。丹柯历尽千辛万苦却不被人们所理解。他"抓开了自己的胸膛",拿出了比太阳更明亮的燃烧着的心,带领人们冲出了黑暗。不怕困难、不顾自己,为集体的利益勇于斗争、勇于奉献,丹柯是位名副其实的英雄。通过斗争取得胜利,即使牺牲了自己,也不是传统意义上的悲剧。但是高尔基在丹柯的故事结尾处写道:"骄傲的勇士丹柯望着横在自己面前的广大草原,——他快乐地望着这自由的土地,骄傲地笑起来。随后他倒下来——死了。""充满了希望的快乐的人们并没有注意到他的死,也没有看到丹柯的勇敢的心还在他的尸体旁边燃烧。只有一个仔细的人注意到这个,有点害怕,拿脚踏在那颗骄傲的心上……那颗心裂散开来,成了许多火星,熄了……"[1]丹柯是部族中最优秀的人,他与群众之间在精神上有很大的距离。他带领人群找到了希望和快乐,却并不被人们所理解;他为了人群能拥有一片"自由的土地"而献出了生命,却很快就从人们的"注意"里消失了;他是美的化身,因为"美的人总是勇敢的"[2],但

---

[1] 《高尔基文集》,第1卷,人民文学出版社,1981年版,第325页。
[2] 《高尔基文集》,第1卷,人民文学出版社,1981年版,第321页。

他的行为却没能根除人们心里根深蒂固的胆怯和懦弱。丹柯是一位先驱者,他的悲剧不在于"伟大人物的灭亡",而在于他的孤独、他所热爱的人群的愚昧和自私,这是英雄特有的"伟大的痛苦"。

这一阶段,高尔基已经开始看到社会的新生力量,尽管它还很弱小,却代表了人类应有的生存状态。这与他较为深入地体味人生、接受民主主义思想的影响密切相关。这期间,柯罗连科对高尔基的影响尤深,告诫他要热爱真理以唤起俄罗斯人的沉睡的正义感。因而,高尔基的悲剧观与车尔尼雪夫斯基的悲剧理论十分接近也就不足为奇了。

3. 悲剧——人民与社会制度的冲突

"贫困和愚昧是我们生活中一切不幸的源泉",贫困和愚昧是沙俄统治的直接产物。因而,如果从社会实践的角度来确立悲剧品格的话,那么贫困和愚昧就是生活里实际存在的悲剧与文学艺术中创造出来的悲剧的主要根源。这是高尔基悲剧思想的突破性进展。

底层的生活经历使高尔基格外关注"小人物"的生存状况。他们一切的不幸却引起了高尔基沉重的思索:在上帝和娼妓职业之间,杜尼卡感受到人格上的耻辱。她渴求正常人的生存环境而不得,要用自杀来标志出做人的尊严。这是普通的底层民众的悲剧。[①]26个日夜见不到阳光的烤面包的工人,不仅承受着物质上

[①] 《高尔基文集》,人民文学出版社,1981年版第1卷,第282页。

的残酷剥削，还要接受精神上的无情掠夺。虽然他们竭力创造精神寄托的偶像，最终还是被社会等级制的严酷现实彻底毁灭了。他们竭力去报复，却永远地失去了心中的太阳。高尔基清楚地认识到，这些人既不是腐朽的旧制度的代表者，也算不上社会进步的新生力量。他们具有反抗社会现实的勇气，却没有改变社会现实的能力，这是典型意义格外明显的底层人民的生存状态，在私有制社会里，具有普遍性。他塑造介于英雄人物与普通人物之间的特殊的"小人物"，以此表述了自己在投身无产阶级革命前夕悲剧理论所能达到的最高成就。

依照马克思主义的悲剧原理，悲剧的实质是"历史的必然要求和这个要求的实际上不可能实现之间的"[①]冲突。在高尔基这一时期（1899年前后）的悲剧观念中，"历史的必然要求"可以分为三类：一是人民大众要求生存的必然性；二是人民大众要求爱与被爱的心理渴求的必然性；三是人民大众要求改变不合理的社会现实以抗拒命运的必然性。为此，高尔基没有超越现实地美化悲剧主人公，也没有消极地钻进世俗的思想苦闷里不能自拔。一方面，他把"小人物"的必然要求——起码的生存保障与不人道的社会制度之间不可调和的矛盾冲突表现得淋漓尽致，以"促人深思"地去寻找社会的病根。另一方面，他又把"小人物"的反抗这一生命的必然要求充分展示出来，把民众生存的要求与历史规律的必然一致性揭示出来，然后以必然性要求的受阻或"局

---

① 《马克思恩格斯选集》，第2版第4卷，第560页。

部的失败"来唤起民众"热烈的同情、极大的敬意，同时又能激起新的锐气"①。劳动群众与私有制社会尖锐的矛盾基于人与人之间无情的金钱关系导致了大众的贫困，精神掠夺又导致了大众的愚昧。高尔基这一时期悲剧思想的确立与阐发，体现了高度的社会责任感和文学家的良知。

三 崇高

1892年至1900年，高尔基的理论文章并不多，其中却突出地表达了一种思想：拒绝悲观主义、神秘主义、颓废主义，以生存的自信和文化的自信凝聚为一种战胜各种邪恶的强大力量，这就是现实中的崇高与文学中的崇高。

悲观主义是颓废文学的根源，颓废文学是悲观主义的表现，而滋长悲观主义的则是资本主义社会的土壤。高尔基看到，资产阶级胜利之后民众的"生活变得精神贫乏和愚昧无知"，整个社会"道德完全堕落，理想主义衰微，关于罪恶自由的哲学宣传，似乎占据了关于摆脱罪恶的永远正确的宣传位置，道德便越来越堕落了"。在这样的大环境中，高尔基又看到了两种人："有些人在这样的气氛里生活和呼吸得舒畅而轻松，但是同时另外一些人——比较正直、比较敏感的人，渴望真理和正义的人，对生活抱着很大希望的人，——却在这种实利主义、唯利是图和道德沦丧的气氛里窒息得透不过气来……他们在黑暗的生活里迷失

---

① 卢那察尔斯基：《论文学》，蒋路译，人民文学出版社，1978年版，第68页。

了方向，想给自己寻找一个干净的角落，结果常常变成和自己作对而毁了自己。他们不满现状，可是又找不到出路。"①第二种人就是文学创作中的颓废派。从莫泊桑、梅特林克到波德莱尔、保尔·魏伦，高尔基剖析了他们"什么都反对，什么都破坏"的虚无的悲观主义思想痼疾，也尖锐地指出悲观、虚无的根源就是极端地脱离人民大众，极端的个人主义，从而批判了"世界就是我，世界的一切规律就是我"的哲学谬论。高尔基引用普希金《苦中作乐》一诗中的两句，"既在战斗中享受，也在黑暗的深渊的边缘上享乐……"②，把"战斗中享受"视为积极乐观的人生态度，是一扫看破红尘的自怜的冷漠，踢开悲观厌世的羁绊而勇于追求幸福、创造生活的应有的生存状态。反之，"在黑暗的深渊的边缘上享乐"却是一种没有勇气和力量去参加战斗的自私的懦夫行为。"在战斗中享受"，这是高尔基在人类生存实践中锐意追求的崇高境界。

在文学创作中，《鹰之歌》是高尔基崇高美学观念的形象化自白。人类生存的过程就是不断地改造社会、改造生存环境的斗争过程。尽管历史只承认胜利者，而生命的体验却肯定着曾经毕生战斗过的人生历程（也许其中大多数失败了）。鹰，就为拥有这个历程而幸福、而骄傲。它"英勇地战斗过"，临死之前依然

---

① 高尔基：《论文学》（续集），冰夷等译，人民文学出版社，1979年版，第5—6页。
② 高尔基：《论文学》（续集），冰夷等译，人民文学出版社，1979年版，第18页。

渴望战斗、向往天空。它用尽唯一的心气作了最后的飞翔,"它像石头一样在岩石上滚着滑下去,很快地就落到下面,翅膀折断,羽毛散失……山泉的激浪捉住它,洗去它身上的血迹,用浪花包着它,迅速地将它带到海里去"①。高尔基要颂扬的是实践主体不可战胜的精神威力,当雄鹰以它有限的生命去殉那无限宽广的正义事业的时候,"生命已经不是人生的最高的价值"了。作为审美对象,鹰的灭亡是令常人恐惧和不能理解的。但是,一旦把这样的灭亡置于社会实践斗争的大背景中加以考察,高尔基的崇高观向世人诉说的则是:自觉地无畏地为真理而赴汤蹈火、英勇献身的精神,一定能够"唤起社会的普遍敬仰"。

1900年,高尔基观看了法国剧作家诗人爱德华·罗斯丹的英雄喜剧《西哈诺·得-贝瑞拉克》的演出之后,在《下诺夫哥罗德报》上发表了一篇评论,其中九次大段引用了原作中的对话。究其酷爱该剧的原因,主要在于英雄"总是非常不幸的人中间的一个……他们的血液里灌注着向往独立和自主的渴望"②。高尔基说:"我们总是思量着我们应该怎样生活。自觉地生活的人朝夕操心的就是这个问题……在趋奉权贵的奴隶根性的时代里,知道自己的真价值,这是一个人的极大的优点。"③"在奴颜婢膝、

---

① 《高尔基文集》(第1卷),人民文学出版社,1981年版,第480页。
② 高尔基:《论文学》(续集),冰夷等译,人民文学出版社,1979年版,第26—27页。
③ 高尔基:《论文学》(续集),冰夷等译,人民文学出版社,1979年版,第39、38页。

精神堕落的时代……血液里有太阳的一点点闪光就多么好啊！"①为此，他特别赞赏剧本的结尾部分："你们是我的老仇敌！你是谎言！（剑在空中乱劈）你们是偏见！你是卑劣！——给你吃一剑！……要我认输？休想！啊，愚蠢可怕的敌人！终于轮到了你！我知道你们要用暴力来摧毁我，我知道等待我的是可怕的坟墓，你们会战胜我，我感觉到……但我毕竟还是要战斗……战斗……战斗！"②主人公贝瑞拉克是一个彻底的奴性反叛者。他骄傲地拒绝了权贵们的召唤，要独立自由地生存。尽管他很穷，却不认为过得"比皇帝差"，因为他"自由自在地生存！"这是反抗封建专制、反抗封建等级制的民主主义者的思想闪光。在他倒地死亡之前的一刻，"还是挥着剑乱劈"③。高尔基承认"这是不真实的"，但却高度地赞扬"这是美的！"因为"这样死去，总比按照通常的惯例死去好些：手里拿着的不是剑，而是一瓶药水，嘴里发出的不是愤怒的呐喊而是痛苦的呻吟，环绕在周围的不是兴高采烈地送掉你的性命的敌人，而是也许为你的苦难发愁、但却不耐烦凝视你那僵黄的、枯槁的、可怜的脸的朋友……"④这

---

① 高尔基：《论文学》（续集），冰夷等译，人民文学出版社，1979年版，第38—39页。
② 高尔基：《论文学》（续集），冰夷等译，人民文学出版社，1979年版，第40页。
③ 高尔基：《论文学》（续集），冰夷等译，人民文学出版社，1979年版，第40页。
④ 高尔基：《论文学》（续集），冰夷等译，人民文学出版社，1979年版，第41页。

是高尔基由衷地敬佩的英雄主义气概,是一种令审美主体"由恐惧转向愉悦,由惊赞转化振奋"的巨大的精神力量。正如席勒在《论悲剧题材产生快感的原因》里谈到的:"敌人越是凶险,胜利便越光荣;只有遭到反抗,才能显出力量。由此可以得出结论:'只有在暴力的状态中、在斗争中,我们才能保持住我们的道德本性的最高意识,而最高度的道德快感总有痛苦伴随着。'"① 高尔基的美学思想倾向是充分社会化的。他所认定的美,就是为了生存而斗争的崇高的精神以及与之相统一的社会实践,这在俄国革命的前夜是一种进步的美学观念,是启迪心灵、劈开愚顽的一把思想利剑。

高尔基早期美学思想萌发的以上三个美学范畴,并非一种完全成熟的理论界说或崭新的思想立论,但是却有许多新颖独到之处。这是由高尔基生存的文化土壤以及他不同于众的生活经历决定的。从1892年的《马克尔·楚德拉》到1895年的《伊则吉尔老婆子》、1896年的《保尔·魏伦和颓废派》,再到1899年的《二十六个和一个》、1900年的《西哈诺·得-贝瑞拉克》,高尔基的政治思想和哲学思想一直在逐渐地改变着,由个人主义到民主主义,由朴素唯物论到辩证唯物论,这些显著的进步都在他的美学思想中体现出来,从而构成了高尔基早期美学思想的鲜明特色。

---

① 《古典文艺理论译丛》,第6册,人民文学出版社,1963年版,第78页。

第二节 早期美学思想的特点与意义

一 高尔基早期美学思想的特点

集中体现了高尔基早期美学思想的文学作品和文学论著,恰恰诞生在俄罗斯已经出现了伟大的普希金、列夫·托尔斯泰和契诃夫的年代之后。他汲取了丰富的精神营养,形成了自己独特的美学倾向。从 13 岁开始,他广泛阅读了欧洲批判现实主义大师司汤达、福楼拜、巴尔扎克的一些作品,后来又连续读了莎士比亚、海涅等大作家的传世之作,人文主义思想对他产生了巨大的影响。在高尔基早期美学思想中,民族文化与世界文化两种基因共存,二者相互作用,濡化整合,形成了高尔基早期美学思想的以下特点:

1. 博采众家之长,尽现俄罗斯民族的创造力

高尔基说,他在八岁的时候就清楚地知道了三个"神":"外祖父的神是严厉的,他要我服从长辈、恭顺和驯服。……外祖母的神是善良的,然而有点软弱,不中用;保姆故事里的神,是愚笨的,任性而淘气,它也没有引起我的同情,然而是最有趣的。"[①] 他尤其对民间故事里的强盗着迷,强盗的形象使他具有了侠肝义胆、敢做敢当的精神;故事里的神则无数次地使他产生了

---

① 高尔基:《论文学》(续集),冰夷等译,人民文学出版社,1979 年版,第 488 页。

"创造奇迹的愿望"和追求"自由""无畏"的决心。俄罗斯民间文化带着沉重的忧伤和痛苦，培育了年幼的彼什科夫创造新生活的热望和信心，同时，一种社会美（崇高、创造）的幼芽也开始在他的心灵里萌动。

高尔基崇尚普希金，始终把他的作品看作"对俄国历史的天才阐明"。他由衷钦佩普希金在文学创作中凸现了"俄国的精神力量"即"走出了阶级心理的局限，超出阶级的倾向之上"①，视全民族的利益高于狭隘的阶级利益的那种博大精深的思想。普希金的文学展现了朴素技巧中求美、典型形象中求真的内容美与形式美融合统一的特点，但高尔基受益最深的还是在批判现实的基础上追求理想境界的那种民族的创造精神。

"不认识托尔斯泰，就不能认为自己认识祖国，也不能认为自己是个文化人。"②然而高尔基对这位文学泰斗的态度却是在批判中学习。批判的是托氏不抵抗主义的思想倾向，学习的是托氏"去尊重人、去理解生活、大胆地思考一切问题"③的精神。普列汉诺夫认为，深沉、博爱的托尔斯泰是一位心理分析大师。托尔斯泰一再告诫后学者研究民族心理对于审美创作的重要性，同时也以自己的创作充分展示了俄罗斯民族精神的丰富性与复杂性。

---

① 高尔基：《俄国文学史》，缪灵珠译，上海译文出版社，1979年版，第177页。
② 高尔基：《俄国文学史》，缪灵珠译，上海译文出版社，1979年版，第505页。
③ 高尔基：《俄国文学史》，缪灵珠译，上海译文出版社，1979年版，第503页。

高尔基认为:"托尔斯泰,就是整个世界。"一方面,这是一位对社会对生活十分诚实的人;另一方面,他又用自己的作品虔诚地鼓吹着自我修养的道德信条和宗教哲学,最终再给以无情的批判和否定。

从1898年起,高尔基开始与契诃夫通信。短短五年,他俩相互书信往来达85次之多。契诃夫的人品和文品都对高尔基产生了深刻的影响:"每个人在安东·巴夫洛维奇的面前都会不由自主地起一种愿意变得更单纯、更真实、更是自己的欲望……没有人像安东·契诃夫那样透彻地、敏锐地了解生活的琐碎卑微方面的悲剧性,在他以前就没有一个人能够把人们生活的那幅可耻、可厌的图画……极其真实地描绘给他们看。"[①]高尔基从契诃夫的智慧中悟出了美的辩证法,生活中的丑与艺术中的美的转化关系,以及艺术中美与丑相反相成的对立统一关系。

没有俄罗斯文化包括民间文艺的滋养哺育,就没有高尔基早期美学思想中蓬勃的生命意识和不可遏制的创造力。

2. 立足人的本质,开掘美学命题的丰富内涵

高尔基早期的文学创作和理论著述广泛地涉猎到政治经济学、社会学、哲学、伦理学、心理学等众多学科。他的美学思想倾向显示出巨大的发展潜力。

高尔基美学思想的起点比较高,第一步就抓住了人类生存的

[①] 《高尔基选集 回忆录选》,巴金、曹葆华译,人民文学出版社,1959年版,第155—163页。

"自由"问题。

马克思说过:"人的类特性恰恰就是自由的自觉的活动。"[①]高尔基对于美的境界的规定就在于:人(主要指社会底层的劳苦大众)正在从自发、自在的被动生存状态中摆脱出来,以其自觉的有意识的活动去追求生命的自由。这种美的境界里,假想性里透露出积极的创造性,再现性里蕴含着特有的规律性。高尔基的悲剧观和崇高观均立足于人的自觉活动的能否实现。它是对人的创造能力的认可和赞扬,带有历史的凝重感和指导现实、开拓未来的纵深感。

自由,从出现在高尔基审美观念的发端之日起,就有着明显的社会性。自由的能否实现取决于主体(某人)与客体(他人)之间关系的对立或统一。当丹柯自由地运用主宰自我生命的权力剖开胸腔、掏出心脏为众人照明道路时;当切尔卡什自由地运用支配窃来的财富的权力、为贫困农民铺垫生路时,美就在社会性、新颖性、形象性、感染性的交织中与自由融为一体了。

美的形态与范畴是在比较中界定的:没有优美何谈壮美(崇高),没有现实美何谈艺术美,没有悲剧何谈喜剧……高尔基早期美学思想内涵的丰富性就在于:从一个范畴内涵的开掘中紧扣主客体矛盾的焦点"自由",进而折射出另一个相比较而存在的美学范畴的特点和意义,为建构较为系统的美学思想体系奠定了广阔的基础。

---

① 《马克思恩格斯全集》,第1版第42卷,第96页。

3. 探索艺术真谛，美的生命在"战斗"中闪光

高尔基一贯对于不合理的社会制度深恶痛绝。一方面，他通过亲身经历和艰苦的精神探索，发现了底层人民的美好品德与恶劣的生存环境之间冲突的必然性；另一方面，他也找到了解决这种冲突的唯一途径：不懈地战斗！充分肯定了战斗精神的历史价值与人生价值。

现实美与艺术美寓于战斗之中，高尔基通过文学创作作出了生动有力的表达。向罪恶的社会环境挑战的杜尼卡[①]，以毁灭自己生命的方式表达了她的战斗精神。向不合理的等级制度勇敢挑战的"二十六个"，以击碎心中偶像的报复方式完成了自己能够意识到的战斗任务。向不公平的命运作斗争的"聪明的萝卜"，在极力思考生命意义、寻找生活出路的探索中完成了自己战斗的使命。高尔基以青春热血灌注的文学形象，它们都是在向窒息生命的客观环境的挑战中表现出特有的风采的。

高尔基还通过对文学创作的评论表达了他的战斗的艺术美的理想。他认为，有意义的文学艺术应当担负起引导人们改造现实、创造生活的社会责任。他无情地讥讽了颓废派宣扬的盲目的悲观主义——"他们希望生活，但是还没有诞生下来就已经身心交瘁了"[②]。同时也否定了这一派的虚无的悲观主义——"什么都

[①] 《高尔基文集》，人民文学出版社，1981年版第1卷，第289页。
[②] 高尔基：《论文学》（续集），冰夷等译，人民文学出版社，1979年版，第11页。

反对，什么都破坏"①。高尔基是一位以文学为武器的战士，他在题材选择的丰富性与体裁运用的多样性中，一个鲜明的主导倾向始终没有改变，那就是肯定并热烈地歌颂着生存即战斗的意义。

"美在战斗中"的思想基础是革命的民主主义。19 世纪 90 年代初高尔基结识了柯罗连科，接受了这位天才作家坚定不移的革命精神。柯罗连科认为，农民的贫困与落后是农奴制残余没有清除的结果。因而他赞成底层民众反政府的斗争，肯定了农民不屈的性格和坚持斗争的韧性，提出只有勇敢地对压迫者进行武装斗争，受压迫者才会有安定的生活。高尔基把柯罗连科的思想看作是"触到心灵的""意味深长的"灵魂的启示②，称赞他是带着"那种少有的、全心全意的献身精神从事于正义的事业"③的人。高尔基咒诅俄罗斯贫困与愚昧的根源，鼓吹一息尚存就战斗不止的雄鹰精神，肯定福玛背叛资产阶级的勇气和斗争决心……其思想继承性全都定位于革命民主主义，这就从根本上决定了高尔基早期美学思想的历史进步性。

二 高尔基早期美学思想的历史意义

高尔基早期的美学思想颇具特色，它是高尔基整个美学思

---

① 高尔基：《论文学》（续集），冰夷等译，人民文学出版社，1979 年版，第 11 页。
② 高尔基：《文学书简》上卷，曹葆华、渠建明译，人民文学出版社，1962 年版，第 349 页。
③ 《高尔基选集 回忆录选》，巴金、曹葆华译，人民文学出版社，1959 年版，第 234 页。

想发展过程的源头，具有历史的纵向与时代的横向两个方面的意义。

一颗种子必然包孕着这个生命在未来发展过程中可能呈现的一切基本素质。要全面准确地认识这一生命现象在发展过程中必然体现出来的较为稳定而别具一格的品质，首先应当研究它在生命原初状态中已经透露出来的无限的丰富性和鲜明的倾向性。高尔基早期美学思想就是这样的一颗种子。纵观高尔基美学思想发展的三个阶段，生存意识是贯穿始终的一条主线。青少年时期坎坷的经历，教给他怎样为生存而探索、而奋斗。这时接受的各种文化影响，教给他怎样尊重人，尤其是怎样尊重被污辱被欺压的底层的劳苦大众。这时接受的革命民主主义思想，又教给他怎样鼓动民众为获得生存的权力去思考、去斗争。尽管高尔基的政治思想、哲学思想在中后期的发展中一波三折，几次偏离列宁主义的路线，但是生存意识这条主线却一直没有改变。围绕着这条主线，高尔基提出了生存的最高境界是"自由"，提出了为争取自由而牺牲的奋斗精神是人生的最高价值，提出了伟大人生的意义就在坚持发扬殉道者的崇高追求。

美的本质——自由、悲剧、崇高，作为高尔基早期美学思想的三个重要的命题，随着社会的发展和高尔基自身思想方法的改进与政治觉悟的提高，逐渐融入了坚定的革命性和鲜明的阶级性，从而不断地得到了开掘和完善。早期的"自由"是种带着某种主观臆想性的、超阶级的、甚至是超越时代的绝对化假设，到了中后期则发展成为无产阶级英勇斗争所追求的既定目标。早期的"悲剧"是高尔基对世界矛盾的恒定性的某种发现,是对主体与客体之间不可调和的矛盾冲突所表露的某种忧虑,到了中后期则把悲剧与人民大众求解放的运动紧密地结合在一起,体现出了革命实践性与历史进步性的统一。早期的"崇高"是一种对人生状态终极化的确定,是个人英雄主义色彩极为浓厚的审美观念的体现,到了中后期则转变为无产阶级的英雄主义,与合乎社会发展规律的理想紧密结合在一起,成了衡量人生意义的一个重要的价值标准。但是,以人道主义为核心的生存意识却一直贯穿于高尔基美学思想的全过程,这条主线在很大程度上决定了高尔基美学思想的个性特征。

从时代的横向比较来考察,高尔基早期的美学思想因为同他的文学创作实践紧密相连而有别于同期的其他理论家,又因其植根于底层民众的生存困境而有别于同期的许多俄罗斯作家。普列汉诺夫曾经有针对性地指出,文学表现的主要对象是人。文学艺术不仅可以传达人自身的感受,而且应当反映出人的"真正的、'活生生的'、不是假造出来的生活",这是一条重要的"美学法则"。表现人,首先应该表现人与人构成的社会关系,而不应陷入平庸的小市民生活"污秽的泥沼"中那种"渺小的思想"和"渺小的激情"。[1]高尔基通过《切尔卡什》(小说)和《鹰之歌》(散文诗)等优秀作品充分体现了这种审美理想,他以自己光辉

---

[1] 普列汉诺夫:《没有地址的信 艺术与社会生活》,人民文学出版社,1962年版,第238页。

的创作实践使美学从哲学的神坛上步入广大民众的生活中去。列夫·托尔斯泰创作《复活》的十年与高尔基早期文学活动的十年是同一个时期。前者虽然对沙俄专制制度、官办教会、土地私有制进行了激烈的批判，但是解决社会矛盾的方法却是"对邪恶不抵抗"，"鼓吹净化了的新宗教，即用一种净化了的精制的新毒药来麻醉被压迫群众"[1]。而高尔基，作为底层民众的一员，在黑暗势力的压迫下，却在高声呐喊"我不是为了妥协才来到这个世界的"[2]。他鼓励人们对现实中的邪恶势力进行不屈不挠的斗争。尽管这个时期的高尔基还不是一个马克思主义者，但在俄罗斯批判现实主义文学向社会主义现实主义文学发展的过程中，在俄国革命民主主义美学向马克思主义美学前进的过程中，高尔基的创作实践和美学思想却具有不可替代的历史地位和重要作用。

---

[1] 《列宁全集》，第 2 版第 20 卷，第 23 页。
[2] 参见高尔基：《老柞树之歌》。引自《高尔基传》，辛守魁译，黑龙江人民出版社，1981 年版，第 51 页。

第二章

高尔基中期的美学思想

1900年,高尔基在写给契诃夫的信中说:"真的,需要英雄人物的时代已经到来了:大家都希望有令人鼓舞的东西、开朗明快的东西,您知道,希望有不是酷似生活的东西,而是比生活更高、更好、更美的东西。"[①]高尔基的无产阶级革命生涯是伴随着20世纪的到来开始的,他参加社会民主工党下诺夫哥罗德-索尔莫沃组织的工作;赞助全俄第一份马克思主义的秘密报纸《火星报》;参加并主持知识出版社,把许多具有民主主义思想的进步作家团结在出版社周围;他用传单揭露沙俄政府镇压示威学生的暴行;他用多种舆论手段号召民众起来推翻专制制度。他认为革命文艺是以追求"更高、更好、更美的东西"为宗旨的,此时,文学家的高尔基已成为文学家兼政治家双重身份的高尔基,他的美学思想

[①] 《高尔基全集》,俄文版第28卷,第113页。引自《高尔基传》,辛守魁译,黑龙江人民出版社,1981年版,第137页。

也逐渐具备了无产阶级的倾向性和马克思主义哲学的战斗性。

1901年至1917年之间，高尔基的思想方法和政治观点经历了否定之否定的发展历程：由信奉辩证唯物主义转入宣扬"观念复合"的造神论，又由造神论回归到唯物辩证法。这个历程也体现在他的美学思想之中。

生命个体与沙皇专制制度之间的尖锐矛盾造就了高尔基强烈的生存意识。他自觉地把主客体的矛盾作为探索人生意义的逻辑起点，不仅为文学创作开拓了宽阔的领域，而且也为理论的深化与发展作了科学的定位。然而，这种矛盾冲突的性质是什么呢？生命个体反抗现存社会制度的意义与目的又是什么呢？只有在接受了马克思列宁主义之后，高尔基才能在他中期美学思想的形成过程中给予有力的回答。

第一节 同无产阶级革命斗争相一致的社会美命题

第一次俄国革命前夕，高尔基逐步地树立起无产阶级的世界观。1905年夏，他参加了社会民主工党，同年11月与列宁第一次会晤。此后，他积极投身1905年至1907年的革命斗争，同时以系列政论文章和文学作品热情宣传无产阶级革命，揭露沙皇政府，抨击资本主义制度，从而成为列宁所赞扬的无产阶级艺术方面一个巨大的积极因素。[①]

---

① 参见《列宁论文学与艺术》（一），人民文学出版社，1960年版，第374页。

美学，作为研究美与美的规律以及人与客观事物审美关系的科学，仅仅把艺术作为研究对象未免褊狭。艺术美只是美学的范畴之一，相对艺术美而存在的现实美也是一个无比丰富的世界，其中的社会美以其对人类社会实践的直接肯定，显得更为深刻、更为凝重。高尔基社会美的思想虽然也通过文学创作反映了出来，但更为鲜明突出的是体现在这一时期的政论文章里。

20世纪初叶的俄罗斯，政治斗争风起云涌，旧的社会制度行将崩溃，建设新世界的社会力量正在形成。高尔基这一时期美学思想的特点显示出了强烈的阶级意识和斗争热情，在考察社会美的过程中，社会斗争（阶级斗争）成为他关注的主要领域。

一 产生社会美的客观条件

社会形态中各个阶级、各个阶层人群之间的矛盾冲突，劳动者与生产劳动对象之间的对立统一关系，这些都是社会美赖以产生的根源或客观条件。高尔基对社会美的探寻立足于阶级对立和阶级斗争的基础之上，带着强烈的阶级性和鲜明的时代色彩。

1. 阶级矛盾

马克思主义认为，社会经济地位从根本上决定了人的社会政治地位，阶级之间的斗争是以经济悬殊为前提的政治斗争。根据不同的经济、政治地位，高尔基把人群分为三个层次：一是"在劳动重担下弯背的穷人的队伍"，"他们是工具，他们会创造机器、庙宇、大船和用黄金做的精致的小摆设，他们不觉得自己除了惯常的机械工作外，还能用其他的什么东西来充实这一天。他们是一些小零件，在工厂里，在办公厅里，在商店里，他们是安心的，觉得自己是人；他们在那里和类似自己的小零件一起构成一个完整的有机体，这个有机体忙碌地用自己敏锐的脑汁来创造珍宝。然而不是为自己①。二是"有钱的、游手好闲的人的队伍"②，"他们习惯于把自己看作是生活的主人，而事实上他们却是那个名字叫做黄金的、冷酷的黄色魔鬼的顺从的奴仆"，是"资本的奴隶"。③三是"在这两种势力中间"的小市民，他们"张皇失措地来回奔忙。他们看见：调和是不可能的了，往右（有钱人那边。——引者注）跑，他们感到害羞，往左（穷人那边。——引者注），则又觉得可怕，而他们的立足之地变得越来越窄"④。

客观地从主体（某一个人或某一些人）与客体（包围着主体的社会环境、自然环境）的相互关系中去探索人类生存的意义，是高尔基一贯的思想原则。在不同阶级的对立和斗争中，他发现了创造新社会的主力军是"在劳动重担下弯背的穷人"，同时发掘出社会美的所在——社会底层的小人物为自身的解放而进行的

---

① 《高尔基政论杂文集》，生活·读书·新知三联书店，1982年版，第252、43页。
② 《高尔基政论杂文集》，生活·读书·新知三联书店，1982年版，第252页。
③ 《高尔基政论杂文集》，生活·读书·新知三联书店，1982年版，第187页。
④ 《高尔基政论杂文集》，生活·读书·新知三联书店，1982年版，第188页。

斗争。他在《告法国工人书》一文中写道:"我曾工作和生活在劳动人民中间;我知道他们的心灵。"①在《告各国工人书》中他又说:"我,作为一个来自人民、从未失掉与人民联系的人,向你们呼吁。我,作为俄国无产阶级争取它所必要的政治自由的斗争的公正见证人,向你们呼吁。"②高尔基作为无产阶级的一分子,俄国革命的参战者,他把阶级矛盾所引发的阶级冲突视为社会美产生的重要条件,充分显示了辩证唯物主义者无私无畏的博大胸怀,以及为创造新生活乐于艰苦奋斗的坚强意志。他对于俄国现时阶级力量的科学分析,又为他的文学创作奠定了坚实的基础。

2. 自身矛盾

在阶级矛盾日益激化的大环境中,任何阶级及其成员的内心世界都不会平衡。主体的自身矛盾最终决定于产生它的那个社会环境,反过来,它也会对特定的社会环境产生某种影响。

无产阶级"看到而且懂得他的双手创造了一切,可是除了乞丐的权利——为了重新能工作,需要多少面包就可以吃多少,最后,在一生中创造了无数财富之后冻饿而死这种乞丐的权利之外,什么都没有"③。"他所制造的火枪被用来杀死自己的同志",

---

① 《高尔基政论杂文集》,生活·读书·新知三联书店,1982年版,第252页。
② 《高尔基政论杂文集》,生活·读书·新知三联书店,1982年版,第228页。
③ 《高尔基政论杂文集》,生活·读书·新知三联书店,1982年版,第213页。

他亲手结成的绳子"被做成绞索来对待自己的朋友"。①这样，自身的矛盾就不可避免了。矛盾促使人去思考。高尔基非常赞同俄国作家卡罗宁的一段话："世界上没有什么东西比思想更珍贵的了。它是一切存在的开端和终结，原因和结果，推动力和最后目的。……人有多么美，只要看他身上有多少这种世界的动力。"②无产阶级自身的矛盾从根本上说还是来自争取生存权利的个体与黑暗的社会制度之间的尖锐对立。矛盾是以某种思想的最后形成为必然结局的，思想往往会激发人们去改变自己"乞丐"的生存困境，于是无产阶级"开始了自己伟大的战斗"。无产阶级在被压迫中产生的这种矛盾，实质上是阶级意识觉醒的表现。

小市民的自身矛盾是由其阶级地位的双重性决定的。"他们想在迫害者和受难者之间进行调解，他们想为自己辩护，证明自己接近迫害者和对人世的苦难无动于衷是正确的。他们教导受难者要忍耐，他们劝受难者勿抵抗暴力，他们总是寻找证据以证明无法改变有产者对无产者的现有关系，他们一方面答应人民，一切辛劳和痛苦都能在天上得到酬报，一方面又对人民在世上所过的难以忍受的艰苦生活表示欣赏……"③小市民不是无产阶级直

---

① 《高尔基政论杂文集》，生活·读书·新知三联书店，1982年版，第213页。
② 《高尔基政论杂文集》，生活·读书·新知三联书店，1982年版，第271页。
③ 《高尔基政论杂文集》，生活·读书·新知三联书店，1982年版，第200—201页。

接的敌人,但由于小市民奴性十足,对权力和金钱顶礼膜拜,贪婪、胆怯、极端个人主义,"宣扬忍耐、和解、宽恕和谅解",对革命力量具有极大的破坏性,因此它的言行又对无产者带着敌对的性质。高尔基透辟地剖析揭示出小市民灵魂深处无法自拔的深刻矛盾:由于人的良知未曾完全泯灭,他们同情并且想安慰受压迫的底层人民。虽然希求"在家里和在心里保持一个舒适境地",但毕竟不是欺压人民的资产阶级敌人。另一方面,他们又极力要向权势和金钱谄媚,"用诽谤和谎言来浇灭俄国生活中还在沸腾着的一切",其目的是"保卫自己在生活中的地位"。[①] 小市民的两面性,他们分裂的心灵增加了俄国革命的艰巨性和复杂性。高尔基从俄国革命的实际情况出发,提醒人们正确对待小市民双重的阶级属性,通过有利有节的斗争,引导他们改变自己,投身革命。

3. 异化劳动

社会美是一种"人类社会实践活动及其对象化产物的美"。改造物质世界的生产劳动是社会美的重要内容。然而在资本主义社会里,劳动生产却带来了人的异化。异化劳动扭曲人的自然本性,贬损人的创造价值,同时也为社会美的形成和健康发展投下了阴影。

劳动,本来是人类改造世界、创造世界,同时也改造自己、

[①] 《高尔基政论杂文集》,生活·读书·新知三联书店,1982年版,第204—205页。

创造自己的自由自觉的能动活动。但是，资本主义生产方法和资本剥削的出现，劳动变成了"异化劳动"。马克思在《1844年经济学哲学手稿》中指出："劳动对于工人说来是外在的东西，也就是说，不属于他的本质的东西；因此，他在自己的劳动中不是肯定自己，而是否定自己，不是感到幸福，而是感到不幸，不是自由地发挥自己的体力和智力，而是使自己的肉体受折磨，精神遭摧残。……只要肉体的强制或其他强制一停止，人们就会像逃避鼠疫那样逃避劳动。"① 资本主义制度将人的劳动从劳动者的本质中剥离出去，同人相对立，这是历史的必然；没有异化劳动，就没有无产阶级革命。

1906年，高尔基在纽约写了一篇题为《黄色恶魔的城市》的文章，描述了高度发达的资本主义社会对劳动的异化、对人的异化。"仿佛在城市中心某处，有一大块黄金，带着淫荡的刺耳的尖叫声和极高的速度旋转着。它满街撒出微小的尘屑，人们整天贪婪地去捕捉、寻找、攫取它们。可是……他们交回去，总比他们得到的要多一些，第二天早晨，那块黄金的规模增大了一些，它旋转得也更快了一些……于是黄金比昨天更贪婪地，以更大的权力吸吮人们的血液和脑髓，以便在黄昏时分，这血液，这脑髓，变成了冰冷的黄金。……为了这个，人们整天挖土、打铁、建筑房屋、呼吸工厂的煤烟、让身体的毛孔吸入有毒的空

---

① 《马克思恩格斯全集》，第1版第42卷，第93—94页。

气、令人恶心的脏东西。"[1]为了这个,工人们成了"黄色魔鬼手中的驯服工具,使自己的血肉成为黄色魔鬼不倦地用以熔炼的金属"[2]。资本的粗暴力量强行泯灭了劳动主体的个性和灵魂,"人们做完了一天的工作,——不去想为什么要做这些工作……他们只为老板着想,一点也不想到自己"[3]。在大机器的高频率运转中,工人"常常受震动的脑子里,思想要编织自己勇敢的美丽的花边,一定是不可能的,要产生有生气的、大胆的幻想,也是不可能的"[4]。因为"资本的鱼龙已经把自由的创造者的意义从人们的记忆中抹去了"[5]。结论是:只有唤醒人们从异化劳动中解放出来,才有社会美可言。

二 社会美的衡量标准

社会美是一个历史范畴,不同的时代有不同的衡量标准和尺度。高尔基中期的美学思想是建立在辩证唯物主义和历史唯物主义基础之上的,他首先注重考察的是俄国革命前后社会生活的经

---

[1] 《高尔基政论杂文集》,生活·读书·新知三联书店,1982年版,第19页。
[2] 《高尔基政论杂文集》,生活·读书·新知三联书店,1982年版,第19—20页。
[3] 《高尔基政论杂文集》,生活·读书·新知三联书店,1982年版,第17页。
[4] 《高尔基政论杂文集》,生活·读书·新知三联书店,1982年版,第9页。
[5] 《高尔基政论杂文集》,生活·读书·新知三联书店,1982年版,第7页。

济规律,各阶级所处的社会经济地位。因而他所确立的社会美衡量标准带有明显的历史进步性。

1. 社会美的标准之一:"使劳动从资本的压制下解放出来"

在高尔基的思想观念中,"生活就是主人要权力和奴隶要摆脱权力的压迫而进行的斗争"。"人民和统治阶级的矛盾是不可调和的。每个人,如果真心希望看到真理、自由和美在地上得胜,他就应该尽力而为,促使这些矛盾最迅速地正常地发展到底,因为这个过程终结时,我们的社会制度的罪恶就明显地摆在人人面前,大家也就清楚,这个社会制度再也不能让它在目前的形势中继续存在下去了……"[①]1905年至1907年俄国第一次革命期间,高尔基是积极的参战者,他写传单揭露沙皇政府血腥镇压民众的真相,号召民众起来推翻沙皇统治,为此遭到逮捕。他的信念是:人民同统治阶级的斗争是美与丑的斗争,推翻统治者,"使劳动从资本的压制下解放出来",就是在阶级社会中发展了美、创造了美。

高尔基为什么把劳动从资本的压制下解放出来当作社会美的首要标准呢?主要原因是:其一,少年时的彼什科夫体验过阶级压迫的残酷性。他深深感受到:失去人身自由、自己不能做自己的主人、为了生存只能当奴隶的生活是对人和人性的扭曲和污辱。受压迫者的劳动为压迫者创造了享受和欢乐的条件,受压迫

---

① 《高尔基政论杂文集》,生活·读书·新知三联书店,1982年版,第183、184—185页。

者就具有了物质生活与精神生活两个方面的痛苦。要清算社会制度的罪恶，使社会的真正创造者——受压迫的奴隶解放出来，只能进行革命斗争。其二，在权力和金钱奴役下，民众丧失了发展个性的权力，丧失了自由的创造性劳动而受到功利缧绁的束缚。马克思对资本主义制度下异化劳动的本质给了深刻的揭露："劳动创造了宫殿，但是给工人创造了贫民窟。劳动创造了美，但是使工人变成畸形。劳动用机器代替了手工劳动，但是使一部分工人回到野蛮的劳动，并使另一部分工人变成机器。劳动生产了智慧，但是给工人生产了愚钝和呆痴。"[①] 装卸工、烤面包工人出身的高尔基强烈痛恨异化劳动对无产阶级人性的无情的异化，为此他大声呼吁："你们，工人，整个大地的真正主人……和全世界工人一样，在你们面前，也摆着一条斗争的道路：要从经济上政治上的奴隶地位，从资本和国家，从那些为它效劳而欺压你们的走狗的奴役下，解放全人类。"[②] 其三，从社会斗争的现实性中预示社会发展的未来图景。列宁指出："过去在历史观和政治观方面占支配地位的那种混乱和随意性，被一种极其完整严密的科学理论所代替，这种科学理论说明，由于生产力的发展，如何从一种社会生活结构中发展出另一种更高级的结构，例如从农奴制度中生长出资本主义。"[③] 这里的"科学理论"就是指历史唯物

---

① 《马克思恩格斯全集》，第 1 版第 42 卷，第 93 页。
② 《高尔基政论杂文集》，生活·读书·新知三联书店，1982 年版，第 250 页。
③ 《列宁选集》，第 3 版第 2 卷，第 311 页。

主义。高尔基正是从沙俄统治的"社会生活结构中"看到了"另一种更高级的结构"在蓬勃兴起,这就是"打倒私有财产制度,一切生产资料归于人民","在社会主义的红旗之下走向战斗"[①],进而建设起一个全新的无压迫无剥削的理想社会。其四,"把劳动从资本的压制下解放出来"是合目的性与合规律性的完美统一。不同历史时期的不同阶级,都有自己的生存目的。然而,只有那些既"合目的性"又"合规律性"的事物才能构成真正的社会美。苏维埃政权的建立、十月革命的成功是高尔基社会美理想的最高体现。

2. 社会美的标准之二——"关心人,激发人的本性,宣传对人的尊重"

长期以来,全身心投入无产阶级革命运动的高尔基,仍然是一个人道主义者。关心人、激发人的本性、宣传对人的尊重,是他揭露沙皇政府暴行的有力的思想武器。在 1901 年至 1917 年之间,人道主义作为高尔基社会美的重要标准,经历了一个否定之否定的过程。1905 年,在《谈谈小市民习气》一文中,高尔基指出:"国家扼杀人性,为的是恢复人的兽性,并用这种兽性的力量来巩固自己的政权。"[②] 对个人来说,对抗国家政权要依靠什么呢?"只有金钱才能使人有可能感到他自己是自由而有力量

---

① 《高尔基政论杂文集》,生活·读书·新知三联书店,1982 年版,第 251 页。
② 《高尔基政论杂文集》,生活·读书·新知三联书店,1982 年版,第 199 页。

的，只有金钱有时才能保护个人，免受那个具有无穷力量的巨大怪物——国家的摆布。"[1]可是，被压迫阶级怎么可能拥有保护自己的财富呢？1908年，高尔基把关注的目光从个人转移到了人民集体之中。在《个人的毁灭》一文中，开篇就提出"人民不仅是创造一切物质价值的力量，人民也是精神价值的唯一的永不涸竭的源泉，无论就时间、就美还是就创作天才来说，人民总是第一个哲学家和诗人：他们创作了一切伟大的诗歌、大地上一切悲剧和悲剧中最宏伟的悲剧——世界文化的历史"[2]。人，是创造历史的主体。人民是推动历史前进的真正动力。但在俄国第一次革命失败后，高尔基与其他知识分子一样，对民众的力量产生了怀疑。一方面，他充分肯定了人民集体的力量是社会美的源泉；另一方面，他又接受了波格丹诺夫的影响，赞同把宗教与马克思主义"结合"起来，创立一种"社会主义的"新宗教。他认为"人民塑造了英雄……必然把他放入神界"，从而坚信"自己与神平等"[3]。高尔基非常了解社会底层广大民众的心理、愿望和要求，他宣扬"造神论"的思想迷误实际上同他关心人、尊重人的革命人道主义精神完全相悖，因为"造神论"的实质是"美化了神的

---

[1] 《高尔基政论杂文集》，生活·读书·新知三联书店，1982年版，第183页。
[2] 高尔基：《论文学》（续集），冰夷等译，人民文学出版社，1979年版，第54页。
[3] 高尔基：《论文学》（续集），冰夷等译，人民文学出版社，1979年版，第57—58页。

观念，也就是美化了他们用来束缚落后的工人和农民的锁链"①。所以，当他接受了列宁的帮助，认识到"造神论"麻痹民众的危害性时，就毅然决然同这种荒谬的唯心论分手，重新回到了辩证唯物主义、革命人道主义立场上来。

1906年至1910年之间，高尔基阅读了"民间作家"的400多部手稿。在348位作者中，工人占114人，农民占67人，其他劳苦民众占56人。阅读的目的是想"听一听几百个生活在你们身边的普通人心里都在想些什么和怎样在想"。经过整理分类、研究分析，高尔基发现，这些彼得堡、莫斯科和广大乡村里的各种各样的人，"思想却常常不谋而合"②。特别引起高尔基注意的是他们的写作目的。"一个鞋匠写道：'我想在人们当中唤起对自身的尊重。'……一个农民写道：'……我国最有用的阶层就是农民……为什么要瞧不起他们呢？'"③一个工人在短篇小说里借主人公之口说道："人们必须互相尊重，一个人要是缺乏这种感情就会阻碍人类解放的事业。"④一个警察写道："应当劝导人们：人不是玩物，我们生来并不是为了互相取乐。"⑤……从工人、农

---

① 《列宁全集》，第2版第46卷，第367页。
② 高尔基：《论文学》（续集），冰夷等译，人民文学出版社，1979年版，第120页。
③ 高尔基：《论文学》（续集），冰夷等译，人民文学出版社，1979年版，第125页。
④ 高尔基：《论文学》（续集），冰夷等译，人民文学出版社，1979年版，第126页。
⑤ 高尔基：《论文学》（续集），冰夷等译，人民文学出版社，1979年版，第127页。

民、小手工业者的自白里,高尔基听到了人民的心声:"人和人应该互相尊重"、应当"关心人、激发人的本性,宣传对人的尊重"。[①]倾听民众呼声是为了改变知识分子对人民的态度,也是为了改变知识分子悲剧的命运。高尔基承认,他与列宁的分歧就在于对待知识分子的态度方面。经过革命斗争的洗礼,经过广泛的社会调查,高尔基有了深刻的觉悟:如果引导俄国知识分子去为人类创造美的财富,首先应当提醒他们"必须关心和尊重人民"。忽略了对于被压迫民众的尊重、体察和研究,知识分子会永远滞留在革命的浪潮之外。那么,所谓消灭"多余的""无路可走的""无用的""不必要的"意志消沉者,"尽可能地去发展和组织各国人民的全部潜力,把它化为积极的力量,建立阶级的、集团的、党的集体"[②],只能是一句空话。

3. 社会美的标准之三——"谁劳动谁就是主人"

劳动,在高尔基的理论中是与人类的生活、人类的创造力紧密联系在一起的。他把体力劳动者的生产实践、脑力劳动者的精神创造都看成是一种劳动。虽然他也看到了"不自由的劳动"只能为劳动者建造"监牢",但是他仍然对劳动给予足够的肯定:"城市是一首劳动的诗篇,这劳动体现在眼睛所看见的一切上面。城市人的周围,使人们意识到自己的万能和包罗万象,唤起他的

[①] 高尔基:《论文学》(续集),冰夷等译,人民文学出版社,1979年版,第125、127页。
[②] 高尔基:《论文学》(续集),冰夷等译,人民文学出版社,1979年版,第116、117页。

自尊心,对理智力的信赖和对连续不断的劳动的热爱。"[①]这是作者特别注明"写于革命前"字样的一篇文章《论傻瓜及其他》所表达的思想。作者还进一步剖析了虚无主义、悲观主义、颓废、变节、消沉等思想在俄罗斯传统文化中的根源——逃避、拒绝劳动。"傻瓜伊凡努什卡,俄国民间故事可爱的主角,他是这样一个人:耐心、恭顺忍受一切生活的苦难,他不是靠理智和行动的力量,而是靠听天由命和耐性来克服这些苦难。由于这种才能,故事使他'随便要什么就有什么'。"[②]忍耐加侥幸,是"傻瓜"的精神,却不能使他成为掌握自身命运的主人。傻瓜总是在依靠外界某种神奇的力量,自己却没有力量去征服什么、创造什么。高尔基认为这就是俄国农民的思想劣根性。另一方面,他也看到了变革现实的革命力量是俄国的工人阶级,他们"闯进生活的最深处",确信"谁劳动谁就是主人"这一真理。劳动,在这里包含着认识世界特别是改造世界的深刻含义,因而,劳动不仅改变对象世界,而且也改变主体。劳动是构成主客体和谐的桥梁。

十月革命胜利后,高尔基的这一美学思想萌芽得到了长足的发展,连续提出了一系列重要的美学命题:"我们世界上最美好的东西,都是由劳动、由人的聪明的手创造出来的;我们所有的

---

① 《高尔基政论杂文集》,生活·读书·新知三联书店,1982年版,第304页。
② 《高尔基政论杂文集》,生活·读书·新知三联书店,1982年版,第302页。

思想、所有的观念都是在劳动过程中产生的。"①"在重视劳动和尊敬劳动者的基础上,我们有可能来创造自己的新的道德。劳动和科学是世界上最伟大的两种力量。"②"只有大胆的斗争,只有顽强而又愉快的劳动,才能克服我们生活中的一切畸形现象。"③ 总之,在高尔基看来,劳动创造世界,也创造美。没有劳动就没有社会美。

第二节 同人类解放斗争紧密联系的艺术美命题

文学,是语言的艺术。文学作品是艺术美的物质载体。高尔基对艺术美的认识与评价,一方面来自研究剖析俄罗斯与欧洲的作家作品,一方面来自本人的文学创作实践。他研读俄罗斯与世界文学名著,使他更加明确认识到在急风暴雨的革命年代如何充分发挥文学的战斗作用;他通过自己的创作实践,更加深切地体验到作家把生命完全融入人类解放斗争大潮才有资格充当人民的代言人。高尔基艺术美的思想和理论是他的创作实践和苏联新文艺宝贵经验的总结。他从不抽象地谈问题,即使是美学理论,也始终保持着鲜活的品格,具有强烈的现实针对性。

---

① 高尔基:《论文学》,孟昌、曹葆华、戈宝权译,人民文学出版社,1978年版,第199页。
② 《高尔基政论杂文集》,生活·读书·新知三联书店1982年版,第387页。
③ 高尔基:《论文学》(续集),冰夷等译,人民文学出版社,1979年版,第227页。

一 艺术的审美价值

高尔基中期的美学思想,属于俄国无产阶级革命胜利前的那个时代,属于社会底层的被压迫阶级。

历史上,革命斗争几经坎坷。这时民众的审美需要与什么样的审美对象能够形成和谐一致的关系呢?民众的政治立场与审美需求又是怎样的关系呢?在艰苦复杂的阶级斗争中,高尔基确立了那一时代艺术的审美价值。

1. 文学的任务是表现人的美好品质,"激起人对自己的自豪心"

高尔基是生活中的强者,文学战线上的斗士。从他19岁告别死亡,并把自杀视为耻辱之日起,就义无反顾地投入了战斗。高尔基早期的创作思想中就确立了一个信念(创作原则):文学必须告诉读者,怎样积极地探索走出生存困境的道路,怎样以"勇敢的精神"、朝气勃勃的灵魂去"创造生活"。到了中期,高尔基对艺术美的认识和实践又有了新的发展,其中一个核心问题就是通过批判鉴别是非真伪,通过斗争分清美丑善恶。真正意义上的批判是艺术创造的基础或前提。

高尔基在给康·彼·皮亚特尼茨基的一封信里说:"一般讲来,文学的任务、艺术的任务究竟是什么呢?就是把人身上的最好的、优美的、诚实的也就是高贵的东西用颜色、字句、声音、形式表现出来。……我的任务就是激起人对自己的自豪心,就是告诉他,在生活中他是最优秀的、最有意义、最宝贵、最神圣的；……必须说良心话——这个任务，我是做得很少的。"[1] 在这里，人这个概念自然是对被压迫阶级的特指，是有政治属性的。为此，高尔基进行了自我批判（"做得很少"），第二年，他就以创作实绩长篇小说《母亲》弥补了这个不足。

《俄国文学史》是高尔基对文学前辈创作实践的理性总结。站在无产阶级革命者的立场上，他批判了屠格涅夫、果戈理，也批判了列夫·托尔斯泰和陀思妥耶夫斯基："屠格涅夫所写的农民主要地不是赋役农奴，而是家奴，他们的特色是：他们都是诗人，爱好自然和诗歌。他们差不多一点也不反抗奴隶制度……他们尽是温和的、忍辱的、柔顺的……

"在农奴制度崩溃之前，托尔斯泰写出了狡猾的、撒谎的、因循的农民……

"果戈理也描写人民；但是他所写的农民，食汤团，饮白酒，求爱，热情，从来不做工……

"这三位作家……对农民心理特性的描写都有吻合之点，都一致地清楚地强调农民的温和及忍耐能力，他们对农民的起义倾向都绝不提及。"[2] 屠格涅夫只写家奴，果戈理只写节假日期间的农民，托尔斯泰把奴隶制前后的农民推上了可敬与可恨两个极端。他们都在回避现实生活中真正的农民，即作为一个有政治实

---

[1] 高尔基：《文学书简》上卷，曹葆华、渠建明译，人民文学出版社，1962年版，第82页。
[2] 高尔基：《俄国文学史》，缪灵珠译，上海译文出版社，1979年版，第323—324页。

力的农民阶级。

高尔基清楚地认识到：回避社会矛盾，淡化受压迫者承受的苦难，无意于正视民众的斗争性和创造力，这是俄罗斯批判现实主义文学思潮的通病。影响这个思潮的外部条件是沙皇严酷的统治："我们的政府不容许在人民这块庄稼地里栽种任何作物，只有那些可以加强它的政权并非来自凡间的传说的东西除外。"[①] 为此，他在《再论卡拉马佐夫气质》一文里反对把陀思妥耶夫斯基的长篇小说搬上舞台，原因是陀氏的全部活动"是对于俄国民族性格的消极特征及属性的天才概括"，"这在社会上是有害的，因为人不是'野蛮而凶恶的动物'，他比俄国圣贤们所设想的更要纯朴得多，可爱得多"[②]。这是高尔基对社会中反人民思潮的严正批判。

1901年，他在剧本《小市民》里塑造了俄国文学史上第一个"以新的面貌出现"的工人形象尼尔，"体现了无产阶级要为自己的权力而斗争的决心和乐观精神"。1902年，剧本《底层》表达了两种截然对立的思想的冲突。"安慰者"鲁卡为安慰每位苦难者而编造出来的虚幻化的谎言，是一支麻醉剂。它让人们在麻木中忘掉奴役与压榨的痛楚，安于底层。流浪汉沙金否定了这种"安慰"的哲学："凡是亏心丧理的人，或是吃人家血汗的人，

---

① 《高尔基政论杂文集》，生活·读书·新知三联书店，1982年版，第194页。
② 高尔基：《论文学》（续集），冰夷等译，人民文学出版社，1979年版，第188页。

才需要说谎话。""人,是伟大的!人有创造一切的力量",意在警醒民众树立自信与自尊,号召人们努力变革现实。1906年,高尔基创作了无产阶级文学的代表作《母亲》。女主人公尼洛芙娜原本是一位毫无自信、唯唯诺诺的矿工妻子,承受着政权、夫权对她肉体上和精神上的多重压迫。在儿子和他的同志们的影响下,她自觉地接受革命道理,接受党的教育,积极参加革命斗争,逐步认识到自己对于创建新生活是有用的人。于是一改从前的胆小怕事和逆来顺受,在斗争中成长为一个敢于向旧社会的统治者挑战、向不公平的命运挑战的无产阶级战士。

高尔基这一阶段的创作是与革命斗争的发展取同一步调的:斗争的胜利关键取决于斗争主体,而斗争主体的力量则取决于主体的思想觉悟。把文学的任务规定为"激起人对自己的自豪心",就从根本上确定了文学审美理想的目标,使革命文学紧密配合迅猛发展的革命运动,真正发挥了"齿轮和螺丝钉"的战斗作用。

2. 文学的意义在于科学地预示出"俄国无产阶级会向决定性的胜利前进"的未来图景

革命斗争锻炼了高尔基,加深了他"对无产阶级的历史作用及其英勇精神的认识"。为此,他深切地感到俄国现有的文学带着先天不足的苍白和软弱。革命,需要坚强的民众的力量;民众需要振奋精神的文学。

在《谈谈小市民习气》一文中,高尔基多次提到了俄国已有文学的思想倾向:

"世界上除了俄国文学外,大概也没有一种文学用这样甜得腻人的语言描写自己的人民,用奇怪的可疑的狂喜心情描写人民的苦难了。……

"俄国文学怀着悲痛的心情看着政权的邪恶势力怎样肆无忌惮地压迫俄国人民而不受制裁,怎样尽力用迷信来毒化这个大家虽然没有权利可是都加以利用的永恒的能量源泉……它……感慨地叹道:忍辱负重的故乡啊,你俄国人民的国土!

"我国文学整个是歌颂俄国人民的忍耐的……

"在俄国作家对待自己的主人公——农民——的态度上,常常有一种仿佛看到他们渺小、温柔、善良和有耐性而感到满足的味道……"①

高尔基认为,在某种意义上,这是助纣为虐的文学。当时(1861—1905)俄国农民的实际状况是什么样子呢?列宁在论托尔斯泰的文章中指出,农民"要进行什么样的斗争才能给自己争得自由,在这个斗争中他们能有什么样的领导者,资产阶级和资产阶级知识分子对于农民革命的利益采取什么样的态度,为什么要消灭地主土地占有制就必须用暴力推翻沙皇政权?农民过去的全部生活教会他们憎恨老爷和官吏,但是没有教会而且也不能教会他们到什么地方去寻找所有这些问题的答案"②。所以高尔基认为,欣赏、玩味俄国农民的"忍耐",就是强化、颂扬了农民精神世界中的弱点和缺陷,这是一种不利于革命的文学。

---

① 《高尔基政论杂文集》,生活·读书·新知三联书店1982年版,第189—191页。
② 《列宁选集》,第3版第2卷,第244页。

反对悲观主义、反对神秘主义仍然是高尔基中期美学思想的特点之一。从撰写俄国文学史所表达的观点，到评论陀思妥耶夫斯基和托尔斯泰的共同缺陷，即他俩都"主张个人的绝对自主，要求和谐，承认某种超然物外的超人意志，最后，顺便抛出一种不平常的无为思想"①，都体现出高尔基的批判与列宁思想的高度一致。列宁批判托尔斯泰是一个"颓唐的、歇斯底里的可怜虫"，批判他"鼓吹世界上最卑鄙龌龊的东西之一，即宗教"②，这实质上也是对悲观主义和神秘主义的批判，指出它们对民主革命和无产阶级革命具有极大的危害性。

那么，什么样的文学才能使大众确信"俄国无产阶级会向决定性的胜利前进"呢？高尔基提出以下五点：

第一，"对生活、对人们必须抱持积极的态度"，批判对世界采取消极态度的"不接受者"③的文学。

第二，"多方面地、深刻地观察过俄国生活"④，"步步跟着生活走……聚精会神地正视生活"⑤，"绝不粉饰而极其真实地表现

---

① 高尔基：《俄国文学史》，缪灵珠译，上海译文出版社，1979年版，第435页。
② 《列宁选集》，第2版第2卷，第242页。
③ 高尔基：《文学书简》上卷，曹葆华、渠建明译，人民文学出版社，1962年版，第410—411页。
④ 高尔基：《俄国文学史》，缪灵珠译，上海译文出版社，1979年版，第358页。
⑤ 高尔基：《俄国文学史》，缪灵珠译，上海译文出版社，1979年版，第460页。

人民脱离奴隶地位之后所处的可怕情况"[①],"没有用自己主观的增补来歪曲人民的理智与感情"[②]的文学。

第三,"憎恨一切庸俗、肮脏的东西"[③],"到处发现庸俗,到处就用月光般的柔和的带有责备意味的光亮,把庸俗的腐臭斑点照耀出来"[④]并同它进行斗争的文学。

第四,"相信祖国的人民……相信他们的创造力"[⑤],"表达人民的一切感情和理智"[⑥],"唤醒人们要关怀自己的人民"[⑦],"宣传民主主义……宣传社会主义"[⑧],创造符合时代需要的"英雄人物"[⑨]的文学。

第五,宣传敢于向黑暗势力挑战、热情地迎接革命的暴风雨、立场坚定、斗志昂扬,具有革命理想主义与革命乐观主义的文学。

[①] 高尔基:《俄国文学史》,缪灵珠译,上海译文出版社,1979年版,第381页。
[②] 高尔基:《俄国文学史》,缪灵珠译,上海译文出版社,1979年版,第328页。
[③] 《高尔基选集 回忆录选》,巴金、曹葆华译,人民文学出版社,1959年版,第163页。
[④] 高尔基:《文学书简》上卷,曹葆华、渠建明译,人民文学出版社,1962年版,第189页。
[⑤] 高尔基:《论文学》(续集),冰夷等译,人民文学出版社,1979年版,第104页。
[⑥] 参见高尔基:《俄国文学史》,缪灵珠译,上海译文出版社,1979年版,第154页。
[⑦] 叶果林等:《高尔基与俄罗斯文学》,赵侃等译,新文艺出版社,1957年版,第9页。
[⑧] 高尔基:《俄国文学史》,缪灵珠译,上海译文出版社,1979年版,第7页。
[⑨] 高尔基:《文学书简》上卷,曹葆华、渠建明译,人民文学出版社,1962年版,第66页。

19世纪80年代末至90年代初,高尔基两次在俄国的南部流浪;1906年秘密赴美国、法国、意大利宣传俄国革命,对资本主义社会制度作了考察和剖析。对流浪生活的体验,使他在文学创作和论文中痛斥消极的人道主义,指出它是庸俗、肮脏、有害的精神鸦片。对资本主义的亲自考察,使他树立了用社会主义理想改造现实的决心和信心。通过塑造巴威尔和尼洛芙娜等无产阶级的英雄人物,高尔基满怀激情地表达了对生活、对劳动者和革命者所持的积极态度,宣告了俄国无产阶级革命必然走向胜利的坚定信念。这是高尔基在无产阶级革命的发展中对劳动群众的出路问题所作出的顺应历史发展潮流的有力回答,因而是符合时代与民众的审美要求的。

二 艺术的审美创造

高尔基在撰写《俄国文学史》的过程中,自觉地总结了俄国艺术审美创造的各方面的经验。概括起来看,他从两种视角论述了文学的审美价值:一是文学作为审美活动的结果,二是文学作为审美活动的对象。高尔基对文学遗产的评价,突出地表现了他对艺术审美创造的精辟见解。

1."文学是社会诸阶级和集团的意识形态——感情、意见、企图和希望——之形象化的表现"[①]

高尔基是从研究审美创造的主体——作家开始去总结俄国

[①] 高尔基:《俄国文学史》,缪灵珠译,上海译文出版社,1979年版,第1页。

文学的发展规律的。首先,作家是某个阶级或某个社会集团的代言人,他主要"通过形象形式"来表达阶级或集团的观点、思想、感觉。其次,作家是"时代、种族、阶级的产物"[①],"他是生活现象的更精确的和更真实的见证者",所以能够"客观地叙述人们怎样去思想、怎样彼此对待"[②]。从俄罗斯19世纪文学创作的实际状况出发,高尔基对列夫·托尔斯泰和普希金的分析颇具权威。他指出,托尔斯泰的"使命"是"替贵族寻找在生活中应有的地位"[③],"从这个地位去看,他会觉得世界的一切生活尽是一片和谐,而他本人就是世界上最美丽最伟大的人物"[④]。在完成这个使命的过程中,托尔斯泰身上表现出一个经验丰富的作家不可避免的"自相矛盾"。高尔基认为,托尔斯泰伯爵是贵族阶级的一分子,"在对社会的态度上是反动的,他总是力图反对一切进步的社会思潮。……是俄罗斯思想界中反动思潮的最先的表现者……我们国家所需要的,恰好就是他高声疾呼予以否定的东西——它需要知识、需要科学、需要科学知识的民主化"[⑤]。托

[①] 高尔基:《俄国文学史》,缪灵珠译,上海译文出版社,1979年版,第4—5页。
[②] 高尔基:《俄国文学史》,缪灵珠译,上海译文出版社,1979年版,第6页。
[③] 高尔基:《俄国文学史》,缪灵珠译,上海译文出版社,1979年版,第6页。
[④] 高尔基:《俄国文学史》,缪灵珠译,上海译文出版社,1979年版,第502页。
[⑤] 高尔基:《俄国文学史》,缪灵珠译,上海译文出版社,1979年版,第485—487页。

尔斯泰还"曾宣扬过对生活抱持消极的态度,他是一个把所有民族缺点都体现在自己伟大灵魂里的人"①。但是,作为堪与莎士比亚相媲美的大文豪,他又"不能不顺带触及生活的一切方面,不能不陷入在我们是明显的而且具有教育意义的、但同他的基本观念相抵触的这一矛盾之中,不能不好几次破坏了他的思想的完整性,最后,他,消极的人生态度的宣传者,也不得不在《复活》中承认,而且几乎是证明了积极斗争的正确性"②。所以,托尔斯泰的文学创作所表现的审美理想是两类尖锐对立的"精神的典型":"创造者的创造精神和探索者的怀疑精神。"③ 高尔基同列宁对托尔斯泰思想观点的分析评价并不完全一致,但高尔基自有其客观和深刻之处。例如,他对《复活》等作品审美价值的评价,对这些作品审美理想所由产生的社会根源的考察,都是明显的例证。

普希金在高尔基看来具有更多的积极进步因素,所以与托尔斯泰有一定的区别。普希金同样出身于贵族,但他却能"第一个注意到民间创作并且把它介绍到文学里来"④,他首先自发地"感觉到贵族传统的狭隘和闭塞","认识了自己阶级的知识的贫乏、文化的衰落",后来便自觉地"以惊人的真实性反映出这一

---

① 高尔基:《文学书简》上卷,曹葆华、渠建明译,人民文学出版社,1962年版,第353页。
② 高尔基:《俄国文学史》,第6页。
③ 《高尔基选集 回忆录选》,巴金、曹葆华译,人民文学出版社,1959年版,第137页。
④ 高尔基:《俄国文学史》,缪灵珠译,上海译文出版社,1979年版,第169页。

切——贵族阶级的全部生活及其一切罪恶和弱点",逐步变成一个具有民主主义思想的文学家。他在文学创作(例如长诗《茨冈》、剧本《鲍利斯·戈都诺夫》、小说《上尉的女儿》)的"艺术概括上走出了阶级心理的局限,超出阶级的倾向之上……客观地描写出自己的阶级来"[①]。由于他把全民族的利益看得"高于贵族阶级的利益"从而才成了一个"俄罗斯的庸俗、无知、奴役、残忍和屈从当局淫威的奴才根性之大公无私的指证者"[②]。诗体小说《叶甫盖尼·奥涅金》的主人公作为一个不朽的典型,在他身上集中表现了普希金反叛贵族阶级的"感情、意见、企图和希望",生动地体现了作者民主主义的审美理想。

高尔基在俄国人民反对沙皇尼古拉二世专制独裁的行动遭受失败之后,对托尔斯泰与普希金的文学进行比较研究,把美学原则与政治因素结合起来,目的是阐明文学创作作为审美创造,它是人的本质力量的对象化;而阶级意识、阶级倾向则是人的本质力量的重要构成因素。忽略了这一个基本点,文学就难以承担促进人类进步的历史重任。

2."文学使思想充满肉和血,它比哲学或科学更能给予思想以巨大的明确性和巨大的说服力"[③]

高尔基从文学的审美特征形象性、感染性入手,把文学作为

[①] 高尔基:《俄国文学史》,缪灵珠译,上海译文出版社,1979年版,第178、177页。

[②] 高尔基:《俄国文学史》,缪灵珠译,上海译文出版社,1979年版,第179、175—176页。

[③] 高尔基:《俄国文学史》,缪灵珠译,上海译文出版社,1979年版,第1页。

审美对象而与哲学和其他科学区别开来,这是对艺术审美创造经验的概括性总结。1908年,在文学创作道路上奋进了16个年头的高尔基把生活实践中的深切感受给以理性归纳,把典型性、象征性、创造性这样几个重要命题作为自己艺术美审美理想的重要内容。

(1)典型性。高尔基是俄国青年文学爱好者的良师益友。他常常以作者和欣赏者的双重身份向青年作者提出自己对文学的看法,促使他们尽快成熟起来。1909年至1910年两年间,他五次写信指导一位文学新人。有一封信写道:"艺术就是进行典型化的艺术,就是说,选取最有普遍意义的、最有人性的东西,以之构造某种令人信服的、不可摇撼的东西……作为一个艺术家,您要从容地和朴素地把人放在最典型的生活现象的圈子里,它们的中心里,您要用形象和画面来给他描绘这些现象,这些东西他(指读者。——引者注)好歹是可以理解的,他也许可以稍微思考一下的。"[1] 高尔基典型理论的要义是:其一,要深入生活、观察生活、思考生活、积累生活,否则作家就无所依凭,就不能选出"最典型的生活现象"。其二,要具有塑造文学形象的本领。否则,他的作品就不能因"其生动性而更能说服人",更能宣传"阶级倾向"。其三,典型化是以普遍存在的现象为基础,通过个别性反映普遍性。充分典型化了的人和事才能"令人信服、不可

---

[1] 高尔基:《文学书简》上卷,曹葆华、渠建明译,人民文学出版社,1962年版,第338—339页。

摇撼"。其四,仅仅满足于刻画人物形象是不够的,只有"把人放在最典型的生活现象的圈子里"才能塑造出典型人物。这与恩格斯提出的现实主义原则不谋而合。其五,只有成功地塑造出艺术典型,文学才耐人寻味,发人深省,具有强烈的艺术感染性。

当一位名叫奥尔洛夫斯基的人指责《母亲》中的尼洛芙娜"是一种杜撰出来的、不大可能的典型"时,高尔基声明:"这样断然的结论是很不妥当的……为什么要破坏……这个形象的为大家所公认的宣传作用呢?"[①]他在介绍创作经验时指出,尼洛芙娜的形象是在彼得·扎洛莫夫的母亲、卡多姆采维弟兄的母亲等"几十个同儿子一道被判罪的母亲"[②]身上概括出来的,具有坚实的生活基础和社会普遍性。当然,高尔基屏弃脱离生活、苍白无力的虚假的"英雄",肯定那些植根于生活、有血有肉的"英雄"。1905年他曾写信批评了一位叫安·叶·陀勃罗伏尔斯基的人。信中说:"您的短篇小说的题材是虚假的,那个非凡的丹尼尔是您杜撰出来的,而且杜撰得不好。……显然,您原来想把您的铁匠写成一个'英雄',结果却是一个可笑而又可怜的东西……一个完全不自然的人物,既无血又无肉!"[③]接着,他又语重心长地劝告说:"要学习观察人们,了解人们。"因为"文学是

---

① 高尔基:《文学书简》上卷,曹葆华、渠建明译,人民文学出版社,1962年版,第365—366页。
② 高尔基:《文学书简》上卷,曹葆华、渠建明译,人民文学出版社,1962年版,第366页。
③ 高尔基:《文学书简》上卷,曹葆华、渠建明译,人民文学出版社,1962年版,第216页。

严肃的、战斗的事业。……它是建立在真实上面的,而且在与它有关的一切方面,要求的就是真实!"①离开了真实性,艺术典型就失去了说服力、感染力和战斗力,文学也就失去了应有的审美意义。

(2)象征性。高尔基认为,文学创作固然可以表现"风、秋天、天空",但更重要的是表现人,表现"人的灵魂"②。如若用冷淡(缺乏感情)和理智(缺乏形象)来构造"类似宣言的东西",即使意在表达人的生活和心灵,那也"不是诗歌,不是艺术"。进而他又指出:"在诗篇中,在诗句中,占首要地位的必须是形象",③即用生动、具体、鲜明而韵味无穷的形象来表达思想和"人的灵魂"。为此,"必须寻求还没有为人找到的东西:新的字句、新的韵节、新的形象、新的画面"④。这里,高尔基深刻地指出,艺术的生命力在于同人的灵魂紧密结合。艺术形象愈是生动具体而具有概括性(或象征性),它就愈能把"全世界集中在自己身上",成为内蕴丰富的"世界的回声"。

高尔基紧紧抓住审美心理求新求奇的特点,在他的散文诗

---

① 高尔基:《文学书简》上卷,曹葆华、渠建明译,人民文学出版社,1962年版,第216—217页。
② 高尔基:《文学书简》上卷,曹葆华、渠建明译,人民文学出版社,1962年版,第485页。
③ 高尔基:《文学书简》上卷,曹葆华、渠建明译,人民文学出版社,1962年版,第302页。
④ 高尔基:《文学书简》上卷,曹葆华、渠建明译,人民文学出版社,1962年版,第498页。

《海燕》里充分运用了象征手法，以崭新的构思实践了自己的美学主张。

海燕是人、是社会现实里某一类人的象征，它是革命者精神风貌的外化："高傲"地面对即将来临的暴风雨，表现出藐视恶劣的生存环境的英雄气概。海燕深信，"乌云遮不住太阳"，它以"胜利的预言家"的豪情壮志呼唤："让暴风雨来得更猛烈些吧!"这是无产阶级革命家们才会有的战斗精神，是渴望在斗争中推翻旧世界的战士才会有的革命气魄。

海燕的象征性表现为：作者选取了大自然中这种最富于搏击力和坚韧性的动物来表达革命家深厚的情感意蕴和丰富的思想内涵，以有限指向无限，以生动可感的具象揭示出抽象的革命道理。充沛的激情，高度的概括力，使革命前夜俄国无产阶级革命家的精神世界如"苍茫的大海"，淋漓尽致地展现在读者面前。

海燕又是作者用"新的字句、新的韵节"创造出来的"新的形象、新的画面"。高尔基在运用象征手法时，不仅使寓体（海燕）与本体（无产阶级革命家）之间不拘形似而重在神似；而且以象征统领全篇，虚实叠合、情景交融，创造出一种气势磅礴（壮美）的艺术境界。

（3）创造性。高尔基曾经对托尔斯泰说："所有的作家大概都多多少少地发明过一点东西"，言外之意是，没有过"发明"创造的文字编撰人就不配称为作家。高尔基从他的第一篇小说开始，就向往着"砸碎一切奴役人的桎梏"①，这种思想到了20世纪初表现得更为深沉、更为执着。高尔基的"发明"就蕴含在这种思想基调中。文学的路，怎样才能走出具有创造性的个人特色呢？怎样才能促进俄国文学的蓬勃高涨，使之更有效地为无产阶级的解放事业服务呢？高尔基一直思考着的这些问题成为他"发明""创造"的宗旨。

首先，高尔基把现实主义文学视为一种"创造"。他说："现实主义到底是什么呢？简略地说，是客观地描写现实，这种描写从纷乱的生活事件、人们的互相关系和性格中，攫取那些最具有一般意义、最常复演的东西，组织那些在事件和性格中最常遇到的特点和事实，并且以之创造成生活画景和人物典型。"②他举例论证现实主义文学即是"创造"时，认为普希金是站在时代高峰上创造了不朽的典型奥涅金，因为"奥涅金的最显著的特点就是那个时代成千累百人所具有的特点"③。

高尔基是一位善于从既有的现实中去挖掘未来可能性的杰出思想家和伟大文学家。他的坚定信念是："新生的总在替代垂死的、消逝的。死亡，同时也是新生命的萌芽。"④这种辩证唯物

---

① 伊·格鲁兹杰夫：《高尔基传》，辛守魁译，黑龙江人民出版社，1981年版，第84页。
② 高尔基：《俄国文学史》，缪灵珠译，上海译文出版社，1979年版，第207页。
③ 高尔基：《俄国文学史》，缪灵珠译，上海译文出版社，1979年版，第207页。
④ 《回忆高尔基》，人民文学出版社，1958年版，第175页。

主义的世界观激励着他借助文学创作去表达"对新事物的期待"。当他把浪漫主义文学进行了比较和区分之后,对那种"积极的战斗性质"的浪漫主义流派和消极的浪漫主义都作了客观评价。前者是"在人意识到自己与世界之间的关系、并且感觉到这种意识唤起他的创造力量这基础上发生的"[①],而后者则只是一种忧虑的倾诉。这个美学评价对世界浪漫主义思潮来说是非常公允,非常深刻的;甚至直接影响到了高尔基自己此后的文学创作。

---

① 高尔基:《俄国文学史》,缪灵珠译,上海译文出版社,1979年版,第114页。

第三章

高尔基后期的美学思想

高尔基的一生，是探索、战斗、创造的一生。为解脱劳苦大众的生活困境，寻求他们的出路而探索；为人（主体）与社会和自然（客体）的和谐统一、无产阶级政治经济与精神上的自由而创作。

十月革命之后，高尔基从探索与战斗的激情逐渐走入理论的沉静，以大量散文化的文学论文和政治论文总结着俄罗斯文学和苏联新文学的历史发展过程中文学的审美倾向、创作的美学品格、作品的审美价值等诸方面的经验教训。他的美学思想更加条理化、完整化，有力地显示出它对苏联社会主义阶段美学和文学创作的指导意义。

高尔基的美学思想以探索人生的"自由"为逻辑起点。经过几十年深刻的社会变革，人性与无产阶级的阶级性已经在社会主义苏联融为一体，工人阶级获得了真正的自由。因此，高尔基美学思想的逻辑发展也进入了崭新的阶段：面对苏联无产阶级专政条件下新生活和新文学的实践,着力从理论与创作活动两方面探索新的审美理想的自由境界。

高尔基后期的理论著述颇丰。有关研究艺术美的本质、研究艺术美与现实美的关系、研究文学的审美特征等问题的著作与文章主要有:《论文学》《论艺术》《论剧本》《苏联的文学》《论文学技巧》《论社会主义现实主义》《论散文》《论主题》《谈谈民间故事》《谈谈我怎样学习写作》《给初学写作者的信》等等。另外,还发表了许多论述社会美的审美理想、创造社会美的主体条件等问题的论著,如《论"渺小的"人及其伟大的工作》《"文化大师们",你们跟谁在一起?》《论旧人与新人》《"……你们是改造世界的神奇般的力量"》《论文化》等等。尽管高尔基在这一时期没有出版美学专著,但他的美学思想却十分活跃地出现在文学论著和政治论著中。由于这些论著鲜明的政治倾向和包容着丰富的文学创作经验,在文艺学美学领域一直成为引人注目的"理论板块"。

第一节 审美心理剖析——《谈谈我怎样学习写作》

高尔基是一位真诚的文学家。随着历史的变革,他的创作和理论著作都能直抒胸臆,坦陈己见。与列宁和布尔什维克党的阶段性分歧,以及接受列宁的批评后纠正自己的错误,都体现着他特有的真诚。当他步入花甲之年,自觉地总结一生的文学创作过程,自觉地面对自己心灵世界的时候,对于自己的审美心理历程也进行了真实的概括,这些理论概括具有较高的美学价值。

写于1928年的《谈谈我怎样学习写作》一文共分十个部分:(1)先从研究文学史入手把问题顺序展开。(2)谈文学上的两个主要"潮流"。(3)谈俄国文学中的浪漫主义。(4)本人体验过的生活与现实。(5)怎样在生活中培养与训练自己。(6)本人怎样阅读外国和俄国的文学作品。(7)回顾自己怎样开始写作。(8)谈谈语言问题。(9)怎样创造性格和典型。(10)为什么要写流浪汉。在这十个问题里连贯性地阐述着一个中心论点:对于审美心理的透彻认识是总结写作经验最深入的理论层次。

茨威格致高尔基的信中说:"我接触了您的作品,我再一次从中发现了新的东西:俄国人的力量,俄国人的健康的东西以及这个伟大民族的心灵和整个面貌。……我从未有过亲自同您见面的幸运,但我从您的每一句话里都能感觉到您本性的无所畏惧的诚实。……好像是全体人民把您从芸芸众生中推举出来做一名见证人,让您描绘出人民的本质形象,说明他们最隐秘的思想和愿望,而您诚实和卓越地完成了这一伟大的使命。"[①] 高尔基对生活的感受是同人民完全一致的,其艺术想像切中人民的美好愿望,真诚地表述了俄罗斯民族精神的精华,倾诉了俄国人民共有的痛苦与忧伤。他对于自身审美心理的剖析带有典型性,这种心理是产生于特定民族、特定时代、特定阶级范围之内而又超乎其上的

---

① 陈寿朋:《高尔基晚节及其他》,内蒙古大学出版社,1991年版,第13—14页。

民族审美理想的规律性总结。

一 审美感受

高尔基用文学家特有的描述性语言把审美感受分为三种。这三种审美感受都具有鲜明的阶级倾向。

1. 对生活的审美感受

无可讳言，高尔基偏爱俄罗斯大地上"不平常的"流浪汉。他自己流浪的生活经历成为他素材积累中最宝贵的部分，也成为他的整个创作中令人瞩目的部分。他回忆说："在流浪汉中有许多奇怪的人，他们有很多地方我是不懂的，但是有一点赢得了我对他们强烈的好感，那就是他们不对生活发牢骚，反而用讥笑和讽刺的态度谈论'庸俗的人们'的幸福生活。"[1] 当他看到一位被捕的流浪汉以强烈的自尊和极度的蔑视对待警察局长和原告人时，感到非常"吃惊"。当他倾听一位受骗的流浪汉"微笑"着讲述一个年轻人对自己的背叛行为之后，"他的那种不怀恶意的嘲讽"也让高尔基十分"惊奇"[2]。高尔基具有对流浪汉及一切劳苦大众的深切的同情心，他所指的流浪汉的"奇怪"实际上是指"他们并不贪心、不互相倾轧，也不积蓄金钱"[3]，他们是一群私

---

[1] 高尔基:《论文学》，孟昌、曹葆华、戈宝权译，人民文学出版社，1978年版，第197页。
[2] 高尔基:《论文学》，孟昌、曹葆华、戈宝权译，人民文学出版社，1978年版，第197页。
[3] 高尔基:《论文学》，孟昌、曹葆华、戈宝权译，人民文学出版社，1978年版，第196页。

有制社会勇敢的叛逆者和破坏者。

引起高尔基心灵震颤的还有另外一群——囚犯。在沙俄时期，这些囚犯被流放到西伯利亚服苦役，以致终生不归。年幼的高尔基感到"这些阴郁的人常常在我的心中引起一种对他们的奇怪的向往……"以致一个囚犯朝他喊了声"喂，小伙子，跟咱们逛逛去吧！"他就立刻跑上前去，从那以后"很久很久还记得这个人，记得他那愉快的、和善的声音"①。这些囚犯是摧毁旧世界的积极力量，因而激起了高尔基的钦佩和好感。囚犯及其斗争事迹一直成为高尔基运用文学创作来弥补现实中"令人苦恼的贫困生活"的重要题材，也是他灵感催生的原动力之一。

审美与审丑在高尔基美学思想中相辅相成："瓦罐、茶炊、胡萝卜、母鸡、薄饼、弥撒、命名日，出殡，大吃大喝，酒后胡闹以至直到呕吐，——这就是我开始生活的那个圈子里的人的生活内容。这种丑恶的生活在我心里唤起一种枯燥无味的、使人变得迟钝的无聊感觉，唤起一种为了刺激自己而想要胡闹的愿望。"②这是私有制社会里小市民特有的狭隘、自私、愚昧在高尔基心灵上激起的反应。尽管这只是一种"感受"，但是从"恐惧"到"惊讶"，到"仇视"到报复，都是作者对旧世界"非人

---

① 高尔基：《论文学》，孟昌、曹葆华、戈宝权译，人民文学出版社，1978年版，第175、174页。
② 高尔基：《论文学》，孟昌、曹葆华、戈宝权译，人民文学出版社，1978年版，第173页。

道的"①丑恶现实的审视和批判。美丑强烈对比,美压倒丑,战胜丑,这是高尔基感受生活过程中执着的美学追求。

2. 对艺术的审美感受

对各类作品的独特感受,往往是滋养作家智慧的重要因素。"我既直接从生活中得到印象,也从书本中得到印象。前一类印象可以和原料相比,后一类印象可以和半成品相比。"②高尔基自幼好学,"碰到什么读什么",积累了丰富的对艺术的审美感受。

"我记得,我在圣灵降临节这一天阅读了福楼拜的《一颗纯朴的心》,黄昏时分,我坐在杂物室的屋顶上,我爬到那里去是为了避开那些节日的兴高采烈的人。我完全被这篇小说迷住了,好像聋了和瞎了一样,——我面前的喧嚣的春天的节日,被一个最普通的、没有任何功劳也没有任何过失的村妇——一个厨娘的身姿所遮掩了。很难明白,为什么一些我所熟悉的简单的话,被别人放到描写一个厨娘的'没有趣味'的一生的小说里去以后,就这样使我激动呢?在这里隐藏着一种不可思议的魔术。我不是捏造,曾经有好几次,我像野人似的,机械地把书页对着光亮反复细看,仿佛想从字里行间找到猜透魔力的方法。"③高尔基在

---

① 高尔基:《论文学》,孟昌、曹葆华、戈宝权译,人民文学出版社,1978年版,第172页。
② 高尔基:《论文学》,孟昌、曹葆华、戈宝权译,人民文学出版社,1978年版,第179页。
③ 高尔基:《论文学》,孟昌、曹葆华、戈宝权译,人民文学出版社,1978年版,第182—183页。

这里生动地描述了审美心理发展过程中几个环节的有机联系：所谓"被迷住"，即全身心地忘我地投入。从心理过程分析，首先是被审美对象牢牢地吸引了。随着情节的进展，又被审美对象深深地感染了，从而才可能"像聋了和瞎了一样"，完全沉醉于艺术的境界之中。这是伴随着心灵的激动、伴随着想像和联想的感情活动阶段，是一种无目的性、超功利的心理活动。之后，他开始思考：为什么一个普通厨娘会令人"激动"呢？里边隐藏着的"魔术"是什么呢？为此，要"反复"地去"细看"，要"找到猜透魔力的方法"。这就由感情活动阶段进入了理性活动阶段，由"直觉的动情的愉悦"转入到理性的逻辑的思考。分析、推理、判断，使理智感、道德感上升为一种明晰的思想观念："真正的、深刻的教育意义"[①]是从被"迷住"的艺术感染力和试图探究"魔力"所在的理性思考中发挥出来的。尽管审美感受带有突出的直观性质，却脱离不了已往生活经历的心理积淀和政治倾向的规定性。这也从另一个角度证明：欣赏兴趣从浅表层的被吸引，深入到情感层的被感染，再到内心体验层的被震撼，是审美感受活动的基本过程。

欣赏艺术，往往从无目的开始，以认识到某种目的而结束。审美，往往以没有功利动机开端，却以感觉到某种功利动机而告终。文学作品好像一条条潜流着某种思想导向和感情导向的江

---

① 高尔基：《论文学》，孟昌、曹葆华、戈宝权译，人民文学出版社，1978年版，第182页。

河，当高尔基以文学家的体验与领悟去回顾儿时的审美感受过程时，福楼拜一贯同情被压迫、被剥削的"无知的下等人"的阶级倾向性，是引起高尔基幼小心灵共鸣的根本原因。

3. 由生活到艺术、由艺术到生活的审美感受

高度的社会责任心是高尔基一贯的思想特点。他清楚地认识到文学既可以使人"意志坚强，性格明朗"，又可以使人"彼此仇视"，颓废消沉。不论面对生活还是面对艺术，真与善都是对象世界内容美的重要因素。

由生活感受联想到艺术感受的思维方式，可以强化思想观念，使美的更美、丑的更丑。高尔基终生难忘的那个囚犯曾在他"心中和另一个很强烈的印象联系在一起"，这就是《快乐的射手乔治·格林和罗宾汉的喜剧》里的诗句：

"哎，让我做一个自由的农民活着或死去吧，

我的父亲是个普通庄稼汉，我做儿子的将来也是个庄稼汉。

要知道，当我们这般普通老百姓，

做事比显贵的老爷更出色的时候，那才是更大的光荣。"[①] 这双重的感受使高尔基免受小市民习气的诱惑和影响，深刻地认识到发牢骚往往是"由于狡猾"，由于"不愿互相帮助"；而爱发牢骚的小市民都是一些"没有能力反抗、不会或不愿工作的人"。[②]

---

① 高尔基：《论文学》，孟昌、曹葆华、戈宝权译，人民文学出版社，1978年版，第175页。

② 高尔基：《论文学》，孟昌、曹葆华、戈宝权译，人民文学出版社，1978年版，第172页。

生活中豪放的囚徒和文学中坚毅的射手从不得过且过，也从不抱怨命运，他们是一群敢于批判旧世界和开创新生活的勇士。

由艺术感受联想到生活感受的思维方式，则可以深化思想认识，拓宽心灵世界。读了《欧也妮·葛朗台》，高尔基联想到自己的生活："葛朗台老头子，也是一个吝啬、残酷、大体上同我的外祖父一样的人，但是他比我的外祖父更愚蠢。"① 通过葛朗台，高尔基对于外祖父的"残暴而又吝啬"，又有了深刻的"认识和了解"。阅读外国文学作品的动机，高尔基是为了"寻找外国人和俄国人之间的差异"。于是，"当我读到那些和我的生活圈子里的人毫不相似的人的时候，我感到很有趣"②。因为"经验越是多种多样，人就越得到提高，人的眼界就越广阔"③。

二 审美想像

在《论文学技巧》一文中，高尔基指出："想像是创造形象的文学技巧的最重要手法之一。"④ 艺术创作需要想像。然而，在艺术创作的过程中，哪些环节是离不开想像的呢？《谈谈我怎样学习写作》一文指出，创作动机的产生、艺术典型的塑造、作者

---

① 高尔基:《论文学》，孟昌、曹葆华、戈宝权译，人民文学出版社，1978年版，第179页。
② 高尔基:《论文学》，孟昌、曹葆华、戈宝权译，人民文学出版社，1978年版，第181页。
③ 高尔基:《论文学》，孟昌、曹葆华、戈宝权译，人民文学出版社，1978年版，第181页。
④ 高尔基:《论文学》，孟昌、曹葆华、戈宝权译，人民文学出版社，1978年版，第317页。

情绪的宣泄等等,都离不开想像。

1. 想像与创作动机

十月革命之前,高尔基曾研究过 300 多位业余作者的创作心理。他确立的第二个问题即"是什么驱使他们写作?"结果发现,"把'神奇的力量'、'不可抑制的向往'、'一种焚烧着心灵的东西'、'一种东西'以及其他诸如此类的形容语当作动机的,共有 92 篇"[①]。17 年之后,他仍然在研究人们"为什么会产生写作的愿望呢?"

首先,他研究了人的本质特点:"人在很多方面还是野兽,而同时人——在文化上——还是一个少年,因此美化人、赞美人是非常有益的:它可以提高人的自尊心,有助于发展人对于自己的创造力的信心。"[②]

其次,他研究了人的思维特点:"在求生斗争中,自卫的本能在人身上发展了两种强大的创造力:认识和想像。认识——这是观察、比较、研究自然现象和社会生活的事实的能力……想像在其本质上也是对于世界的思维,但它主要是用形象来思维,是'艺术的思维';可以说,想像——这是赋予大自然的自发现象与事物以人的品质、感觉、甚至还有意图的能力。"[③]

---

① 高尔基:《论文学》(续集),冰夷等译,人民文学出版社,1979 年版,第 131 页。
② 高尔基:《论文学》,孟昌、曹葆华、戈宝权译,人民文学出版社,1978 年版,第 165 页。
③ 高尔基:《论文学》,孟昌、曹葆华、戈宝权译,人民文学出版社,1978 年版,第 160 页。

再次，他研究了人的创作动机的特点：假如一个人由于"贫困的生活"而会"尽力用美丽的虚构来丰富'令人苦恼的贫困生活'，会把人们写得比他们的实际情况要好"，在这样的创作动机驱动下，那么他"大概会写出所谓'浪漫主义的,作品来"①。假如一个人对生活有太多的感受，从而产生了"我有这么多的印象，使得我不能不写"的创作动机，那么大概就会"造就出不少的'现实主义者'"②。高尔基进一步说："我对于我为什么写作这个问题作这样的回答：由于'令人苦恼的贫困生活'对我的压力，还因为我有这样多的印象，使得'我不能不写'。前一种原因促使我企图把《鹰和蛇的故事》、《燃烧着的心的传说》、《海燕》这样一些杜撰、'虚构'的东西带到'贫困的'生活里去；而由于后一种原因，我就写了几篇'现实主义的'小说——《二十六个和一个》，《奥尔洛夫夫妇》、《鲁莽汉》。"③

想像，是一种有目的的创造力。由于人类认识到了自身的缺陷，确立了"美化人、赞美人"的目标，就会迸发出想像力。人类把握自然、改造自然的愿望要通过艺术创作表达出来，也必须借助想像去实现。由于对生存环境的不满激发了人类改造环境的渴求，人类就会借助想像虚构"应该有的"环境以慰藉自己的心

---

① 高尔基:《论文学》，孟昌、曹葆华、戈宝权译，人民文学出版社，1978年版，第164页。
② 高尔基:《论文学》，孟昌、曹葆华、戈宝权译，人民文学出版社，1978年版，第165、166页。
③ 高尔基:《论文学》，孟昌、曹葆华、戈宝权译，人民文学出版社，1978年版，第166页。

灵。由于生活给了人太多的感受和刺激,当人类精神承受不了过多的负荷时,就往往借助艺术想像来加以宣泄。所以,文学创作不仅从整体上需要想像,而且从创作欲念产生的那一瞬间起,创作活动就始终伴随着想像。

高尔基对"未必有益"的创作动机是持否定态度的。"不久以前,有一个女人在柏林表演,她每一只手拿着两支铅笔,嘴里还衔着一枝,能够同时用五种不同的语言,写出五个不同的单字。这看来像是完全不可想像的,但这不是因为体力上的困难,而是因为需要把思想不自然地分散,然而这却是事实。……这个事实证明,在乱七八糟的资产阶级社会里,人实际上把自己卓越的才能耗费得多么没有意思"[1],因为创作动机是"为那些吃得过饱的人消愁解闷"[2]。高尔基热情鼓励青年人去想像、去创造,目的是培养自己的能力,去"反抗从外面——也从内部——压迫人的'旧世界'"[3]。如果抹杀人的想像力和创造力,甚至为做金钱的仆役而创作,那么,即使"双脚朝天在街上走路",高尔基也认为这种把戏对人民"未必有益"[4],不值得提倡。

---

[1] 高尔基:《论文学》,孟昌、曹葆华、戈宝权译,人民文学出版社,1978年版,第177页。
[2] 高尔基:《论文学》,孟昌、曹葆华、戈宝权译,人民文学出版社,1978年版,第177页。
[3] 高尔基:《论文学》,孟昌、曹葆华、戈宝权译,人民文学出版社,1978年版,第176页。
[4] 高尔基:《论文学》,孟昌、曹葆华、戈宝权译,人民文学出版社,1978年版,第177页。

2. 想像与艺术的典型化

"创造人物与'典型'的艺术,需要想像、推测和'虚构'"①。典型,是最富有代表性的艺术形象,它通过鲜明生动的个性表现人的普遍性的本质。艺术典型是怎样创造出来的呢?高尔基认为,最重要的是充分运用形象的典型化与情感的典型化方法。

其一,现实主义的典型化。高尔基说:"当一个文学家在写他所熟悉的一个小店铺老板、官吏、工人的时候,他或多或少都能创造出这一个人的成功的肖像,但这只是一个失掉了社会意义与教育意义的肖像而已,在扩大和加深我们对人和生活的认识上,它几乎是毫无用处的。但是,假如一个作家能从二十个到五十个,以至从几百个小店铺老板、官吏、工人中每个人的身上,把他们最有代表性的阶级特点、习惯、嗜好、姿势、信仰和谈吐等等抽取出来,再把他们综合在一个小店铺老板、官吏、工人的身上,那么这个作家就能用这种手法创造出'典型'来,——而这才是艺术。"②从表面上看,高尔基是在讲述一种单纯的创作"手法",实质上他是在概括地表述文学创作中的典型化过程。熟悉某一个人,有时是非自觉的。但要抽取几十、几百个人身上的代表性特点,就需要一个有目的自觉的思维过程。这

---

① 高尔基:《论文学》,孟昌、曹葆华、戈宝权译,人民文学出版社,1978年版,第159—160页。
② 高尔基:《论文学》,孟昌、曹葆华、戈宝权译,人民文学出版社,1978年版,第160页。

个思维过程由几个主要环节组成:(1)注意:有了事先的预定目标,才能有选择地对这个预定目标给予心理投入。否则即使认识了许多"小店铺老板",仍然不会在想像中有针对性地进行典型化。(2)识记:只有在比较中反复感知诸多同一职业人物的同与异,才能从中"抽取"出"最有代表性的阶级特点"。(3)想像:把复杂的认识对象分解为"不同的组成部分、方面、特性",抽取出共同点,再把它综合在一个具体人物的身上,这个人物就是艺术中一个崭新的成员,这个新成员的诞生完全依赖于作家的创造性想像。从注意到识记,包含了观察、类比、分析、判断等诸多心理因素;从识记到想像,心理活动更为丰富复杂,其中包括筛选、联想、归纳、回忆和情感等等。因而,在高尔基看来:"创造人物与'典型'的艺术,需要想像",确实道出了一个文学创作的秘诀。

其二,浪漫主义的典型化。文学创作中,人为什么要"赋予他所看见的一切事物以自己的人的性质并加以想像?"[1]这主要是由于愿望的驱使。每个人时刻都处在与客观世界互相适应或协调的特定关系中,从而产生出对客体的否定心态或肯定心态。早年,高尔基认为,当人们处身于"令人苦恼的贫困生活",而又"想用自己的力量使生活变得更为富足、愉快、公正、美好"[2]的时

---

[1] 高尔基:《论文学》,孟昌、曹葆华、戈宝权译,人民文学出版社,1978年版,第161页。
[2] 高尔基:《论文学》,孟昌、曹葆华、戈宝权译,人民文学出版社,1978年版,第161页。

候,就会虚构出一个"神"。神是怎样创造出来的?高尔基相信:"神也像文学的'典型'那样,是根据抽象化和具体化的法则创造出来的。把许多英雄人物的有代表性的功绩'抽象化'——分离出来,然后再把这些特点'具体化'——概括在一个英雄人物身上……把每个商人、贵族、农民身上最自然的特征分离出来,并概括在一个商人、贵族、农民的身上,这就形成了'文学的典型'。"① 而神,在高尔基看来,就是作家通过"想像"创造出来的"全知、全能"的一个精神载体,作家要"把自己最好的愿望都寄托在神的身上"②。后来,高尔基认识到,随着历史的发展,"工人阶级的先进分子意识到要想使他们的优秀的东西获得发展的自由就必须改造生活的时候,神就成为已经过时的虚构的东西而不再为他们所需要了"③。工人阶级所需要的是"宣传对现实采取积极态度、宣传劳动与培养生活的意志、鼓动建设新的生活形式和对旧世界(我们正非常艰难地、非常痛苦地在根除它的遗毒)的憎恨的'浪漫主义'"④。这种浪漫主义顺应生活逻辑而驰骋想像,杜绝一切"猜想""臆想"和"空想"⑤。想像是必然律昭示的科

---

① 高尔基:《论文学》,孟昌、曹葆华、戈宝权译,人民文学出版社,1978年版,第162页。
② 高尔基:《论文学》,孟昌、曹葆华、戈宝权译,人民文学出版社,1978年版,第161页。
③ 高尔基:《论文学》,孟昌、曹葆华、戈宝权译,人民文学出版社,1978年版,第161—162页。
④ 高尔基:《论文学》,孟昌、曹葆华、戈宝权译,人民文学出版社,1978年版,第171页。
⑤ 高尔基:《论文学》,孟昌、曹葆华、戈宝权译,人民文学出版社,1978年版,第192、193、194页。

学预言,生动地体现出劳动人民"征服了一切东西和一切人"[①]的美好愿望。

高尔基重视研究创作心理,但并不因此而轻视或忽视作家必须深入生活,积累丰富的生活经验;他必须有"高度发达的观察力";必须注意研究自然和社会。想像的作用是"补充事实的链条中不足的和还没有发现的环节"[②],因此,想像的翅膀如果离开现实生活提供的充足能量便无力飞翔。既要有深厚的生活根基,又要善于驰骋想像,这是高尔基形象思维理论中一贯坚持的审美理想。

第二节 文学创作中形式美的相对重要性

任何文学作品都是以内容与形式相统一的整体面貌出现在读者面前的。多数人在接受作品时往往"得其意而忘其言",把注意力放在内容方面。高尔基自1918年至1936年,在致作家、文学爱好者及各种人物的200多封书信中,每当谈到一部作品,他不仅注重其思想倾向和格调情趣,同时还要耐心地分析或评价其语言、体裁或技巧方面的优劣、得失。高尔基对俄罗斯文学发展的热情关注和高度责任感,对文学事业由衷的信仰和全身心的投入,对创作规律的积极探索和理性总结,使他的关于文学形式美

---

① 高尔基:《论文学》,孟昌、曹葆华、戈宝权译,人民文学出版社,1978年版,第193页。
② 高尔基:《论文学》,孟昌、曹葆华、戈宝权译,人民文学出版社,1978年版,第158—159页。

的理论更具说服力和权威性。

一 语言的审美要义

语言,是艺术(主要指文学作品)作为客体诉诸人的感官的物质媒介,又是艺术作品的血肉。没有语言,就没有文学;没有各类艺术语言,就没有艺术。因此,在文学形式的构成因素中,高尔基把文学语言放在第一位。他在《论社会主义现实主义》一文中指出:"文学创作的技巧,首先是在于研究语言,因为语言是一切著作、特别是文学作品的基本材料。"[1]围绕着这个主导思想,他指出:"在建立新的社会主义文化的许多伟大任务中,组织语言、清除语言中的寄生的渣滓的任务,就摆在我们的面前。……为了语言的纯洁性、为了语言的含义的准确性、为了语言的敏锐性而斗争,也就是为文化的武器而斗争。"[2]"文学家写作的时候,把行动化为语言,同时又把语言化为行动。"[3]"我们都应写得更简洁、更经济,写得'言简意深'。"[4]把语言作为创作的技巧,作为文化的"武器",既没有忽略语言的重要性,也没有夸大语言在文学中的作用。从这个基本的观点出发,高尔

---

[1] 高尔基:《论文学》,孟昌、曹葆华、戈宝权译,人民文学出版社,1978年版,第321页。
[2] 高尔基:《论文学》,孟昌、曹葆华、戈宝权译,人民文学出版社,1978年版,第93—95页。
[3] 高尔基:《论文学》,孟昌、曹葆华、戈宝权译,人民文学出版社,1978年版,第56页。
[4] 高尔基:《论文学》,孟昌、曹葆华、戈宝权译,人民文学出版社,1978年版,第28页。

基提出了衡量语言美的标准。

1. 语言美在朴素

在多年的创作实践中,高尔基一贯把"美在朴素中"视为"一个原理"[①]。在同各种作者书面通信或当面交谈中,只要涉及创作中的语言问题,他从来都一丝不苟。不仅直言不讳地反复告诫"应该写得朴素,愈朴素愈好"[②],而且不厌其烦地把矫揉造作的句子罗列出来,一字一句地予以评点。

高尔基所谓"美在朴素中"的语言理论,大致可以概括为三点。第一,"优美和明白易懂"的语言是朴素的。高尔基认为"语言是由人民创造的"[③],传达人民思想感情的语言应该是质朴无华的语言,雕琢、矫饰、卖弄、虚妄都不属于人民。第二,情感真挚的语言是朴素的。高尔基在指导一位年轻作者时说:"写得简短些、朴素些,就像您是在给您心爱着的姑娘写信,或者给您同样深情地热爱着的母亲讲述的时候一样。"[④]真诚深厚的感情无需美丽辞藻的装饰,它依然感人至深。而冗长、做作的华丽言词却往往损害感情的表达。可见,"辞欲朴则情欲真"是高尔基一贯信奉的审美标准。第三,内容明确的语言是朴素的。在高尔

[①] 高尔基:《文学书简》上卷,曹葆华、渠建明译,人民文学出版社,1962年版,第467页。

[②] 高尔基:《文学书简》下卷,曹葆华、渠建明译,人民文学出版社,1965年版,第59页。

[③] 高尔基:《论文学》,孟昌、曹葆华、戈宝权译,人民文学出版社,1978年版,第189页。

[④] 《回忆高尔基》,人民文学出版社,1958年版,第115页。

基收到的一些文学新作中,有的写得生动、有趣,"给人一种宣叙调的印象";有的则"语言模糊不清",好像"一切都被透明的烟雾笼罩住了"。原因在于"主旨是捉摸不住的,甚至于好像没有主旨似的"①。针对这种情况,他告诫初学写作者:要"想用文字来表现和描绘人们内心生活和外部生活的无穷尽的、形形色色的现象","就需要有对过去生活的全面的、深刻的知识,对人们所创造的现实的知识,对语言的知识"。要使语言"十分朴实""明白如画",就必须"非常清楚地知道他所描画的东西"。"如果他写得不够朴实、明确,这说明他自己没有看清楚他所写的东西。"②为此,深入生活、钻研生活是解决语言问题的关键。

美的语言是一种感动心灵的力量,只有去掉分散力量的枝蔓雕饰,语言才能以情真意切的穿透力进入心灵深处。"愈朴素愈能打动人。"③

2. 语言美的"特点"——创作"独特的歌"

高尔基对作品语言的要求是"以自己的方式"去形成鲜明的特点。

文学语言怎样才能具有自己的特点呢?

第一,"清除一切语言的花招、文字的把戏以及奇妙的虚

---

① 高尔基:《文学书简》下卷,曹葆华、渠建明译,人民文学出版社,1965年版,第265页。
② 《回忆高尔基》,人民文学出版社,1958年版,第390页。
③ 高尔基:《文学书简》下卷,曹葆华、渠建明译,人民文学出版社,1965年版,第59页。

饰"①,朴实自然地表达特定民族或特定阶级的心理状态及其特质。高尔基读了哥萨克作者伊·彼·苏浩夫的长篇小说《悲痛的路线》后认为:"作者是一个哥萨克人,他具有充分的勇气和自由,足以用哥萨克人所应有的无情和真实的严峻态度来描绘哥萨克人。"②作者这种心理特点决定了他"不是用小市民的精致的唯美主义观点,而是用这样一种合理的美学观点"③来写作的。"这种美学的基础就是活的有机体对形式的完美作生物学的追求,而语言就是一种活的有机体。"④那么,语言在苏浩夫的作品里为什么能够成为有生命的存在呢?关键在它灌注了民族的血脉,表现的是"哥萨克人的阶级分化","表现民族斗争如何转变为阶级斗争、社会革命斗争"⑤。所以,语言一旦成为"活的有机体",就会具有鲜明的个性特征。

第二,应当"注意自己"⑥,审视自己"心理的任何个人的特点",研究自己"接受印象、形成印象和表述印象的个人的独特

---

① 高尔基:《文学书简》下卷,曹葆华、渠建明译,人民文学出版社,1965年版,第251页。
② 高尔基:《文学书简》下卷,曹葆华、渠建明译,人民文学出版社,1965年版,第250页。
③ 高尔基:《文学书简》下卷,曹葆华、渠建明译,人民文学出版社,1965年版,第251页。
④ 高尔基:《文学书简》下卷,曹葆华、渠建明译,人民文学出版社,1965年版,第251页。
⑤ 高尔基:《文学书简》下卷,曹葆华、渠建明译,人民文学出版社,1965年版,第251页。
⑥ 高尔基:《文学书简》下卷,曹葆华、渠建明译,人民文学出版社,1965年版,第252页。

的本领"①,发现自己"特殊的语言""语调的特点",以及"表达自己的感觉和思想"的独特"方式"②等等。如果这样,就有可能影成个人的语言风格,以不同于众的个性特征去感染读者。高尔基一贯提倡青年作者要向列·托尔斯泰、屠格涅夫、果戈理、契诃夫、列斯可夫、蒲宁学习语言,但他坚决反对模仿。他所说的学习,是研究"语言的精神,语言的构造"③,研究"怎样描写人和生活"④,怎样"利用人民的语言材料"⑤。然后,要寻找属于自己个性的语言,去创造独特的"自己的歌"⑥。

第三,语言的特点除了同作家本人的个性、品格、修养等主观因素直接有关之外,在很大程度上还决定于它所表现的文学形象的特点。高尔基多次称赞阿·巴·查培根的长篇历史小说《拉辛》,原因之一就是这部"堪称典范的真正历史小说"是用"过去的一种青铜般的、铸造过的、稍微粗糙的、令人十分迷醉的口

---

① 高尔基:《文学书简》下卷,曹葆华、渠建明译,人民文学出版社,1965年版,第253页。
② 高尔基:《文学书简》下卷,曹葆华、渠建明译,人民文学出版社,1965年版,第263页。
③ 高尔基:《给青年作者》,以群等译,中国青年出版社,1955年版,第96页。
④ 密德魏杰娃编:《高尔基论儿童文学》,以群、孟昌译,中国青年出版社,1956年版,第208页。
⑤ 高尔基:《论文学》,孟昌、曹葆华、戈宝权译,人民文学出版社,1978年版,第190页。
⑥ 高尔基:《论文学》,孟昌、曹葆华、戈宝权译,人民文学出版社,1978年版,第189页。

语"①来创作的。这种历史题材同作家使用的语言具有风格上的一致性。历史题材的纵深感决定了语言凝重、典雅的特点。

一般地说读者对文学语言的"要求"是"朴素和明晰",是塑造出"读者几乎在肉体上可以感觉到的东西"②。为此,作家就必须让"每个人物用自己的语言说话"③,人物性格使其语言具有了独特的个性,而语言的独特个性又"可以创造出人物性格"④。这就是语言与人物,即形式因素与内容因素之间的辩证法。

3."话不要讲尽"

对待语言,高尔基既强调继承优良的俄罗斯民族语言传统,又鼓励青年"创造完全新的语句形式","创造新的词汇、语言"⑤。既肯定了语言可以把题材"装饰得优美、精确、结实"⑥,又主张语言的本色是朴实无华,"一切出色的东西都是朴素的"⑦。既看到语言的魅力在于"有声有色的描绘"所表现的对象,鲜明

---

① 高尔基:《文学书简》下卷,曹葆华、渠建明译,人民文学出版社,1965年版,第80—81页。
② 高尔基:《文学书简》下卷,曹葆华、渠建明译,人民文学出版社,1965年版,第60页。
③ 高尔基:《文学书简》下卷,曹葆华、渠建明译,人民文学出版社,1965年版,第263页。
④ 高尔基:《文学书简》下卷,曹葆华、渠建明译,人民文学出版社,1965年版,第263页。
⑤ 《高尔基选集文学论文选》,孟昌、曹葆华译,人民文学出版社,1958年版,第133页。
⑥ 高尔基:《文学书简》下卷,曹葆华、渠建明译,人民文学出版社,1965年版,第275页。
⑦ 高尔基:《文学书简》下卷,曹葆华、渠建明译,人民文学出版社,1965年版,第60页。

淋漓地层示各类人物性格；又看到文学创作的奥妙之一即"话不要讲尽"①。忌直露、重含蓄原是东方艺术的境界。高尔基把语言美的特色之一归结为"话不要讲尽"，这种审美意趣是与东方美学命题不谋而合的，说明他的审美视野十分宽阔，他的审美判断非常精到而独具特色。

文学创作，"话"为什么"不要讲尽"呢？高尔基认为：其一，话不讲尽，才能"给予读者活动脑筋的权利"②，才"可以激起读者的想像力"③。实践证明，成功的文学作品是由作者和读者共同来创造意境的。在作品这个特定的"场"中，语言信息量太满会阻碍读者思维活动的自由展开，而恰到好处的精练的语言则能够启迪心智、激活想像，把作品"场"的巨大空间留给读者去"活动脑筋"。其二，话不讲尽，才有希望用思想去穿透生活。高尔基给契诃夫的信中曾经说过："我爱您，因为我知道您制造形象和词句，制造短篇，像把铁钻打进地壳一般打进生活深处和生活本质的惊人的短篇，是只用一句话就十分足够的人。"④简约是契诃夫的风格：结构简括、语言简洁，但却能够深入揭示人物的内心世界，用思想穿透生活。当高尔基指导一位青年如何运用幽

---

① 《高尔基和电影》。引自林焕平编：《高尔基论文学》，广西人民出版社，1980年版，第62页。
② 《高尔基和电影》。引自林焕平编：《高尔基论文学》，广西人民出版社，1980年版，第23页。
③ 高尔基：《文学书简》下卷，第355页。
④ 《契诃夫高尔基通信集》，适夷译，新文艺出版社，1957年版，第16页。

默的语言时，就明确劝告他必须向契诃夫学习。[①]幽默，就是在话不讲尽的前提下，启迪读者去深入思考生活，并热爱生活。

高尔基一向反对唯美主义和"为艺术而艺术"。他强调语言美在文学中的重要性，旨在使语言为表现题材和主题服务。尤其是担当着"极其严肃和重大的群众教育事业"[②]的苏联新文学，语言，就是战斗的武器。因而，他对一切决心从事文学创作的人们反复地强调："您就要最细心地、孜孜不倦、顽强地学习语言。"[③]"您应该十分努力在语言上下功夫，学习观察事实，比较事实，对照事实。而主要的是应该了解时代的基本要求和那个正在建设新世界的阶级的目标。"[④]研究语言须先研究生活，学习语言须先学习生活，掌握语言是为了创造生活。高尔基对语言的深刻见解同资产阶级唯美主义，同某些现代派艺术割断语言同生活的有机联系，破坏语言发展规律的观点恰成对比，因而对青年作家学习语言、运用语言具有深远的启发指导作用。

二 体裁的审美特性

高尔基的美学思想，包括他对语言、体裁等艺术表现技巧的

---

① 高尔基:《文学书简》下卷，曹葆华、渠建明译，人民文学出版社，1965年版，第299页。
② 高尔基:《文学书简》下卷，曹葆华、渠建明译，人民文学出版社，1965年版，第264页。
③ 高尔基:《文学书简》下卷，曹葆华、渠建明译，人民文学出版社，1965年版，第139页。
④ 高尔基:《文学书简》下卷，曹葆华、渠建明译，人民文学出版社，1965年版，第298页。

见解，如果从纯美学的角度看，也许显得零散而缺乏体系的严整性，显得浅近直白而较少抽象性。但是从理论与实践（如文学创作）的结合上看，从思想的深刻性和现实针对性来看，高尔基的美学观却显示出它的优越性，首先是它们直接现实性的品格。例如，他对文学创作技巧的理性概括就是某些从理论到理论的美学家所不易做到的。他说："必须知道创作技巧。懂得一件工作的技巧，也就是懂得这一工作本身。总的说来，在劳动和创作的一切领域内，技巧是文化成长的一个基本力量，是文化全部过程的一种主导力量。可以看到许多，读到许多，也可以想像出一些东西，但是要做，就必须有本领，而本领是只有研究技巧才能获得的。"[①] 从青年时代起，高尔基就迫不及待地尝试各种文学体裁的创作技巧。仅 1892 年至 1894 年两年间就创作了童话、寓言、故事、小说、特写、散文诗等多种体裁的作品。他认识到，要把真实的感受、重大的题材表现出来，必须找到"形式"，必须明白应该"怎样写"。积累了大半生的丰富的创作经验，高尔基 60 岁之后著有《论剧本》《论散文》《谈谈〈诗人丛书〉》《谈技艺》等多篇论文，从不同体裁的写作技巧出发，阐释它们各自的审美特性。

1."剧本是最难运用的一种文学形式"[②]

在高尔基生活的时代，戏剧盛行，它是能够满足人们视觉听

[①] 高尔基：《论文学》，孟昌、曹葆华、戈宝权译，人民文学出版社，1978年版，第 42—43 页。
[②] 高尔基：《论文学》，孟昌、曹葆华、戈宝权译，人民文学出版社，1978年版，第 57 页。

觉双重审美需要的"立体艺术"。高尔基著有20多部剧本。他通过与小说的比较,从理论上总结了剧本三个突出的审美特征。

第一,塑造人物要靠"台词的独特性和表现力"。高尔基把小说作为参照系对此进行了透辟的剖析:"在长篇小说和中篇小说里,作者所描写的人物借作者的助力而活动,作者总是和他们在一起,他暗示读者怎样了解他们,给读者解释所描写的人物的隐秘思想和隐藏的行为动机,借自然与环境的描绘来衬托他们的心情,总之,经常小心翼翼地把他们引向自己的目标,自由地、常常是十分巧妙地(这是读者不易察觉的)、然而任意地掌握他们的动作、言语、行动和相互关系……"[1]相比之下,他认为剧本是很难运用的文学样式。那么难在哪里呢?他指出:"其所以难,是因为剧本要求每个剧中人物用自己的语言和行动来表现自己的特征,而不用作者提示。……剧中人物之被创造出来,仅仅是依靠他们的台词,即纯粹的口语,而不是叙述的语言"。[2]因此"必须使每个人物的台词具有严格的独特性和充分的表现力"[3]。要用台词塑造鲜明的形象,充分认识"用来写剧本的口语对于剧本具有多么巨大的、甚至决定性的意义"[4]。在研究苏联当代戏剧

---

[1] 高尔基:《论文学》,孟昌、曹葆华、戈宝权译,人民文学出版社,1978年版,第57页。
[2] 高尔基:《论文学》,孟昌、曹葆华、戈宝权译,人民文学出版社,1978年版,第57—58页。
[3] 高尔基:《论文学》,孟昌、曹葆华、戈宝权译,人民文学出版社,1978年版,第58页。
[4] 高尔基:《论文学》,孟昌、曹葆华、戈宝权译,人民文学出版社,1978年版,第58页。

的基础上，高尔基发现剧作艺术品位降低的关键在于台词的缺陷。有的剧本"语言的贫乏、枯燥、贫血"[①]，缺乏深厚的生活根底和对于历史与现实的深入钻研。有的则"一切剧中人物都说结构相同的话，单调的陈词滥调讨厌到了惊人的程度"[②]，使人物丧失了应有的个性。研究人的阶级特征、研究人的性格品质是掌握台词技巧的前提；从阶级特征和品质性格中抓住重要的一点，加深和扩大，使之变成突出和鲜明的个性，是写好台词的第二个环节；把每一句口语同人物性格有机地结合在一起，通过性格化的语言表现人物的地位、身份和特点，这是写好台词的第三个环节。高尔基运用莎士比亚的福斯塔夫与莫里哀的答尔丢夫等戏剧典型来论证问题，因而深刻地揭示了剧本创作的普遍规律性。

第二，塑造人物要靠"感情和性格的冲突"[③]。社会生活是丰富复杂的、人的个性千差万别。"这个人喜欢饶舌，那个人沉默寡言，这个人执拗而自负，那个人羞怯而缺乏自信"[④]，不同的性格会产生不同的冲突；"勤勉的人和懒汉、善人和恶人"[⑤]，不同的

---

① 高尔基:《论文学》，孟昌、曹葆华、戈宝权译，人民文学出版社，1978年版，第58页。
② 高尔基:《论文学》，孟昌、曹葆华、戈宝权译，人民文学出版社，1978年版，第58页。
③ 高尔基:《文学书简》下卷，曹葆华、渠建明译，人民文学出版社，1965年版，第12页。
④ 高尔基:《论文学》，孟昌、曹葆华、戈宝权译，人民文学出版社，1978年版，第62页。
⑤ 高尔基:《论文学》，孟昌、曹葆华、戈宝权译，人民文学出版社，1978年版，第62页。

品性必然会产生不同的冲突。戏剧中每个人物的语言、行动、感情、思想，都是因对方而存在，为对方而发生的"积极活动"[①]。所以，冲突的形成和合乎逻辑的解决"不是作者的随心所欲"[②]来完成的，而应该显示出生活规律本身的力量。高尔基在深入认识"冲突"这一创作技巧的同时，提出要想构成矛盾冲突，就要使人物的"每一句话和每一个行动的意义都完全清楚，使他像活人一样为人蔑视、憎恨和喜爱"[③]。要具备这种能力，首先要"研究作品"，"研究人物"，"而且必须明白：研究人物，比研究那些描写人物的作品更困难。"[④]

第三，塑造人物"更要栩栩如生"。小说戏剧都重在塑造人物形象，但戏剧却面临着"再创作"的要求。剧本的最终完成不是依靠阅读，而是依靠舞台演员的表演。演员，既可以"用自己对剧本的理解和感受来充实剧作家的构思……充分表明剧本的涵义"[⑤]，又难免在理解角色、创作角色时，"把'自己的'什么

[①] 高尔基:《文学书简》下卷，曹葆华、渠建明译，人民文学出版社，1965年版，第11页。

[②] 高尔基:《文学书简》下卷，曹葆华、渠建明译，人民文学出版社，1965年版，第12页。

[③] 高尔基:《论文学》，孟昌、曹葆华、戈宝权译，人民文学出版社，1978年版，第63页。

[④] 高尔基:《论文学》，孟昌、曹葆华、戈宝权译，人民文学出版社，1978年版，第63页。

[⑤] 高尔基:《文学书简》下卷，曹葆华、渠建明译，人民文学出版社，1965年版，第262页。

东西带到剧本的正文和涵义中去"①,这就要求剧作家具有另一种技巧,即为演员和导演的二度创作提供充分的生活依据和丰富的想像空间。剧本不能直接给欣赏者指出"主人公们怎样坐,怎样走,怎样微笑,怎样生气,怎样叙述他们的思想和感觉"②。但是却必须"栩栩如生"地靠"对话"来启发引导各类角色应当"怎样坐、怎样走、怎样微笑……"以此来调动演员的"智慧和才能",当众表演"剧中人物的基本典型特点和他的个性"③。不具备艺术再创作的广阔天地,不能激起演员和导演充分的联想和想像,剧本就是失败的。

2. 诗歌与特写

如果说戏剧的体裁特点是高尔基在与小说的自觉比较中概括出来的,那么诗歌与特写的区别,却是散见在他的一些书信和讲话中,不具完整的理论形态。

诗歌是什么?高尔基认为,真正的诗"永远是心灵的歌,它很少谈论哲理,它是羞于大发议论的"④。

特写是什么?他指出:"特写同'略图',也就是同用铅笔和钢笔画的帮助记忆的草图,具有同样的作用和同样的价值。……

---

① 高尔基:《文学书简》下卷,曹葆华、渠建明译,人民文学出版社,1965年版,第263页。
② 高尔基:《文学书简》下卷,曹葆华、渠建明译,人民文学出版社,1965年版,第262页。
③ 高尔基:《文学书简》下卷,曹葆华、渠建明译,人民文学出版社,1965年版,第263页。
④ 高尔基:《文学书简》上卷,曹葆华、渠建明译,人民文学出版社,1962年版,第483页。

大多数特写充满了政论色彩。"①

诗与特写的体裁区别之一,即诗为歌,特写为绘画的草图。区别之二,诗忌讳"写得十分冷淡和理智","类似宣言的东西"②,而特写可以"带有明显的政论性质",是一种"研究"或"社会学研究"的"记录"③。

诗歌的特点,最突出的是抒情和象征,节奏和韵律。高尔基写诗并不多,却谙于作诗之道。他断言"诗人是一种回音,他应该响应一切的声音,响应生活的一切呼声"④。"响应"意味着什么?即是对生活作出或肯定、或否定的心灵上的反应,这种反应就是感情。所谓"要出自真心地把自己的灵魂写得朴素、真诚"⑤,就是指诗歌的宗旨在于倾诉诗人真实的思想感情。诗,离不开形象。高尔基说:"在诗篇中,在诗句中,占首要地位的必须要形象,——即表现在形象中的思想。"⑥诗人塑造形象的最高宗旨是通过具体形象去表现更为深广的思想。形象是表现思想的

---

① 高尔基:《文学书简》下卷,曹葆华、渠建明译,人民文学出版社,1965年版,第210—211页。
② 高尔基:《文学书简》上卷,曹葆华、渠建明译,人民文学出版社,1962年版,第302页。
③ 高尔基:《文学书简》下卷,曹葆华、渠建明译,人民文学出版社,1965年版,第211页。
④ 高尔基著:《文学书简》上卷,曹葆华、渠建明译,人民文学出版社,1962年版,第485页。
⑤ 高尔基著:《文学书简》上卷,曹葆华、渠建明译,人民文学出版社,1962年版,第472页。
⑥ 高尔基著:《文学书简》上卷,曹葆华、渠建明译,人民文学出版社,1962年版,第302页。

载体，是一种象征。高尔基还指出，诗的"韵律"是激起审美情感和深刻印象的第一因素。当诗的内容与韵脚的明暗轻重、声律的低回高昂不相和谐的时候，诗的整体艺术性就会大大削弱。他说颓废派诗人梅烈日科夫斯基的"可怕的四行诗使'我永远忘不了'"[1]，原因在于"这些悲哀的字句起先使我感到惊异的，是用字的忧郁跟诗的愉快的韵律不协调"[2]。

今天被作为"报告文学的一种形式"的特写，高尔基当时还把它看作一种新生的文学表现样式。"作为文学体裁的特写"，指的是"莫泊桑、蒲宁和其他这类作家笔下……未来画面的草图"[3]，是创作素材的"记录"，是"典型的政论"或"社会学研究"的"任意"性称谓。高尔基认为，"特写是处于论文和短篇小说之间的"[4]，因为，"特写总是合乎事实的，而事实经常就是情节"[5]，同时"大多数特写充满了政论色彩"。我们今天的所谓特写，其主要特点也是"描写现实生活中的真人真事"，与高尔基"合乎事实"的理论相一致；特写的思想倾向往往带有"政论

---

[1] 高尔基:《论文学》（续集），冰夷等译，人民文学出版社，1979年版，第279页。
[2] 高尔基:《论文学》（续集），冰夷等译，人民文学出版社，1979年版，第279页。
[3] 高尔基:《文学书简》下卷，曹葆华、渠建明译，人民文学出版社，1965年版，第210页。
[4] 高尔基:《文学书简》下卷，曹葆华、渠建明译，人民文学出版社，1965年版，第218页。
[5] 高尔基:《文学书简》下卷，曹葆华、渠建明译，人民文学出版社，1965年版，第211页。

色彩",也有其历史的延续性。

第三节 无产阶级革命时代的审美理想

纵观高尔基美学思想的发展历程,其核心内容一直没有改变:为人(审美主体)与客观世界(审美对象)的和谐统一而探索,而斗争。在长达半个世纪的历史时期,他始终以自己的文学实践活动(创作和理论)为实现无产阶级的审美理想而奋斗。

一 现实美的审美理想

高尔基的美学思想尽管发生过起伏变化,但总的说来,仍然以唯物辩证法为主导倾向。特别是十月革命以后,情况更是如此。在对待社会美的问题上,他主张以无私无畏的斗争精神摧毁黑暗的旧世界,建设民众自由劳动自由呼吸的新世界。在对待自然美的问题上,他提倡人类以智慧和辛勤的劳作去改造自然,把"美"带到人类生存的环境之中。

1."新生活":社会美的审美理想

不论是渴望战斗的鹰,还是呼唤暴风雨的海燕,借助这些文学形象,高尔基倾诉着一种强烈的愿望:在不屈的斗争中埋葬旧世界。那么,他所期待的理想的新世界是什么样子的呢?高尔基毕竟是一位作家,不是专门的政治家;是一个从底层走出来、受到欧洲民主主义优秀文学家的思想影响、承袭着俄罗斯文化中的自由精神的知识分子,而不是职业的革命家。所以他向往通过革命去创建社会主义,却不能接受革命后俄国知识分子面临新制度而陷入的思想困境;他热情赞扬:"俄罗斯,由于历史的意志本身担当起社会主义先进部队的角色"[1],却又不加分析地笼统地批判民族的劣根性:"俄国人是懒惰的",是"文化程度不高的人"[2]。他面对现实与理想的巨大差距,坚定地反对悲观主义思想,同时又借助长篇小说《克里姆·萨姆金的一生》来倾泻"各种现实的痛苦"和"各种想像的痛苦"[3]。他对"社会的阶级制度的现实压制个人发展的自由"[4]虽有切肤之痛,而对苏维埃政治的现状又怀有忧虑,断言"无产阶级专政是一种暂时的现象"[5]。总的说来,高尔基社会美的审美理想与苏维埃社会制度在本质上是一致的,但是他心目中的"社会主义"与革命暴力夺取的"社会主义"又存在着一些差距。十月革命前后他连续发表政论《不合时宜的思想》,根源就在于此。尽管他后来校正了自己的思想。

那么,高尔基的理想社会(即"新生活")究竟是什么样的呢?

---

[1] 《高尔基政论杂文集》,生活·读书·新知三联书店,1982年版,第325页。
[2] 《高尔基政论杂文集》,生活·读书·新知三联书店,1982年版,第329页。
[3] 高尔基:《文学书简》下卷,曹葆华、渠建明译,人民文学出版社,1965年版,第35页。
[4] 《高尔基政论杂文集》,生活·读书·新知三联书店,1982年版,第533页。
[5] 《高尔基政论杂文集》,生活·读书·新知三联书店,1982年版,第615页。

第一，确认马克思列宁主义是指导思想，同时提出"工人阶级应该培养自己的文化大师"[①]需要两种影响，一是自然科学，一是文学艺术。他在《"文化大师们"，你们跟谁在一起？》一文中提出：欧洲文化即将灭亡的灾难应该归咎于谁？"工人把灾难'归咎'于资本主义制度的愚蠢，这是十分公正的，这个制度是用灾难来奖赏他们创造财富的劳动的。无产者越来越清楚地看到，现代资产阶级的现实极其准确地证实了马克思和恩格斯在《共产党宣言》里所说的话：资产阶级不能统治下去了，因为它甚至不能保证自己的奴隶维持奴隶的生活，因为它不得不让自己的奴隶们落到不能养活它反而要它来养活的地步，社会再不能在它统治下生活下去了，就是说，它的存在不再同社会相容了。"[②]解决资本主义社会文明沦丧的方法就是依据马克思主义原理，彻底推翻这个罪恶的制度。而基督教义、资产阶级人道主义思想等既挽救不了旧世界的灭亡，也不可能指导建设新世界。所以，"马克思和列宁的学说是真诚地研究社会现象的科学思想所达到的高峰，而且只有从这个学说的高峰上才能清楚地看见通往社会正义和新型文化的康庄大道"[③]。

[①] 参见高尔基：《论文学》，孟昌、曹葆华、戈宝权译，人民文学出版社，1978年版，第6页。

[②] 《高尔基政论杂文集》，生活·读书·新知三联书店，1982年版，第596页。所引《共产党宣言》中的引文另见《马克思恩格斯选集》，第2版第1卷，第284页。

[③] 《高尔基政论杂文集》，生活·读书·新知三联书店，1982年版，第614页。

与此并行不悖的是，高尔基竭力倡导"建设一个社会主义国家，要用新式的工业和农业技术来武装自己的国家"[1]，要到古典作家的作品里去汲取营养，因为"古典作品的教育意义"[2]是不可否认的，它对于"影响人的理性和意志同样有力"[3]。所以，高尔基理想社会的精神大厦是由政治理论、科学技术和文学艺术的精华共同构成的。建设新生活必须思想先行，即马克思主义先行。

第二，每个社会成员都应当是有文化、有思想的自觉的生命个体。因此高尔基号召"掌握了政权"的普通劳动大众"要为在自己周围所做的一切负责，要为自己所创造的一切负责"[4]。"要认真地用知识牢固地武装起来"[5]，学会思考。他对于目不识丁的民众提出来的质朴而深刻的问题格外感兴趣，并给予充分的肯定，因为自在的生命转化为自觉的生命不仅是个体生命质量在提高，而且象征着全社会的文明程度也在迅速强化。"他们提出问题：人从哪儿来的？生命是什么？大地上是怎样开始有生命的？

---

[1] 高尔基：《论文学》孟昌、曹葆华、戈宝权译，人民文学出版社，1978年版，第8页。
[2] 高尔基：《论文学》孟昌、曹葆华、戈宝权译，人民文学出版社，1978年版，第9页。
[3] 高尔基：《论文学》孟昌、曹葆华、戈宝权译，人民文学出版社，1978年版，第6页。
[4] 《高尔基政论杂文集》，生活·读书·新知三联书店，1982年版，第329页。
[5] 《高尔基政论杂文集》，生活·读书·新知三联书店，1982年版，第329页。

我们有灵魂吗？灵魂是什么？"①显然，这些都是超乎某一个阶级利益之上的非"政治性问题"，是与新生的苏维埃政权距离较远的问题。高尔基却十分热情地评价了这些问题的深刻性："文化就是从此而产生，不大开化的人就是从此而开始攀登上他们现在所站的高峰。托尔斯泰们、莎士比亚们、爱迪生们、马克思们、列宁们都由于这些思想而在世界上诞生。……这里必然的迹象是：世界的思想真正触动了人的心灵，世界的全人类的理智被俄国人民大众理解了。"②会思考的人，才会学习，才会创造。提出这些问题的工人农民们具有强烈的"求知欲"。"吸收知识，吸收人类的智慧"③，高尔基认为这是人类谋求生存与进步的颠扑不破的真理。对于人的思想启迪、知识启蒙是高尔基理想的社会主义社会的重要任务。

第三，新生活的主人"为了满足自己的需要"而去从事"自由的劳动"④。人类社会为什么会爆发革命？高尔基指出："革命的基础就是人对自由和美好生活的追求"⑤，革命是为了人类的进步

---

① 《高尔基政论杂文集》，生活·读书·新知三联书店，1982年版，第330页。
② 《高尔基政论杂文集》，生活·读书·新知三联书店，1982年版，第330页。
③ 《高尔基政论杂文集》，生活·读书·新知三联书店，1982年版，第330页。
④ 《高尔基政论杂文集》，生活·读书·新知三联书店，1982年版，第335页。
⑤ 高尔基：《文学书简》下卷，曹葆华、渠建明译，人民文学出版社，1965年版，第47页。

和发展。自由，在新生活里的意义即自己是生活的主人。资本主义、帝国主义虽然也高喊"各民族自由和民主权利"，但"世界一切理智的正直的人士"都"非常清楚地明白资本主义制度基础的残酷、自私、虚伪和愚笨的阴暗深处。……深信：资本主义失掉了创造能力，成为过去的重大的遗毒和全世界文化进一步发展的障碍"[1]，人们看到，"资产阶级在捍卫着它的政权，以便统治那些为它干活和巩固它的政权的人们"[2]。因此，革命就是要推翻这种统治，"走向自由美好的生活"。革命的实质是把劳动者从"强迫劳动，替别人干活，是苦役劳动"[3]中解放出来。"目标是为各种民族的一亿六千万人口的每一个人创造条件，以便自由发挥他们的天才和才能。换一句话说，把大量潜在的和消极的智力转变为积极的能力，唤起它的创造才能。"[4]当工农群众清楚地知道"政权就是他们自己，他们所需要和希望的一切，只能靠他们自己的努力求得满足"时，他们就会自觉地进行自我改造，消除愚昧、懒惰、奴性，以及"荒谬的迷信和野蛮的偏见"，真正成为创造新世界的新人。

---

[1] 《高尔基政论杂文集》，生活·读书·新知三联书店，1982年版，第321页。
[2] 《高尔基政论杂文集》，生活·读书·新知三联书店，1982年版，第662页。
[3] 《高尔基政论杂文集》，生活·读书·新知三联书店，1982年版，第335页。
[4] 《高尔基政论杂文集》，生活·读书·新知三联书店，1982年版，第630页。

高尔基对人性的剖析是深刻而不留情面的。他不仅看到了"我们每个人身上都有动物和野兽的本能"①，都带着"私有的本能、愚钝、懒惰及其他恶习"②，这些先天和后天的劣根、习性全是人性的弱点；而且，他还进一步看到了资本主义的残忍、帝国主义的贪婪对于人的心灵的损害和扭曲。所以，他意识到创立新生活的关键在于造就一批批"否定资产阶级的兽性的个人主义"③的新人，造就能自觉自愿自由地"各尽所能，按需分配"的新思想，而完成这些任务又是多么艰巨！

旧世界是黑暗的，残酷的。在当时，符合高尔基审美理想的社会只能带着纯真的幻想色彩存在于文学之中，存在于进步知识分子特有的"假想性"之中。高尔基尊重一切人的审美理想反映出人类历史迄今难以弥补的缺憾。但他的主导思想却与共产主义未来图景保持着精神上的一致。

2."对天然自发力的斗争"：自然美的产生

在生产力低下，阶级矛盾不断激化的历史时代，自然与自然美不会过多地引起人类的兴趣。随着自然（包括社会）愈益为人类所认识，人类征服自然变革社会的斗争向纵深发展，自然美便愈来愈多地进入了人类的审美领域。

---

① 高尔基：《文学书简》下卷，曹葆华、渠建明译，人民文学出版社，1965年版，第46页。
② 《高尔基政论杂文集》，生活·读书·新知三联书店，1982年版，第630页。
③ 《高尔基政论杂文集》，生活·读书·新知三联书店，1982年版，第634页。

在高尔基早期和中期的审美创造中，大自然成为文学象征的原始材料。不论是猛烈的暴风雨、狂怒的大海，还是聪明的萝卜、勇敢的海燕，作者都对它们寄寓着特定的审美情感和美学意蕴。到了后期，高尔基更深沉地思考着人类生活的各种命题，发现斗争的对象只有两个：一是人类自身，一是自然客体。在《论"渺小的"人及其伟大的工作》一文中，开篇伊始就表述了作者有关自然美的观点："大自然把生命连带野兽、飞禽、鱼类、昆虫、豺狼、老鼠、夜莺……一并赐给我们，但除了生命以外，大自然没有赐给我们任何东西，——无论过去或现在，却是我们自己从大自然那里取得我们所需要的一切东西。"[1] 可见，在高尔基眼中，大自然"美"与不"美"，取决于人类对自然的态度和与自然较量的能力。

高尔基认为，"在围绕我们并敌视我们的自然中是没有美的"[2]。那么，怎样使自然与我们和谐一致，从"敌视"转为"友好"呢？只有斗争。1931年他在《答复知识分子》一文中说："'生活是斗争吗？'是的，但是它应该是人和人类对天然自发力的斗争，是为了控制它们的斗争。"[3] 大自然造就了人类，又折磨着人类。人类只有驾驭自然、征服并改造了自然，自然才有

---

[1] 《高尔基政论杂文集》，生活·读书·新知三联书店，1982年版，第381—382页。
[2] 陈寿明：《高尔基美学思想论稿》，陕西人民出版社，1982年版，第124页。
[3] 《高尔基政论杂文集》，生活·读书·新知三联书店，1982年版，第533页。

"美"可言。人类对大自然的斗争原则是:让自然为人类的生存和发展服务。为此,人类不懈地探索、不倦地劳动。自然,一经打上人类劳动的烙印,就会产生两种必然的效应:一是满足人类生存、发展所必需的物质需要,二是满足人类作为"高级动物"要从劳动对象中关照自身的精神需要。人类同"天然自发力"的斗争,目的就是要扭转自然对于人类的"敌视"。人类改造自然所产生的双重效应是产生自然美的前提或必要条件。改造自然的斗争不是盲目的,人类智慧——知识是斗争的指南。"理智根据科学原理研究了自然现象,使它的自然力量服从于经济利益,达到了空前未有的高度,创造了许多'技术奇迹'"[1],尽管这是19世纪发达资本主义国家科技的成果,高尔基仍然认为值得肯定。因为大自然被人类征服,是人类的胜利。只要自然对人类有利,美便会油然而生。通过斗争去控制自然,使自然服从人类的需要,这是高尔基自然美审美理想的显著特征。它与马克思"自然的人化"在精神上是相通的。

在研究了人类对大自然既依赖又斗争的复杂关系之后,高尔基认为有一种盲目的神秘主义的倾向,确信"人对于大自然美的崇拜里面有一种'原始的返祖现象'一类的东西"[2]。高尔基对此是持否定态度的。"照天性来说,人都是艺术家。他无论在什

---

[1] 《高尔基政论杂文集》,生活·读书·新知三联书店,1982年版,第622页。
[2] 《高尔基选集 回忆录选》,巴金、曹葆华译,人民文学出版社,1959年版,第268页。

么地方，总是希望把'美'带到他的生活中去。"① 人类的本质是"自由自觉的创造"，不仅按照对自身的设计去创造，也按照对大自然的设计去创造。不论是苏联社会主义建设中"五年计划"的制定，还是社会主义劳动竞赛的全面展开，都是要达到研究、开发、使用"自然界的创造力"的既定目的，要把美（即人与自然的和谐统一）带到自己的生活中去，"带到"，是人类自觉的活动，包括劳动和斗争。既然是"希望"得到美，那么其意义就在为实现希望而进行的自觉劳动过程之中了。当然，经过劳动和斗争，"希望"也未必能实现。但只要为此努力奋斗过，那么美也就在其中了。这是高尔基一贯的积极进取精神在自然美认识中的体现，从而显示了他的自然美审美理想的第二个特点：自然美的实现，取决于人对自然的关系。只有当人类自觉地设计、改造自然时，自然才能作为"美"进入人的生活。

二 艺术美的审美理想

高尔基曾经真诚地对康·亚·费定说："我不仅仅是一个职业文学工作者，而首先是一个信仰文学的人，并且——请原谅我用的字眼！——甚至是一个崇拜文学的人。"② 半个世纪，从民主主义者到马克思主义者，高尔基高举理想的火炬，在文学道路

---

① 《高尔基政论杂文集》，生活·读书·新知三联书店，1982 年版，第 384 页。
② 高尔基：《文学书简》下卷，曹葆华、渠建明译，人民文学出版社，1965 年版，第 76 页。

上奋然前行。当他回首自己的创作历程、俄国文学和欧洲文学的发展史时，他自觉地总结了追求艺术审美理想的正反两方面的经验。

1. 文学要"抱有教导的目的"

没有目的的文学是不存在的，这是高尔基的坚定信念。他说："任何艺术都有意无意地给自己规定了这个目的：在人的心中激起这些或那些感情，培养人对一定的生活现象采取这种或那种态度。那些所谓'为艺术的自由艺术'的拥护者也完全有意识地给自己规定了这个目的，他们其实是最有倾向性的人，尽管他们对社会倾向抱着否定的和敌对的态度。"[①] 所以，高尔基在创作之前总会自问三个问题：一是写什么，关于题材问题；二是怎样写，涉及结构、语言、技法等问题；三是为什么写，解决主题思想的问题。显然，第三个问题最重要，它不仅是文学作品的灵魂，而且是作者担负的社会责任和确立的创作目的。

没有爱憎是非的文学也是不存在的，这是高尔基的一贯思想。他说："从根本上讲，艺术就是拥护什么或反对什么的斗争。超然的艺术是没有的，也不可能有。……艺术家不是照相师，他不是'拍下'现实，而是要么肯定它，要么改变它、破坏它。"[②] 那么，"抱有教导目的"的无产阶级作家应当拥护什么、反对什

---

① 高尔基：《论文学》（续集），冰夷等译，人民文学出版社，1979年版，第196页。
② 《高尔基论青年》。引自林焕平编：《高尔基论文学》，广西人民出版社，1980年版，第12页。

么呢？首先要拥护"尊重人，把人看作是创造力的源泉，是世界上一切事物、一切奇迹的创造者"①的思想。其次是拥护推翻人剥削人的制度的"集体劳动"、值得歌颂的思想。三是拥护"作家应该尽力提高读者对生活的积极态度"②的思想。要反对的首先是"一切从人的外面或内部压迫人的东西"③，还要反对"一切阻碍人的才能自由发展和成长的东西"④，至于"懒汉、寄生虫、鄙夫、阿谀者和形形色色的恶棍"⑤也是无产阶级文学要反对的对象。

文学的爱憎、是非倾向决定着对读者进行什么样的"教导"和怎样"教导"。19世纪，欧洲一些国家的诗人在创作中表现了相近的思想倾向：宣扬"生存无意义"，"人的理性和意志无力解决生活中'难解决的问题'"⑥。他们教导读者的只能是"否定生活的意义，蔑视生活"⑦，从而产生悲观厌世和愤世嫉俗的情绪。高尔基提出健康向上的无产阶级文学应与此相反，文学应从以下几方面去积极地"教导"读者：

---

① 《高尔基论青年》，孟昌译，中国青年出版社，1956年版，第152页。
② 《高尔基论青年》，孟昌译，中国青年出版社，1956年版，第152页。
③ 《高尔基论青年》，孟昌译，中国青年出版社，1956年版，第151—152页。
④ 《高尔基论青年》，孟昌译，中国青年出版社，1956年版，第152页。
⑤ 《高尔基论青年》，孟昌译，中国青年出版社，1956年版，第152页。
⑥ 高尔基：《论文学》，孟昌、曹葆华、戈宝权译，人民文学出版社，1978年版，第41页。
⑦ 高尔基：《论文学》，孟昌、曹葆华、戈宝权译，人民文学出版社，1978年版，第41页。

其一，教导读者热爱劳动。通过劳动"去和自然界作斗争，去争取支配自然界"①，是人类进步的基础。

其二，教导读者追求真理。因为"真理是在人类有益于社会的劳动中产生的"②，"是人们前进和上升的道路上的阶梯"③。宣传真理是高尔基一生创作的强大动力。

其三，教导读者勇于创新。破坏旧世界不是目的，建设新生活才是劳动者追求的目标。"建立新生活""建立新的生活制度""建设新世界"是反复出现在高尔基创作和论文中的"座右铭"。

以崇高的审美理想去教导读者的文学家，他自身应当具备哪些条件呢？革命的世界观要放在首位。高尔基提出了作家"自我教育"的任务："无产阶级文学是无产阶级的生命力和它力求在马克思—列宁的科学社会主义所创造的政治革命的意识形态的基础上进行自我教育的表现之一。"④从旧时代走过来的老作家是在封建文化和资产阶级文化的熏陶下成长起来的，面对日新月异的社会主义建设，往往不能发现"我们生活中许多有趣的现象"，

---

① 高尔基：《论文学》，孟昌、曹葆华、戈宝权译，人民文学出版社，1978年版，第49页。
② 高尔基：《论文学》，孟昌、曹葆华、戈宝权译，人民文学出版社，1978年版，第341页。
③ 高尔基：《论文学》，孟昌、曹葆华、戈宝权译，人民文学出版社，1978年版，第340页。
④ 高尔基：《论文学》，孟昌、曹葆华、戈宝权译，人民文学出版社，1978年版，第319页。

例如"求上帝和神甫帮助的希望是怎样破灭的""人怎样感到自己是无所不在的、能创造一切的力量"等等。[1]所以,"能够感觉和理解到革命时代和苏维埃社会主义共和国所交给你们(作家。——引者注)的全部重大的责任"[2],不用马克思列宁主义世界观武装头脑是不行的。因为只有立足于共产主义的伟大目标才能正确地观察一切,只有深入观察才能"使艺术作品具有令人信服的教育作用"[3]。因此,树立革命的世界观是立足于共产主义远大目标的前提。

其次,作家要学习,"要扩大自己的知识"。高尔基把知识分为三类。第一类是历史知识。"不懂得文化史,就不可能成为有修养的人;不懂得过去,就不可能理解现在的真正意义和将来的目标。"[4]文化史包括社会发展史,其中有"资产阶级的发展和腐朽的历史",文学的发展史,如"19世纪俄国诗歌的成长和发展的历史"[5]。第二类是现实生活的知识。人是阶级斗争生产斗争中的主角,人的复杂在于他的灵魂。什么是"温顺、忍耐、顺从、

---

[1] 高尔基:《论文学》,孟昌、曹葆华、戈宝权译,人民文学出版社,1978年版,第352页。
[2] 高尔基:《论文学》,孟昌、曹葆华、戈宝权译,人民文学出版社,1978年版,第354页。
[3] 高尔基:《论文学》,孟昌、曹葆华、戈宝权译,人民文学出版社,1978年版,第319页。
[4] 高尔基:《论文学》,孟昌、曹葆华、戈宝权译,人民文学出版社,1978年版,第43页。
[5] 高尔基:《论文学》,孟昌、曹葆华、戈宝权译,人民文学出版社,1978年版,第42页。

忠厚、老实、信神、守法、贞洁、驯服、'爱他人'",什么是"贪婪、嫉妒、自私、狡猾、残忍、吝啬、伪善、淫乱和放荡、自负和傲慢、饕餮,也就是贪食、盗窃、变节、诡诈、凶恶和憎恨、懒惰、谎言、诽谤和所有其他诸如此类的东西"[①]。这是必须深入了解的社会知识生活知识。一个作家既要研究在因袭的资产阶级和小市民的立场上怎样分析、判断这些"肯定的和否定的品质"[②],又要站在无产阶级的立场上重新评判资产世界流传下来的"精神文化"和"道德价值"。此外,还要观察研究各类人物:职业妇女、走入工厂的农民、改造中的小市民、社会主义竞赛中的工人,等等。第三类是未来社会的知识。高尔基说:"远见的形成,是由于文学家观察、比较和研究各种生活现象的结果。文学家的社会经验越丰富,他的见解就越高,他的精神的视野就越广,他就越能清楚地看见世界上什么跟什么相联系,以及这些彼此接近和联系的事物之间的相互作用如何。科学的社会主义为我们创造了最高的精神高峰,从那里可以清晰地看见过去,指出一条走向未来的唯一的捷径,从'必然的王国到自由的王国'的大道。"[③] 立足现实,高瞻远瞩,这是无产阶级作家在马克思主义世界观指导下必须具备的品质。

[①] 高尔基:《论文学》,孟昌、曹葆华、戈宝权译,人民文学出版社,1978年版,第318页。

[②] 高尔基:《论文学》,孟昌、曹葆华、戈宝权译,人民文学出版社,1978年版,第318页。

[③] 高尔基:《论文学》,孟昌、曹葆华、戈宝权译,人民文学出版社,1978年版,第83页。

高度的历史责任感使高尔基把文学教导人的使命看得高于一切。他一生都在为此而努力。在创作最后的作品《阿尔达莫诺夫家的事业》和《克里姆·萨姆金的一生》的过程中，他仍在虚心地听取罗曼·罗兰和康·亚·费定的意见，希望能够写出教导人引导人的更好的作品，以便把"自己所选择的非常重要的和责任重大的革命事业"进行到底。

2. 文学应是"浪漫主义同现实主义相结合"[①]

迄今为止，从苏联出版的有限的高尔基的论著和我国翻译的有限的高尔基的文章，还不能十分清晰地描绘出这位文学巨擘思想变化的轨迹。高尔基给人的初步印象，似乎是一位亢奋的激进者，革命的鼓动家。1921年至1929年之间，高尔基的书信和文论、政论都十分罕见。所以，十月革命后高尔基完整的思想状况究竟如何，还有待今后深入地研究。

1925年，高尔基从意大利给伊·米·加沙特金写信，信中说："我会劝告您：要写作，要写作得更多、更大胆、更自由！这是我的狂癖、疯病。……我自己写得很多。很想学会写得比我所能写的好些。很想把旧生活连同它的漂亮然而腐烂得令人恶心的东西一齐扫除干净。至于新的东西，那已经不是我去描绘的了。"[②] 这一时期，由于同列宁在估价知识分子地位和作用的问题

[①] 高尔基：《论文学》（续集），冰夷等译，人民文学出版社，1979年版，第210页。
[②] 高尔基：《文学书简》下卷，曹葆华、渠建明译，人民文学出版社，1965年版，第49页。

上存在分歧,高尔基的政治思想一度比较低沉。可是作为一个文学家,他却从未泯灭自己的审美理想。"要写得更多",是因为作家担负着建设人类文化的义不容辞的职责;"更大胆",是指不要受政治的、经济的狭隘功利主义的束缚,秉笔直书,既不谄媚,又不溢美;"更自由",指作家的创作意志要自觉遵循美的规律从事创作活动,要在自身是非观念的支配下真实地反映社会生活,让自己的笔听从自己良知的指挥。

高尔基一生中最后的十年,仍然致力于文学事业的繁荣发展。他认为,"客观的、摆脱本阶级的偏见和成见"的文学是美的。他一反早中期着力于理想主义追求的创作倾向,开始创作现实主义的文学巨著《克里姆·萨姆金的一生》。这部著作的内容按作者自己的构想是:"1880年至1918年的编年史……主题是很有意思的:人物是一群生活在空中楼阁里的人。"[①] "我想描述俄国知识分子整个30年的生活。……它渗透着那反映在完全是俄国的心理和思潮上面的欧洲影响,它充满着各种现实的痛苦,同样也充满着各种想像的痛苦。"[②] "我想表明,从80年代起到1919年止俄国人是怎样生活的,怎样思索的,并且做了些什么事情。这些人的内心生活又是怎样的。"[③] "以我看来,他(克里姆·萨

---

① 高尔基:《论文学》下卷,曹葆华、渠建明译,人民文学出版社,1978年版,第41页。
② 高尔基:《论文学》下卷,曹葆华、渠建明译,人民文学出版社,1978年版,第35页。
③ 高尔基:《论文学》下卷,曹葆华、渠建明译,人民文学出版社,1978年版,第75页。

姆金。——引者注）是那些天生的反革命分子之一，不过他们在1906年以前曾经帮助过革命；这一年使他们安静下来；他们处在'多多少少稳定的平衡'状态中，休息了大约十年之久，后来'多多少少积极地参加把俄国从革命中挽救出来'，于是在这上面就毁灭了。"① 这是一部未完成的现实主义作品，是对俄国知识分子命运的反省，也是对俄国历次革命的反省。在写作进展迅速的1925至1927年间，作者追求的就是"客观的"描写，"按照人的本来样子评价生活"。

1929年，在回答青年作者提出的"怎样写作"的问题时，他进一步说："您要这样写作，仿佛您是那判断真话和谎言的古老法庭上的证人，而法官是您最好的朋友，对他的公正您当然是相信的，因而您不愿意、甚至不能够对他隐瞒任何东西。"② 真实的社会、真实的自我，作者都应毫不掩饰地在文学中表现出来，否则就亵渎了神圣的文学事业。

"现实主义作家倾向于综合"，他所创造的"典型的形象"应该既具有美学价值，又具有"无可争辩的历史文献之价值"③。1908年，高尔基就明确地提出了这一见解。20年后，他的思想进一步深化。既然艺术美在于真实，那么衡量是否真实的标准又

---

① 高尔基：《论文学》下卷，曹葆华、渠建明译，人民文学出版社，1978年版，第120—121页。
② 高尔基：《论文学》下卷，曹葆华、渠建明译，人民文学出版社，1978年版，第182页。
③ 高尔基：《俄国文学史》，缪灵珠译，上海译文出版社，1979年版，第208页。

是怎样确立的呢？他在为维诺格拉多夫《时代的三色》一书所作的序里说："艺术家首先是自己时代的人，是自己时代的悲喜剧的直接观看者和积极参加者。他可以是客观的，只要他能充分摆脱本阶级的偏见和成见的魔力，只要他具有一双正直的眼睛，只要他自己也是时代最精锐的力量的一分子。"如果这样，他就能够"成为记述本阶级的日常生活的公正的历史学家"[①]，并以此面对读者、面对未来。那么，现实社会中是否真正存在具备以上三个"只要"的文学家呢？高尔基与恩格斯的观点相一致，他们首推巴尔扎克，还有司汤达。司汤达"几乎在资产阶级获得胜利的次日即开始尖锐而鲜明地描写资产阶级内在不可避免的社会解体的征兆及这个阶级的鼠目寸光"[②]。

肯定了"客观的"现实主义文学，实际上就是肯定了文学的历史价值。这是高尔基后期美学思想中出现的新内容。

他还认为，"站得比现实更高"的艺术才是美的。高尔基一直按照自己的理想做人、做事，从事各种社会舆论工作。当他的理想与现实相去甚远时，他就暂时放下理想，回顾历史、总结教训。但这毕竟是一个短暂的时期。他的觉悟、他的品性、他的事业，很快又会激发他更高地举起理想的旗帜。他的理想的基础始终是对人的充分肯定。他说："对人们评价时别看到他坏的一面，

---

① 高尔基：《论文学》（续集），冰夷等译，人民文学出版社，1979年版，第345—346页。
② 高尔基：《论文学》（续集），冰夷等译，人民文学出版社，1979年版，第346页。

而要看到他好的一面。人之所以有意义，并不因为他是坏人，而是因为他，不管他是什么样的人都可能并且也会成为好人。"① 人还分为旧人和新人。作家应当积极地"提出、寻出和揭露出新人物的正面性格"②，应当"注意、阐明和描写我们的现实中一切稳步成长着的、本质上重要的、新鲜的、'良好的'事物"③。基于这样的前提，高尔基认定：宣传英雄主义，宣传创造新生活而又高于生活的文学艺术是符合时代与民众的审美理想的，当然也是符合高尔基的审美理想的。

高尔基博大精深而又复杂的美学思想，其核心内容与基本方面是与马克思主义美学原理——人的本质是自由自觉的活动、美是主体目的性与客体规律性的统一等等——完全相通或默契的。虽然他的价值观、政治思想倾向并非始终与列宁的布尔什维克党保持一致，但他的美学理想的起始动机和终极目标却都与人的解放紧密地联系在一起。

什么是美学？高尔基提出了自己的精辟见解："美学的主要品质就是有机界在生理上所固有的力求形式完美的愿望。但人们在这种'天然的美学'之上添加了另一种愿望，就是改进社会生

---

① 伊凡诺夫：《会见高尔基》，孟虞人译，新文艺出版社，1956年版，第47页。
② 《回忆高尔基》，人民文学出版社，1958年版，第223页。
③ 《高尔基选集文学论文选》，孟昌、曹葆华译，人民文学出版社，1958年版，第64—65页。

活方式，创造条件使人的机体可以和谐地发展，尽可能减少阻碍其正常和全面发展的障碍。"[1] 人的自然属性与社会属性是相互交融、和谐统一的。前者使人对客体的外在形式提出审美要求：悦目、悦耳、生动、新颖，并且"一眼看上去"就要由衷地喜爱。这是一种不受阶级性、民族性等社会因素限定的心理反应。后者是在前者的基础上发展起来，进而独立出来的纯粹理智性的思想追求，本质上是被压迫阶级和被压迫民族争取独立解放以"改进社会生活方式"的一种实践活动。高尔基认为，仅仅从人的自然属性出发或社会属性出发去研究美都难免偏颇。只有把人的生理与心理、自然属性与社会属性、艺术美与现实美、主体与客体完美地结合起来，才能创建完整的美学。高尔基的这一思想在其文学创作、理论论著和政论文章中，从不同角度，不同侧面进行了论证发挥。

高尔基说："资产阶级在很久很久以前就忘记了美学的这种生物学作用，而把美学归结为难以捉摸的、任意变化的'美'的概念。"[2] 关怀人、尊重人（尤其是社会底层的人），关怀和尊重对人的解放、对人类的进步与发展有益的人，是高尔基美学思想的基础和出发点。当这一基础和出发点受到破坏时，他就陷入痛苦与深思之中，并为此而进行了英勇顽强的斗争。高尔基所谓的

---

[1] 高尔基：《论文学》（续集），冰夷等译，人民文学出版社，1979年版，第377页。
[2] 高尔基：《论文学》（续集），冰夷等译，人民文学出版社，1979年版，第377页。

"生物学",是从人的生命的起码要求出发来确定的。因为毁灭了人的生命这一"生物学"的研究对象,美学的主体就消失了。没有主体,何谈客体,主客体都无所谓美,美及美学又在哪里呢?生存的苦难导致心灵的痛苦,"生物学"的境遇导致社会学的结果,高尔基以生存的"痛苦"为逻辑起点的美学,是以关注人类自然与社会两重属性为核心内容的。因而,他在"文学即人学"这一著名命题下评说现实人生,评说艺术与文学。如果因此判定高尔基为"资产阶级的人道主义者"是不公正的。因为,他终生反抗的都是人对人的压迫和剥削,他执着追求的是底层人民的解放。即使他曾经"发出一种不健康的怨恨:'博爱、平等'。这么说来,好像这个被围困的城市(指彼得堡。——引者注)遭受贫穷、困苦和疾病,都是共产主义的过错!!"[①]但是,高尔基在政治上的迷误是暂时的。从历史的角度看,他以被压迫者的解放为目标而执着信奉的自由、平等的理想,与科学共产主义的目标在精神上是一致的,虽然为实现这一目标而采取的斗争方式、斗争手段和未来途径等方面,他的认识和思想准备显然没有到位。

高尔基作为文学家是幸运的,时代造就了这样一位"无产阶级文学的奠基人"。但是,高尔基作为诗人和预言家,他所呼唤的时代的"暴风雨"以及暴风雨过后的"天空",在许多方面却与他的期望相左。这又是他的不幸。高尔基的美学思想既是他个人创作经验的总结,具有实践美学直接现实性的品格;同时它又

---

① 《列宁选集》,第3版第4卷,第41页。

高屋建瓴地概括了无产阶级革命时代的审美理想，闪耀着理性的光辉。当然，这座美学宝库犹如一座品位极高的金矿，经过提炼后的高纯度黄金中仍会保存某些杂质。无论从时代或个人的角度要求，都不应该求全责备。高尔基的创作实践和美学理论都是我们吸取营养的不绝源泉之一。

三 沃罗夫斯基和卢那察尔斯基的美学思想

在马克思主义美学思想发展的列宁阶段,除了应当专门重点的阐释列宁关于美学问题的基本思想及其对马克思主义美学思想的重大贡献外,还应该注意到活跃在十月革命前后的、与列宁共过事的一批马克思主义革命家、文化活动家、文学批评家和美学家的文艺业绩。如,米·斯·奥里明斯基、瓦·瓦·沃罗夫斯基、阿·瓦·卢那察尔斯基、米·伊·加里宁、斯·格·邵武勉等人的文艺活动。这其中,我们将着重介绍沃罗夫斯基和卢那察尔斯基的美学思想。原因在于:一是由于他们的文化、文学活动不仅较早,而且也较有成就,他们的文学批评文章和文艺见解在当时就引起作家、评论家的注意;二是他们的美学观点和理论不仅带有时代的烙印,也有着他们鲜明的个人特色;三是他们的美学和文学论著在马克思主义美学思想史上占有显著的地位,对后世的影响也较为突出。

沃罗夫斯基和卢那察尔斯基早在十月革命前就已开始学习、宣传、普及和捍卫马克思主义的学说。他们都参加过布尔什维克的报纸《前进报》《无产者报》的编辑工作。两人都是在1903年俄国社会民主工党第二次代表大会后成为布尔什维克的。十月革命后，又都参加了苏维埃初创时期的社会、外交、教育等国务活动。由于沃罗夫斯基和卢那察尔斯基的学养功深和评论才能，不仅使他们成为著名的政论家，而且也成为著名的、最早的马克思主义文艺评论家、美学家。当然，他们在文艺理论和美学上的建树和影响虽各有千秋，但就他们的革命意识的坚定性来说，沃罗夫斯基却要比卢那察尔斯基成熟得多，坚强得多。

我们知道，卢那察尔斯基在1905—1907年第一次俄国革命失败后，思想上陷入混乱、矛盾之中，他在哲学观上一度成为修正马克思主义的马赫主义者，并宣扬过带有宗教哲学思潮的"造神说"。这一错误思想明显地反映在他对高尔基的小说《忏悔》的评价上。他对小说中描写的群众性的宗教狂热甚为赞赏，认为这是造神派思想的群众性基础。他对《忏悔》的评价甚至高于高尔基的另一部名著《母亲》。而沃罗夫斯基则与卢那察尔斯基相反，明确认为，"《忏悔》鲜明地描写的是那些非无产阶级的和还没有觉悟的群众的错误思想……应该认为高尔基是背离了工人阶级的思想立场。"① 从这里也可以看出,沃罗夫斯基的马克思主义理论修养是深厚的、扎实的,思想是敏锐的。卢那察尔斯基在1917年8月重新加入布尔什维克。在苏联早期的社会主义文化建设中,卢那察尔斯基在贯彻执行党的政策、建立组织以及在理论研究方面,虽然也犯过一些错误,有过失误,但总的来说,功大于过,他做了大量的、有益的工作却是不容忽视的客观事实。

沃罗夫斯基和卢那察尔斯基的社会、政务活动多在十月革命前后,然而两人在文学、美学方面的成就却并不在同一时期出现。沃罗夫斯基关于文学艺术、美学问题的最重要的、有分量的文章,都是在十月革命前的1902—1912年间写的。而卢那察尔斯基在文学艺术、美学方面最富成果的时期,则多是在十月革命以后的日子里。这大概与他担负相关职务有关。由于社会环境的差异、政治局势的变革,再加上工作职务的变动,这也许是形成沃罗夫斯基与卢那察尔斯基各自文章中心、重心和特色的原因之一吧!

---

① 沃罗夫斯基:《论文学》,人民文学出版社,1981年版,第290页。

第一章

沃罗夫斯基的美学思想

瓦茨拉夫·瓦茨拉沃维奇·沃罗夫斯基（Вацлав Вацлавович Воровский，1871—1923）是革命家、马克思主义政论家，也是俄国最早的马克思主义文艺批评家。1891—1897年间他先后在莫斯科大学和莫斯科高等工业学校学习。从1903年起成为布尔什维克。他先后参加过布尔什维克的报纸《火星报》《前进报》《无产者报》《真理报》的编辑工作。十月革命后担任外交使节。1923年在出使意大利期间不幸遭白匪党徒杀害。

在沃罗夫斯基的大量著作中，按其内容性质可以分为这样四类：一类是向劳动群众宣传、普及马克思主义创始人的哲学、经济和政治观点的文章，它们是为反对马克思主义思想的被歪曲和庸俗化而写的战斗性论文（如1908年的《柏林来信》、1917年的《卡尔·马克思》等）；另一类是结合俄国革命的实际所写的文章，阐述了马克思主义学说在俄国传播的历史，研究了工人运动中的自发性与自觉性、党和工会的关系等问题（如1907年的

《〈共产党宣言〉及其在俄国的命运》、1908年的《马克思主义在俄国的历史》等);再有一类是结合当时理论界的状况所写的文章,作者分析、批判了在俄国革命运动中出现的新康德主义、马赫主义和宗教神秘主义思想(如1901年的《给〈生活〉杂志编辑部的信》、1906年的《心慌意乱和泰然自若》、1920年的《赫尔岑是社会主义者吗?》等)。这些论争性的有益工作为纯洁马克思主义思想起了良好的作用。

还有一类是我们要着重讨论的文学理论、文学评论性的文章。在这一部分论文中,他坚决捍卫了马克思主义美学的根本原则。如在作家评论、作品分析、文艺理论、美学文章中贯穿着这样一个基本思想,要求美学和文艺批评对文艺作品进行客观的历史的考察和评价。他本人在众多的评论文章中就树立了这样对待文学艺术现象的榜样。例如,他揭示了文艺作品的社会意义,指出革命理想在文艺创作中的作用;他揭露社会悲观主义、颓废主义的阶级本质,帮助读者正确地评价文艺作品中的主人公并从主人公身上汲取新一代人的优秀品质。这些思想在《论现代派的资产阶级性》(1908)、《巴扎罗夫和萨宁》(1909)、《马克西姆·高尔基》(1910)、《列昂尼德·安德烈耶夫》(1909)等文章中都有比较深刻的反映。

卢那察尔斯基在谈到沃罗夫斯基在俄国马克思主义文艺批评史上的功绩和地位时说,我们"可以自豪地说,早在革命前,同欧洲无产阶级运动各支派相比,我们在文学批评领域已经创造出气势恢宏的珍品了,那么,这在很大程度上应当归功于普列汉诺夫和沃罗夫斯基。"[1]的确，在十月革命前的十多年间，无论是普列汉诺夫还是沃罗夫斯基，他们除了研究哲学、哲学史、社会思想史外，还力图对俄国文学、美学方面的思想发展（作家的、作品的、文艺思潮的）作出马克思主义的分析，并取得了可喜的可观的成就。他们的文论和思想对俄国社会不同阶层的人们都有着不容置疑的影响。特别是普列汉诺夫，他是俄国马克思主义美学和文艺批评的创始人之一。他发展了马克思主义关于艺术起源的学说，关于文艺是反映社会生活的特殊形式的学说，关于现实主义是文艺实质的学说，等等。他为马克思主义文艺思想在俄国的传播、发展奠定了良好的基础。列宁认为，普列汉诺夫的"全部哲学著作"是"整个国际马克思主义文献中的优秀作品"[2]，并认为，这些著作"应当成为必读的共产主义教科书"[3]。不过，普列汉诺夫的悲剧在于，他的马克思主义立场和观点并没有贯彻始终，早在十月革命前他就站到了无产阶级的对立面去了。其实，公正地说，卢那察尔斯基本人在十月革命前所写的一些优秀著作也同样可以称为俄国文学批评领域中的精品。他与普列汉诺夫、沃罗夫斯基一样，对俄国文学批评的建设同样是有功劳的，在这方面，他们三人是可以并称的。

沃罗夫斯基由于当时的社会环境和革命斗争的需要，他既不

---

[1] 《卢那察尔斯基文集》（八卷本），苏联国家文学出版社，1967年俄文版第8卷，第380页。
[2] 《列宁全集》，第2版第40卷，第292页。
[3] 《列宁全集》，第2版第40卷，第292页。

可能有较为充裕的时间来专门研究文艺理论和美学问题，也不可能撰写出系统的文艺或美学论著。所以，他的一些闪光的美学思想、文艺论点多是在一些作家、作品评论中显露出来的：如关于唯物主义美学的哲学依据，关于对文学的意识形态性的理解，关于审美的意识形态，关于艺术创作与作家个性的关系，关于艺术作品的客观内容，关于对俄国颓废主义的深刻分析，等等。

关于沃罗夫斯基主要的美学思想和文艺观点，我们准备介绍这样三个问题：一、文学的"政治的意识形态"性；二、文学的"审美的意识形态"性；三、文学的"美学上的批评"与"社会性的批评"。

第一节 文学的"政治的意识形态"性

沃罗夫斯基是俄国较早探讨无产阶级文学问题的马克思主义者之一，而且他把这种探讨紧紧地与社会的意识形态相联系。

作为革命家和马克思主义者，沃罗夫斯基十分重视从哲学上（辩证唯物主义和历史唯物主义）来论证马克思主义对于无产阶级事业的指导作用。如对于作为上层建筑的意识形态诸形式的形成，沃罗夫斯基认为，从马克思的唯物主义理论的观点来看，仅仅承认阶级斗争必然伴随着意识形态的形成是不够的。因为资产阶级哲学家和社会学家也不否认这一点。而历史唯物主义要求具体地研究资本主义社会中各个阶级的意识形态的形成过程本身，也就是说，要探讨是谁创造出这种意识形态的，它又是怎样逐渐变成为这个或那个阶级的世界观,它的阶级内容又是什么样的。沃罗夫斯基指出,在阶级社会里,这个或那个阶级的意识形态的形成过程和意识形态的内容,都取决于各该阶级在生产关系中的地位和作用,即看是占统治地位的支配者还是处于被统治地位的被支配者。[①] 这就比较明确地说明了资产阶级意识形态与无产阶级意识形态之间的原则性差别。另外,沃罗夫斯基还把无产阶级意识形态的形成过程及其内容同资产阶级意识形态的形成过程及其内容加以对比。他认为,资产阶级的意识形态"不会越出本阶级的种种需要以及为满足这些需要的方法的范围"[②]。这也就是说,资产阶级从根本上只是为了维护生产资料的私有制和对无产阶级进行剥削才不得不发展科学技术,借以改进生产工具,提高生产能力,获取更大的利润。因此,资产阶级的意识形态首先是作为思想影响的手段、而不是作为科学形成的。而无产阶级的阶级利益是与社会发展、社会改造的根本目的相一致的。它的意识形态的形成是与客观地、科学地研究资本主义社会关系的利弊相关的。因此,无产阶级的意识形态具有科学性、真理性,它代表了社会的未来,反映了工人阶级以及渴望和平、自由和进步的绝大多数人的切身利益。这就是沃罗夫斯基意识形态理论的思想基础和理论依据。但不难看出,这个判别标准既有科学的、进步的一面,又带有明显的时代印迹和缺憾,也正是基于这种思想,推

---

① 参见《沃罗夫斯基全集》,1933 年莫斯科俄文版第 1 卷,第 340 页。
② 参见《沃罗夫斯基全集》,1933 年莫斯科俄文版第 1 卷,第 40 页。

衍出沃罗夫斯基衡量、判断作家和作品是非优劣的标准。

文学艺术作为人类在社会历史实践过程中所创造的精神财富的一种特殊形式，它也是随着社会经济形态的更替而发展变化的，因此，在阶级社会里，它是社会的意识形态、是上层建筑。沃罗夫斯基对这一点是深信不疑的。他在分析、考察作家和作品时总是首先从社会的、阶级的、政党的观点、利益出发的。他对作家与社会、作家的创作与世界观、作品的倾向性与艺术性的关系等问题，都结合具体作家、作品的实际状况作了深入细致的、中肯的、精彩的阐释。

沃罗夫斯基在评论作家或作品时，常常使用一些两相对照的术语来分析。如，科学思维，艺术思维；科学的意识形态，艺术的意识形态；学术思想，艺术思想；政论方面，美学方面；政治上的，纯美学的；政治的意识形态，审美的意识形态；社会性的批评，美学上的批评；等等。这些相对应的术语，虽然在具体文章中字眼有所变化，使用上也略有差别，但在沃罗夫斯基的运用、阐释中，它们的基本含义却是相同或相通的。这是因为，在沃罗夫斯基看来，一部真正的优秀的文学作品之所以具有强大的生命力和感染力，它必须具有两方面的基本要素：一是必须能够使读者感受到时代的气息，也就是使人"感受到的是某一历史时刻种种瞬息即逝的情绪和思潮，并且'透过时代的阴影'用它本身的力量来征服未来世代的人们"[①]；二是必须具有美的魅力并能

---

① 沃罗夫斯基：《论文学》，人民文学出版社，1981年版，第54页。

唤起读者的审美感受能力,达到社会审美教育的目的。实际上,这两个方面也就是我们常说的文艺作品必须具备的思想性与艺术性。前者属于政治、思想方面,后者属于审美、艺术方面。这个思想既可以上溯到恩格斯评价文学作品的"最高的标准",即"史学观点"和"美学观点"[①],也可以下延到毛泽东的文艺批评标准,即"政治标准"和"艺术标准"[②]。当然,在具体运用于创作或评论时,它们实际上是一个整体,二者不可偏废。

沃罗夫斯基在论述意识形态诸形式的形成时,首先关注的是"政治的意识形态"(也有的译为"政治的思想体系","意识形态"有人写作"思想体系"或"观念形态",其含义是相同的)的形成。这是因为,他认为,"政治的意识形态"是在其他意识形态的形式之前形成的。他是这样论述的:"如果仔细考察一下人类政治、学术和艺术演化的过程,就不能不承认,在社会发展的一切阶段上,换句话说,在任何一个阶级从不存在到踏上统治地位的演变过程中,最先形成的总是政治的(实际的)思想体系,随之而来的是阶级需要在学术上的表现,最后,经过很大一段迟延,方才会出现这个阶级的生活和斗争在艺术上的反映。"[③]应该说,沃罗夫斯基的这个认识是有一定道理的。因为在阶级社会里,社会意识是以政治思想、法意识、道德、宗教、科学、艺

---

① 参见《马克思恩格斯选集》,第2版第4卷,第561页。
② 参见《毛泽东选集》第三卷,人民出版社,1991年版,第868页。
③ 沃罗夫斯基:《论文学》,人民文学出版社,1981年版,第343页,并参见该书第345页。

术、哲学等形式存在着和表现出来的。意识的不同形式反映着现实的不同领域和方面。但在众多的社会意识形式领域中，政治思想的意识形式有着特殊重要的地位和意义。因为它反映了各阶级、各民族、各国家之间的根本关系，它是各阶级和社会集团以行动使之实现的政治纲领的基础。也可以说，它是本阶级其他意识形态形式的出发点和依据。因此，政治的意识形态对其他意识形态的性质来说具有决定性的作用。而就文学艺术来说，它既然是客观现实生活的一种特殊反映形式，当然也不可能脱离开政治的意识形态。

沃罗夫斯基关于文学的"政治的意识形态"性的问题并没有专门的文章来论述，但我们从他分析作家、作品的不少精彩评论中可以看出他的主要观点。所说"政治的意识形态"主要是指阶级的思想性或倾向性。但他既没有赤裸裸地或抽象地来说明它，也没有像某些庸俗社会学者（如舒利亚季科夫、佩列韦尔泽夫、弗里切等）那样简单化地理解作家的创作同阶级和阶级斗争的联系，他们否认意识形态的相对独立性，狭义地解释社会现象和阶级制约性，将一切思想形式直接从生产方式中引申出来。而沃罗夫斯基则是通过作家所生活的社会环境（社会条件、社会心理、社会因素等）及其影响来揭示作品的思想性。

如沃罗夫斯基在谈到列·安德列耶夫的创作时，曾针对当时流行的一种见解（即认为列·安德列耶夫比起其他作家来更具有"个性"。实际上这种观点是试图以作家的所谓"个性"来冲淡社会的、思想的、阶级的因素），指出其片面之处并着重分析了作家"个性"形成的最终原因。他认为,任何一位有才能的作家的创作必然会反映出他的个性。但是,即使是一个在个性方面最有特色的作家,他的创作中也不可能脱离开社会因素。这是因为,"作者的观点、概念、成见、评价,总之世界观,都是他从其中出生并且和它一起过着精神生活的那个环境的直接产物。"[①]沃罗夫斯基认为,作家用以体现自己思想的"艺术形式"可以说是作家"个人的财产",但其思想本身"则是他从社会吸取来的"[②]。沃罗夫斯基甚至认为,即便是一个十足的"象征性的作品","为了表现某种思想,也必须同真实的环境相结合,而且还应该把这种思想表现得非常的明晰和透彻"[③]。他还以抒情诗的内容为例,指出,"甚至这种看起来是漂浮在半空中的纯美学范畴,例如抒情诗,也是在相当的程度上由社会条件决定的"[④]。这里所说的"社会条件"不仅是指诗人生存生活的环境,而且也包括诗人精神生活的环境。这些都说明,沃罗夫斯基认为,作家的创作与社会生活、与作者的观点有着密切的关系。他不仅贴切地说明了作家的思想观点及其演变与社会条件的千丝万缕的联系,也进一步说明了作家所代表的那个阶级或阶层的思想倾向。沃罗夫斯基对高尔基和安德列耶夫作品及其思想的剖析就说明了这点。

问题并没有到此为止,沃罗夫斯基还强调指出,"如果艺术

---

① 沃罗夫斯基:《论文学》,人民文学出版社,1981年版,第317页。
② 沃罗夫斯基:《论文学》,人民文学出版社,1981年版,第317页。
③ 沃罗夫斯基:《论文学》,人民文学出版社,1981年版,第132页。
④ 沃罗夫斯基:《论文学》,人民文学出版社,1981年版,第316页。

作品中透露出了某种社会思想,文学就是有倾向性"[1]。当然,文学既然是一种意识形态,而在阶级存在的环境里,必然带有阶级的性质或一定集团的思想情绪。作家必然以自己的阶级立场来观察生活、来反映现实,其作品也必然带有表现某个阶级或集团的思想、情绪和利益的思想倾向。这是人们所共识的。但沃罗夫斯基并没有简单地解决这一问题,他把问题的重点放在作家身上。他说:"倾向性不在于小说,而在于作家本身。一个作家只要心里对社会问题有一丁点儿的兴趣,他就有了倾向性。"[2] 当然,这个观点并不全面。事实上,如果作家有了倾向性,其作品本身也应是有倾向性的。他认为屠格涅夫、陀思妥耶夫斯基、列夫·托尔斯泰等都是有倾向性的、甚至是倾向性很强的作家。但是,他认为,这些大艺术家的倾向性同"用文学的形式来传播思想和纲领"的奥姆列夫斯基和莫尔陀夫采夫是不一样的。[3] 因为后二者虽也是作家,但他们的写作目的与前几位是不同的。奥姆列夫斯基写的是自传体的长篇小说,主要描写与自己有关的19世纪60年代的平民知识分子的生活;而莫尔陀夫采夫是一个历史学家,他所写的中长篇小说完全取材于17—19世纪的俄国历史。他们二人由于醉心于自己所服膺的倾向,只不过利用文学的形式来宣扬、传播自己的思想。所以沃罗夫斯基认为他们的创作是"不属于文学"的,是"另一回事"。

---

[1] 沃罗夫斯基:《论文学》,人民文学出版社,1981年版,第174页。
[2] 沃罗夫斯基:《论文学》,人民文学出版社,1981年版,第174页。
[3] 沃罗夫斯基:《论文学》,人民文学出版社,1981年版,第174页。

沃罗夫斯基还注意到这样一种现象，由于作家在创作时要把他自己领悟到的生活片段表现出来，这个作品就会涂上一层主观的色彩，也就是说，有了"倾向"。但有可能是，这个倾向在这个作者那里是社会的，而在另一个作者那里可以是反社会的；或者说，这个倾向在这个作者那里是进步的，而在另一个作者那里很可能是反动的。那么如何区分、确定这"倾向"的性质呢？当然，从根本上说，只有那些在作品中代表了巨大社会利益并为社会进步服务的思想倾向才是可取的。这取决于作者的思想和倾向，看他在社会经济形态依次更替的过程中，是站在新生的主导阶级的立场上呢还是相反。也就是说，凡是表达了上升的、革命的、符合历史发展要求的"倾向"都是社会的、进步的。沃罗夫斯基还特别指出无产阶级作家的阶级性的特点。他指出："要想出现真正无产阶级的诗，艺术家的心理就不仅必须是创造性的，而且也必须是无产阶级的。"[①] 此外，尽管作品所写的内容、题材不一定是无产阶级的，但作者的思想倾向、创作心理却必须是无产阶级的。

关于文学的倾向性和思想性及其在作品中的显现问题，沃罗夫斯基认为："只要作品确实是深厚的艺术情感的产物，只要它是创造出来，而不是制造出来的，那么这倾向就会像一种隐秘的、非物质的力量那样起着作用。"[②] 类似的见解，沃罗夫斯基在

---

① 沃罗夫斯基:《论文学》，人民文学出版社，1981年版，第345页。
② 沃罗夫斯基:《论文学》，人民文学出版社，1981年版，第175页。

论到安德列耶夫的短篇小说时还说过:"作者的思想、他的倾向是不知不觉地、自然地、并不死乞白赖地同艺术形象一起渗透到读者的意识中去的。"[①] 这熟悉的思想甚至相似的语句使熟知马克思主义文艺经典论著的学者马上会想起恩格斯的那句名言:"倾向应当从场面和情节中自然而然地流露出来,而无需特别把它指点出来。"[②] 还有,"作者的见解越隐蔽,对艺术作品来说就越好"[③]。但沃罗夫斯基的这个思想不可能直接得益于恩格斯的这些信件,因为它们1932年才首次发表。根据沃罗夫斯基当时所关注的文艺问题和所写的有关文章来看,这些思想很可能受了杜勃罗留波夫的启示[④]。但不管其来源如何,沃罗夫斯基的这个思想对于文学作品的艺术性与思想性的有机融合还是有益的,对于真正的艺术创作也是有价值的。与此相反,沃罗夫斯基对于"那些在诗和散文中陈述阶级口号"或"合理地表述阶级口号"的做法是不赞成的。同时,他对打着创造"无产阶级诗篇"但却毫无艺术性可言、只不过在艺术的形式下作些"纯粹理性的综合和分析"[⑤]的诗作也是持否定态度的。

不过,沃罗夫斯基在"倾向性"问题上虽然有可贵可取之

---

① 沃罗夫斯基:《论文学》,人民文学出版社,1981年版,第314页。
② 《马克思恩格斯选集》,第2版第4卷,第673页。
③ 《马克思恩格斯选集》,第2版第4卷,第683页。
④ 参见杜勃罗留波夫的《黑暗王国》(1859)、《黑暗王国里的一线光明》(1860)。
⑤ 参见沃罗夫斯基:《论文学》,人民文学出版社,1981年版,第343、345页。

处，但在某些具体阐释上却又陷入矛盾甚至错误之处。如他在1911年发表的《再论高尔基》一文就有这种情况。文中虽不乏精辟的论点，但失当之处也很严重。从写作时间和背景上来看，这期间正是无产阶级文化派早期的"前进派"比较活跃的阶段，这些人妄图创造全新的"无产阶级的"哲学、文学、艺术和科学，他们打着独立从事"文学"的幌子，认为要"根据无产阶级的愿望和经验来发展艺术"。① 而沃罗夫斯基意在反对这些人的极端观点，但却走向了另一个极端。他认为作家接近、了解工人群众的日常生活，并渴望用艺术来反映这种生活，但这并"不能为我们的创作想像力提供粮食"，他竟然说："在我们现代，那些从思想上（也就是从理智上）接近工人阶级的利益和运动的艺术家们，就正处在这样一种可悲的境地里。"② 由此他推论说，作品的倾向性，没有必要、也不应该有意识地表现出来。他甚至说，如果作家事先抱定目的要在作品中表现某种思想倾向，那就不免损害艺术。所以，他对高尔基当时所发表的某些作品评价并不高，在行文中甚至带有嘲讽的味道。他指出，由于高尔基的"倾向"，"结果高尔基的新作品中就几乎到处充满着清一色的正面人物典型，充满着那种对他所追求的目的有用的人物典型。可是问题甚至还不仅仅在这里，因为即使最正面的典型，也跟一切真实的事物一样，总不免会有一些浅陋可笑的，根本不符合'英雄气概'

---

① 《列宁与无产阶级文化协会》，外国文学出版社，1980年版，第22页。
② 沃罗夫斯基：《论文学》，人民文学出版社，1981年版，第344页。

的特点，而在高尔基的笔下，却把他们身上一切可能会降低其正面的、教育意义的东西，都统统清除了"①。应该说，沃罗夫斯基在这一根本点上与恩格斯有着明显的不同。恩格斯虽然主张"倾向应当从场面和情节中自然而然地流露出来"②，但他并不排斥作者有意识地、或"直截了当地""来鼓吹作者的社会观点和政治观点"③。而沃罗夫斯基甚为赞赏涅克拉索夫的"斗争妨碍我成为诗人，歌曲妨碍我成为战士"(《给齐娜》)的诗句，他认为，"在这两句诗里很成功地表明了一种想法，就是说：同时既是诗人又是斗士是不可能的"④。由这里他引申出，在高尔基身上实际上也存在这种矛盾：诗人与战士的矛盾，艺术家与公民的矛盾。这种观点显然是片面的，至少是以偏概全。而用在高尔基身上，也不是实事求是，更不符合事实。

实际上，沃罗夫斯基所说的这些"矛盾"正好反映了他自己在这一时期思想上的混乱、矛盾之处：一方面他承认文学中的倾向性及其作用，他认为文学不能脱离社会现实，文学也不可能不为政治服务；另一方面他又强调有"为艺术并且仅仅只为艺术服务"的"纯粹的艺术创作"。造成这种状况的原因，前面我们已谈到，主要是与反对"无产阶级文化"的理论有关。沃罗夫斯基一方面要表明自己的基本立场，坚持文学的意识形态性；另一方

---

① 沃罗夫斯基：《论文学》，人民文学出版社，1981年版，第339页。
② 《马克思恩格斯选集》，第2版第4卷，第673页。
③ 《马克思恩格斯选集》，第2版第4卷，第683页。
④ 沃罗夫斯基：《论文学》，人民文学出版社，1981年版，第346页。

面为了有别于"无产阶级文化"的极端的绝对的观点而着意于对作品的艺术性的充分阐释。另外,也可能与他当时对高尔基的某些言辞、行为、甚至个别作品的误解有关。

诚然,如果仅只是为了"某一政治时刻的需要"而屏弃艺术性的创作,那当然是不可取的。但进步的、积极的思想倾向有益于文学创作的众多事实也是不容忽视的。当然,思想不应是粘在作家身上,而应是融于作家心中,化成他的血和肉,这样他才会对社会生活中积极的或消极的、进步的或落后的种种现象有切身的感触、清醒的认识和是非分明的爱憎的态度,也只有在这种思想基础上,才能创作出具有不朽艺术魅力的、被人们传诵的优秀作品。

沃罗夫斯基在评论艺术创作的成败、艺术作品的优劣时,既看重作品的思想性又注意到作品的艺术性,认为二者是不能分开的。他指出,如果由于作者的"理想化的片面性(有时候叫作:倾向性)",可以使一部小说成为"一个很好的宣传材料;可是宣传价值还不能作为一部文艺作品的凭证"[1]。他对于这种"非艺术的倾向性"是有疑义的。但是,他也明确反对把文学划分"倾向性"的和"纯艺术"的(指那些"没有任何社会兴趣和社会思想"的作品,即所谓"没有倾向性"的艺术)。对于这样的划分,他用讥讽的口吻反问道:"大概不需要说这种划分是荒谬的

---

[1] 沃罗夫斯基:《论文学》,人民文学出版社,1981年版,第285页。

了吧。"① 因为无论从作家本身来说，还是就作品本身来看，都难以找到这种截然分开的例证。

我们不妨以阿·伊·库普林为例，看看沃罗夫斯基是怎样评说的。他认为："在90年代开始写作的作家们当中，大概只有库普林一个人不曾热衷于政治问题，始终保持着纯粹艺术家的姿态。"② 但在具体谈到库普林的创作情况时，沃罗夫斯基却说："我们知道库普林不是政治家，为了作政论性的说明而描写统治集团，这跟他的作者的个性是不相容的，为了纯粹审美上的兴趣而描写统治集团，这也同样跟库普林格格不入。"③ 一个"不相容"，一个"格格不入"，库普林似乎把自己摆在超脱于社会阶层或社会集团之外的地位，而按自己的美学标准来创作。事实上，即便是像库普林这样"始终保持着纯粹艺术家的姿态"的作家，如果脱离了观察社会生活的思想准则，仅仅从"纯粹审美"的视点去创作，结果也只能是"建立在一定的艺术上的冷静上面的""客观主义"。④ 因为作为一个艺术家，他不能对社会生活中最新的现象产生什么反应，也不能在精神上、思想上、兴趣上打成一片、有所共鸣。那么，他只能孤芳自赏了。沃罗夫斯基明确指出，"新的社会斗争在库普林眼前进行着，妨碍他去再现这种斗争的图景的，不在于他是艺术家，而在于他那种不问政治的心理

---

① 沃罗夫斯基：《论文学》，人民文学出版社，1981年版，第174页。
② 沃罗夫斯基：《论文学》，人民文学出版社，1981年版，第298页。
③ 沃罗夫斯基：《论文学》，人民文学出版社，1981年版，第301页。
④ 沃罗夫斯基：《论文学》，人民文学出版社，1981年版，第308页。

与人民中有些阶层的生活是格格不入的","他的创作心理没有能力去理解觉醒过来迎接新生活的群众的独特的美学。他的美学是个人主义的"①。从这个例子我们可以看出：其一，沃罗夫斯基在具体剖析作家或作品时，他没有忘记应该坚持的文学的意识形态的特点，即他所说的"政治的意识形态"和"审美的意识形态"；其二，尽管他也谈到了像库普林这样的"纯粹艺术家"及其"纯粹是审美的"作品的存在，但对其不合时宜的思想和个人主义美学的标准进行了评断，指出其思想上的局限和美学观上的偏颇。

总之，沃罗夫斯基作为马克思主义的文艺批评家，他的某些短暂的失误或个别观点的欠妥，并没有、也不可能成为左右或影响他判断文学作品的主要思想标准。在他大量的文艺论文中一再强调的是倾向性、思想性在文学作品中的主导地位和作用，并把倾向性的好坏、思想性的先进与否同作家所持的阶级立场、阶级观点相联系，认为这才是左右或影响文学的"政治的意识形态"性的主要依据。沃罗夫斯基坚持了列宁提出的文学的党性原则。

第二节 文学的"审美的意识形态"性

沃罗夫斯基在《现代俄国小说史略》第一章中首次使用了"审美的意识形态"一词。这个术语是与"政治的意识形态"一词同时出现的。当然"政治的意识形态"在前。它旨在说明阶级

---

① 沃罗夫斯基：《论文学》，人民文学出版社，1981年版，第307页。

的意识形态的性质、内容。在他看来,无产阶级所特有的"政治的意识形态"的形式,实际上就是"马克思主义"。而"审美的意识形态"则指具有一定阶级特征的艺术创作、审美规律、美学教育等。

根据沃罗夫斯基的意见,社会变革最先形成的是经济关系、政治意识,然后才是学术思想,最后才是艺术思维及创作。所以,他认为,无产阶级一登上历史舞台,就宣称它自己就是社会生活及政治生活中革命原则的体现者。随着深刻的社会变革与经济的变化、增长,无产阶级运动所特有的意识形态开始形成起来了。在这种情况下,沃罗夫斯基进一步指出:"但是,如果说政治的意识形态已经具有了完全符合工人运动的意义、方向和任务的明确的形式(马克思主义),那么,对于审美的意识形态就还不能这样说。"①

那么是什么原因对于"审美的意识形态"还不能这样说呢?而"审美的意识形态"的特点及其作用又是怎样的呢?对于这些质疑,我们在沃罗夫斯基的文章中,可以找到有关的阐释。

他指出:"人类创作的这个领域(指'审美的意识形态'。——引者注),其实质是对生活作出诗意的反映,因此它对现实的反映往往最不准确,反映得也最不及时。具有一定阶级特征的艺术创作,只有在这个阶级本身已经显著地成长起来,并意识到自己的独立性的时候,才会产生出来。在运动初期,这个未来的战

---

① 沃罗夫斯基:《论文学》,人民文学出版社,1981年版,第271页。

斗阶级的最早的一批骨干才开始在成长，思想还不明晰，还很模糊而混乱的时候，审美的意识形态的内容只能是一些朦胧而欢欣的预感和期望，它意识到已经积蓄了非常充沛的力量，并且渴望给这些力量以用武之地。这种审美的意识形态还没有牢固的现实的社会基础，它本身还和现实主义格格不入。由于它是从对未来正在日渐迫近的这种预感出发，所以它染上了一些幻想的成分，它是浪漫主义的。"[①]"这种对幻想的倾向，无论在政治领域或者在艺术创作领域都存在，而在艺术上就表现为对浪漫精神的向往。"[②]

从以上所引沃罗夫斯基有关"审美的意识形态"为数有限的论述中，至少可以明确这样几点：首先，沃罗夫斯基认为，一个阶级的"审美的意识形态"的逐渐形成是在它的"政治的意识形态"形成起来之后开始的；其次，他认为，"审美的意识形态"的实质在于"对生活作出诗意的反映"，在有的文章中，他把"艺术的意识形态"作为"审美的意识形态"的同义词来使用；第三，"审美的意识形态"的特点在于它的"朦胧而欢欣的预感和期望"，人们渴望对它的满足，对"幻想的成分"、对"浪漫精神的向往"，企望通过对具有"诗意"的艺术品的欣赏来实现这一愿望；第四，"审美的意识形态"作用于读者是"通过艺术形象来理解他周围的世界"，由于这些美学形象的突出、鲜明

---

① 沃罗夫斯基：《论文学》，人民文学出版社，1981年版，第271页。
② 沃罗夫斯基：《论文学》，人民文学出版社，1981年版，第272页。

和奇妙的想像而使读者神往,引起他们强烈的感情和深刻的内心感受。

沃罗夫斯基指出,如果说,无产阶级的"政治的意识形态"已经具有了马克思主义的明确形式,而对于"审美的意识形态"还不能这样说,这是为什么呢?其主要原因正像上一节提到的,按照沃罗夫斯基的想法,社会变革需要具备许多物质的、精神的条件。但在一个阶级的社会生活过程中,由于目的和条件的不同,必然会存在着不同的阶段或先后次序:首先是最基本的、基础的经济关系阶段,其次是与特定的经济关系密切联系的独特的观念、概念和习惯的逐渐形成,再由此产生的是贯穿一切领域的政治意识,而学术思想体系、特别是艺术方面的思想意识则是经过一个较长的时期最后才会出现的。这是因为,艺术创作并不是直接地、照相式地、即时甚至及时地反映社会生活,它是经过艺术家的头脑制作后的"诗意的反映"。如此一来,所以它对现实的反映是"不及时的",或者说,由于时间紧迫而来不及慎重思索,故它的反映往往是"不准确"的。沃罗夫斯基把这种状况叫作"艺术思维总是落后于科学思维的现象"[①]。

沃罗夫斯基并以高尔基的早期创作为例来说明这种情况。比如,高尔基早就开始接近工人运动,并努力了解工人群众的生活、思想,也在社会民主党的报纸上发表过一些反映工人生活的作品。这说明高尔基在"政治的意识形态"方面早就归属于无产

---

① 沃罗夫斯基:《论文学》,人民文学出版社,1981年版,第282页。

阶级了，但是直到 1906 年，他才有了新的感受并且创作出一部被列宁称之为"非常及时的书"，一本描写工人生活的小说——《母亲》。当然，在这之前的 1901 年，在高尔基的剧本《小市民》中就曾出现了俄国文学中第一个以新的精神面貌出现于现实生活中的工人形象，它体现了无产阶级要为自己的权利而斗争的决心和乐观精神。但无论就其题材的深度和广度而言，还是就人物形象的鲜明和思想的深意而言，《母亲》的现实意义和对无产阶级革命斗争的描绘都远远超出《小市民》，小说渗透着对历史进步的坚强信念，体现了在革命的发展中表现现实的创作原则。这就是说，艺术家的"审美的意识形态"的形成以至日臻完善，应是在他的思想倾向性确定并成熟之后才开始的。沃罗夫斯基认为，优秀的艺术家及其成功的作品应该是这样的，即作者的思想，他的倾向通过所塑造的艺术形象、所刻画的社会图景自然而然地、不知不觉地逐渐进入到读者的意识中去，潜移默化地影响着他，使之获得审美的能力，接受美的、思想的陶冶。

但是，遗憾的是，关于"政治的意识形态"与"审美的意识形态"的这种水乳交融的关系在沃罗夫斯基的某些评论文章中并没有贯彻始终，有时是把它们分割开来论述，甚至认为前者妨碍了后者意境的畅快。关于这点，我们将在本章的第三节中谈到。

沃罗夫斯基虽然没有对"审美的意识形态"作深入细致的系统阐释，但这个美学观点的提出对于美学、文艺理论的建设和实践有着重要的意义。这个有益的设想对于深切地解悟文艺的实质、科学地诠释美感理论不乏启迪作用，它或许是通往艺术迷宫的最佳途径之一。

沃罗夫斯基认为,"人类创作的这个领域(指'审美的意识形态'。——引者注),其实质是对生活作出诗意的反映"。这里所说的"诗意的反映",当然决不是仅指一般诗歌作品里所表达的那种韵味,而是在更宽泛、更深层的艺术的、美学的意义上说的,是指在艺术作品中蕴含着的一种能给人以美感的意境。它借助于审美者的丰富感情的激发,使之获得精神上的欢愉、启示和帮助。当然,这些审美者应该是些受过美学教育的人,他们并且善于用美来滋养自己的活动、熏陶自己的行为举止。总之,他们会经常用美来颐养自己的生活。对于作家来说,除了具备上述条件外,他还必须以精湛的、巨大的艺术创作才能,善于通过诗意的光辉把感受到的欢乐与痛苦、喜悦和悲痛等情绪表现出来,抓住读者,使之达到感人又迷人的和谐境地。这种作品可以成为美的范本——一种新的审美感的综合体。

这种美的范本,从审美感受能力来说,其艺术品必须具有强大的生命力和感染力,它能够成为未来的美感的源泉,并能够产生出某种新的、比较高级的、用来丰富文学宝库的东西;从审美的理解形式来说,其艺术品必须达到了应有的艺术高度、艺术品位,即具有良好的、新鲜的、生动的形象、境界和典型。在一部真正的、永恒的文艺作品里,这些基本的形式(沃罗夫斯基认为是形象、境界和典型这三种形式)应当是以一定的形式凝结起来的,它们恰当地糅合在一起,"对生活作出诗意的反映",这样才能起到欣赏的、审美的作用,并且能借社会审美和伦理教育来实现艺术所负担的职能。

沃罗夫斯基虽然没有直接具体地谈到审美的意识形态的内容特点，但他认为，由于"人类创作的这个领域"的出现晚于政治的意识形态，所以人们的艺术创作、审美意识还处于成长阶段，其"思想还不明晰"，故它的"内容只能是一些朦胧而欢欣的预感和期望，它意识到已经积蓄了非常充沛的力量，并且渴望给这些力量以用武之地。"这些解释虽不十分准确，但却也道出了它的基本特征。事实上，在人们的思想意识里已经陆续"积蓄"了审美的有关观念，并不断"渴望"再现它，给它"以用武之地"，使这些奇妙的美学形象和强烈的情感具象化。

从沃罗夫斯基对审美的意识形态内容的不甚"明晰"、完整的解说来看，审美意识的特性类似我们所说的"美的观念"的含义。首先，无论是人的意识还是观念，按照辩证唯物主义的观点，就其内容来说，它们都是客观现实事物的反映，并且还反作用于现实世界，以便改造它，利于它的发展。正如列宁所说："人的意识不仅反映客观世界，而且创造客观世界。"[1]其次，无论是人的审美意识还是美的观念，它们都是由于美的现实事物的引发而逐渐"积蓄"形成的。再次，无论是对创作者，还是对欣赏者来说，他们的审美意识或美的观念在基本形成以后，由于个人的不同目的或要求必然会不断萌发出新的渴求，以具体的美的对象来满足审美意识或美的观念的需求。人们之所以会不断出现

---

[1] 《列宁全集》，第2版第55卷，第182页。

这种欲望，就是由于审美意识或美的观念的一个重要特性所决定的，即它的明晰性与模糊性。我们知道，美的观念虽然在美感活动中起着决定的媒介作用，但由于时间的推移、欣赏环境的改变，再加上审美主体的某些特殊因素（如心境的好坏、修养的高低、文化知识的多寡等）的变化，美的意识或观念有时是确定的、明晰的，有时是隐约的、模糊的。当在现实生活或文艺作品中见到了具体的美的事物、人物或形象之后，这种"已经积蓄了非常充沛的力量"的隐约的观念或意识得到具体的确定，具象化了、形象化了，因而变得鲜明、清晰、诱人；但当一旦离开具体的美的观象（现实事物、文艺作品等）后，由于记忆、目的、需求或其他心理方面的原因，美的观念或意识往往是淡薄、模糊的，是不真切、不确定的。如此一来，美的观念或意识就不能再满足人的情感需求、欣赏需要，必然会产生新的审美欲望，渴求美的观念或意识的再一次确定、鲜明、充实起来。这两方面的交互作用，形成了美的观念或意识的不断要求满足的欲望，这就是人们不断追求美、希望不断获得美感的重要原因。当然，每一次的满足并不是前一次的简单重复，它必有新的意趣，是在原有基础上的又一次升华。

诚然，这个精彩的见解虽然在沃罗夫斯基的文章中表述得并不那么直接、明白，甚至他把产生这种"模糊性""朦胧""不明晰"的原因归结为是由于人的审美意识的不成熟和人的思想正处于成长过程中才出现的。这显然是不准确的。但他对审美的意识形态的存在及其巨大作用却是深信不疑的。

谈到审美意识形态的作用，沃罗夫斯基对浪漫主义精神大加赞许，以致认为它"比现实主义的形象更容易引起强烈的感情"[1]。而提到浪漫主义，就不能不谈"幻想"的作用。沃罗夫斯基对马克思在论到无产阶级对未来社会的憧憬时使用过"幻想"[2]一词深表赞佩，并用来说明"幻想"在艺术创作、在审美方面的重要作用。他认为，"幻想"在艺术创作领域是存在的，它"在艺术上就表现为对浪漫精神的向往"[3]。根据沃罗夫斯基对浪漫主义创作的解释，他认为，浪漫主义作家总是通过夸张的笔法，浓厚的色彩和堆砌的形式来塑造形象，那么这"文学的形象总是显得非常的突出、鲜明而色彩斑驳，以其奇妙的想像而使人神往"[4]，读者就是通过这样的艺术形象，引起强烈的内心愉悦，并能深刻地理解他周围的世界。这就是审美意识形态的作用，读者在不知不觉中接受了美学教育。但应该指出的是，沃罗夫斯基对浪漫主义的看法也有偏颇之处。他认为，浪漫主义对革命作家来说是无产阶级意识尚未成熟的表现，并以高尔基的早期创作为例，说明一个浪漫主义者"还不能从迷人的梦境中清醒过来""注意现实的真实"。这种把浪漫主义同现实主义对立起来的看法是不妥当的，也是不现实的。

---

[1] 沃罗夫斯基：《论文学》，人民文学出版社，1981年版，第272页。
[2] 《马克思恩格斯全集》，第1版第4卷，第501页。
[3] 沃罗夫斯基：《论文学》，人民文学出版社，1981年版，第272页。
[4] 沃罗夫斯基：《论文学》，人民文学出版社，1981年版，第272页。

第三节 文学的"美学上的批评"与"社会性的批评"

沃罗夫斯基的文学评论文章约占他全部论著的四分之一,而在我国 1981 年出版的他的《论文学》中,几乎全都是对有关作家、作品的评论文章。文学评论成了他革命活动的一个重要组成部分。事实上,这也是当时的革命形势和文艺环境所需要的。

首先,他对什么是文学批评有自己独特的解释,针对一些人常把批评的视野局限于谈一些个人的主观感受,或描述一点直观印象,而较少进行深层的分析和宏观的把握,为此,他首先提出文学批评的地位问题。他指出,"批评的任务是:对艺术作品进行客观的评价,把它放到人类创作所积累起来的宝藏里去,指出它在其中的地位"[1]。用沃罗夫斯基的形象的说法就是,"批评的任务就是要从大量的赝品中鉴别出珍珠来,不能让读者、听众和观众去赏识那班昙花一现的冒牌货,而把永恒的和真正的艺术品介绍给他们"[2]。应该说,对文学批评作用的这个"定位"还是实事求是的、准确的,甚至是科学的。因为从有文字记载到现在的文学作品的数量是难以计算的,但真正能流传下来并被不同时代、不同阶级或阶层的人们所接受、所喜爱、所传诵的优秀作品相对说来要少得多。大量作品由于各种缘由被筛选掉了。那么,是什么原因使这些留传下来的优秀的文学作品能够超越时代的局

---

[1] 沃罗夫斯基:《论文学》,人民文学出版社,1981 年版,第 53 页。
[2] 沃罗夫斯基:《论文学》,人民文学出版社,1981 年版,第 54 页。

限,成为不同地域、不同民族的共同精神财富呢?沃罗夫斯基认为,文学批评的任务就是要找出这最终的缘由,给作品以恰当的定位。

其次,对于一部文学作品的评价可以因人、因不同目的而有多种标准,也可以从不同的角度、侧面来阐释它的意义,所谓见仁见智就是。但作为人类精神宝库中的优秀作品却不能仅凭个人的好恶来判断它的价值,它必有一个符合社会发展方向并为社会大多数成员所公认、所接纳的客观标准。沃罗夫斯基就认为,一般来说,那些能成为人类精神宝库中的作品应当符合这样两个基本条件。他说:"我们评价一部艺术作品,就需要运用两种尺度:第一,它是否符合艺术性的要求,也就是总的来说,它是不是一部真正的艺术作品;第二,它是否贡献出了某种新的、比较高级的东西,所谓新的东西,指的就是它用来丰富文学宝库的那种东西。"[①] 这就是他坚持的文学批评标准。

关于文学批评两个尺度的主要内容,沃罗夫斯基在不同的文章里有不同的表达用语:如有的文章把作品分为内在的、精神的、美学方面和外在的、物质的、政治的方面;有的文章认为作品应涉及政论方面或生活真实和美学方面或艺术真实;他也谈到了文学的进步性、革命性和审美性、艺术性之间的关系;有时他又认为文学作品中的艺术价值与宣传价值、艺术性与倾向性、审美上的与政论上的矛盾是难以调和的,甚至是格格不入、相互排

---

① 沃罗夫斯基:《论文学》,人民文学出版社,1981年版,第55页。

斥的；等等。从沃罗夫斯基的评论中，我们可以看出，不管是出于什么考虑，评判文学作品的主要标准都离不开社会的、政治的思想内容和艺术的、美学的欣赏趣味。当然，这个标准的提出还是由于文学作品本身的蕴涵所决定的。这也与他对文学的"政治的意识形态"性与"审美的意识形态"性的看法相吻合。

从美学上的标准来说，沃罗夫斯基认为，一部真正的艺术作品要"能够成为未来的美感源泉，并且能借社会审美及伦理教育来实现艺术所担负的职能"[①]。这个"美的范本"应是"新的审美感的综合体"，它具有强大的生命力和感染力，读者不仅能从中获得美的愉悦，而且能以美的魅力净化心灵，滋养自己的行为举止。可以说，这样的作品"达到了应有的艺术高度"[②]。所谓"应有的高度"，应是说真正的艺术作品能以经久不衰的魅力经受漫长的时间的检验，引起不同时代、不同阶层的读者的喜好。这是作品的艺术性的标准，也是美学原则的尺度。

沃罗夫斯基评价作品的另一个尺度是看作品是否提供了"某种新的、比较高级的东西"，即"用来丰富文学宝库的那种东西"。这里所说的"某种新的"东西显然不是指艺术性而言的，它是指那种对人类思想作出贡献的富有启发性、教育性的精神、思想。这种精神或思想不会随着一时一地的思想、原则的变迁而过时，它会成为推动世界文明前进的动力。这种精神或思想构成

---

① 沃罗夫斯基：《论文学》，人民文学出版社，1981年版，第53页。
② 沃罗夫斯基：《论文学》，人民文学出版社，1981年版，第53页。

作品的内涵，它的内在意义无穷。当然，内在意义与作品的艺术价值是不能截然分开的。这是就精神或思想的根本意义来讲的。沃罗夫斯基认为，在现代文明社会的发展中，由于各个特定的阶级和阶层的经济的、社会的、法的利益和理想的不同，彼此间不相容甚至直接对立，尽管各社会阶级的整体或阶层，在社会发展中不仅表达了本阶级的当时的某些理想，而且也表达了未来社会发展过程中的某些利益，但只有那代表了更巨大社会利益、起过巨大社会作用的阶级的新思想才是最可取的。由于沃罗夫斯基是从无产阶级的立场出发的，所以他认为，文学的革命性、进步性，并"不仅仅从作者的个人愿望来看是如此（有时候它也违反作者的愿望），而主要是因为它反映了社会上绝大多数人的要求和情绪，而这些要求和情绪也都是进步的"[①]。所以，他的文学的社会性的批评标准就是看作品是否向人们提供了"某种新的、比较高级的东西"，即能"丰富文学宝库的那种东西"。这个准则适用于任何时代的作品，只不过其具体内容、含义有着时代的印迹、特指，而在当时的社会条件下，沃罗夫斯基认为，无产阶级的思想、广大劳动人民的需求和利益应是这种"新的、比较高级的东西"的具体体现。

沃罗夫斯基对文学作品的分析、评价多是基于上面所说的两个尺度。严格来说这两个尺度是不能分开的。他在评论文章中，不仅指出作家和作品中蕴涵的政治、社会、哲学观点，而且认为

---

① 沃罗夫斯基：《论文学》，人民文学出版社，1981年版，第172页。

这些观点、思想、倾向应是融化在作品的艺术形象中，而不是赤裸裸的说教或抽象的议论。

但对于具体的作家或评论家来说，这两个尺度有时在口头上或在实际上显得并不那么和谐、协调。由于种种主客观方面的原因，有的人为了表示自己的独特性，或说自己只关心"形象"，不关心"思想"；或说自己只关心文艺的社会性批评，而不关心美学上的批评，等等。但实际上，对于一个有才华的艺术家来说，他的"思想"往往是以隐蔽的形式存在于他所塑造的"活生生的形象"之中的，正因为他真实地描绘了生活事实，所以他所创造出来的形象的内在含意也就自然而然地表现了出来。当然，正如沃罗夫斯基所说："常常有这样的情形，艺术家自己会不正确地理解他所创造出来的形象的内在含意：有时候他会在一些抽象的概念中说出一些根据他的形象所得出来的思想恰恰相反的见解。"[1] 但沃罗夫斯基借用杜勃罗留波夫的话说，一个艺术家"可以有任何的见解，只要他的才华对生活的真实敏于感受就行"。所说"敏于感受"就是对活的现实的"强烈的震动"，能从中发现某种"值得注意的东西"。其实，对于有的评论家来说，也是这样。如沃罗夫斯基在评论杜勃罗留波夫的文章中说，杜勃罗留波夫对纯粹"美学上的批评"并不赋予多么重大的意义，认为那只是"小姐们"的事。他所要谈的主要是社会性的批评。[2] 而杜

---

[1] 沃罗夫斯基：《论文学》，人民文学出版社，1981年版，第385页。
[2] 参见沃罗夫斯基：《论文学》，人民文学出版社，1981年版，第387页。

勃罗留波夫也认为自己的文学论文是政论性批评。但我们应该注意到，千万不要被他们表面的言辞所迷惑。我们阅读杜勃罗留波夫的文章就可以感觉到，他的批评文章中并没有发表空洞的议论，他的思想、他的观点都是通过对作品、对艺术形象的细致分析流露出来的，他的精辟见解、他的符合生活实际的评判也是从作品所描绘的"作者观点的广度、理解的正确性和描写的生动性"中顺理成章得出来的。所以，他的政论性的、社会性的批评实际上是包容在"美学上的批评"中的。事实上，观点鲜明的政论性批评，不但不妨碍、甚至有助于对作品进行美学的、艺术的解剖。反之，美学上的批评也有助于揭示、理解"以隐蔽的形式存在于艺术家的作品中"①的思想。

沃罗夫斯基所提出的评价文学作品的两个尺度显然是有一定文学实践依据的。但要真正做到使二者和谐地完美地统一在一起却是不容易的。即便是在沃罗夫斯基自己的某些评论文章中，也往往有脱节或偏于一方面的倾向。当然，原因是多种多样的。如对发表在《野蔷薇》第三辑上的列·安德烈耶夫赞美黑暗的短篇小说《黑暗》和费·索洛古勃光怪陆离的长篇小说《卑鄙的魔鬼》的批评，沃罗夫斯基就明确指出："我们将仅仅涉及这两部作品的政论方面或生活真实，而不涉及它们的美学方面或艺术真实，原因很简单：后者在这两部作品中是根本没有的。"② 又

---

① 沃罗夫斯基:《论文学》，人民文学出版社，1981年版，第386页。
② 沃罗夫斯基:《论文学》，人民文学出版社，1981年版，第145页。

如，沃罗夫斯基认为高尔基的《母亲》是"一个很好的宣传材料；可是宣传价值还不能作为一部文艺作品的凭证"，原因是作者的"理想化的片面性（有时候叫作：倾向性）"，致使"艺术性在这里明显地成了政论的牺牲品"[1]。上面所说的是一种情况，即侧重于政论性的文学批评；另一种情况恰恰相反，即侧重于作品的美学的批评。例如，沃罗夫斯基认为，由于安·契诃夫和阿·库普林两位作家的特殊性格，使他们的注意中心"从人的外在生活转移到内心生活上来，因此，人的被奴役和解放在他们的作品里都是从内在的、精神的、美学的方面，却不是从外在的、物质的、政治方面来加以解释"[2]。

沃罗夫斯基对上述两种现象的解释是这样的：政论性的艺术家们（如他在评论中提到的马·高尔基或列·安德烈耶夫等）是使自己纯美学的任务服从于自己的政治意图，所以他们在创作材料的选择上就表现出了各自的政治态度，并且按照自己的信念、理想来阐释和评论这些材料。如高尔基认为，所谓真实的和可能的，即实在的真实和理想的真实，并不是指当时的现实生活或人们观念中的一切，而是指能帮助人们应当有和将会有的生活的理想形象；而纯美学的艺术家们（如他在评论中提到的阿·库普林等），虽然也有政治兴趣和政治同情，但他们并没有把这种兴趣和同情直接带入自己的创作，而是选取那些能激起自己艺术想

---

[1] 沃罗夫斯基：《论文学》，人民文学出版社，1981年版，第285、291页。
[2] 沃罗夫斯基：《论文学》，人民文学出版社，1981年版，第297页。

像的材料进行创作,因而他们的作品都摆脱了政论的成分而成为纯粹的艺术作品。从评论的语气和态度来看,沃罗夫斯基显然更钟爱后一类作家的作品。他认为,要从库普林的一些作品中直接寻找作者的政治观点是困难的,但人们透过作者对艺术情节的描写,却可以使人感受到整个小说所充满的战斗情绪。如短篇小说《屈辱》就显示出那个时期所特有的人的自尊心的提高,对社会舆论的尊重,以及革命给整个社会风气所带来的精神上的更新。因此,沃罗夫斯基认为,根据这些作品,就知道库普林是全心全意地同情被压迫阶级并为摆脱压迫而进行斗争的。①

综上所述,不难看出,沃罗夫斯基对文学作品艺术魅力的美学见解还是很有见地的。虽然他把作家分成政论型的和纯美学型的、把文学批评分成政论性的和艺术性的,但在对具体作家、具体作品的剖析中,在理论上,或者说在理智上,他是把社会性标准放在重要位置的,但在具体操作时却又不自觉地流露出对艺术性的偏好。如,他对以描绘农村生活、劳动、大自然景色成名的抒情诗人阿·柯尔卓夫(又译科里佐夫)的评价,他虽然承认柯尔卓夫是"一个独特的艺术家",但认为"柯尔卓夫始终是一个唯美主义者","如果从社会观点方面来说,他就很少有什么意义了"②。类似两种评价标准矛盾的例子也表现在对阿志跋绥夫的长篇小说《萨宁》上。沃罗夫斯基认为主人公萨宁是作者艺术幻想

---

① 参见沃罗夫斯基:《论文学》,人民文学出版社,1981年版,第298页。
② 参见沃罗夫斯基:《论文学》,人民文学出版社,1981年版,第230页。

的产物,是虚构的典型,这是倾向性文学中常见的,"因此,小说在艺术方面受到了损失,但给政论家却提供了丰富的材料"[①]。再如,沃罗夫斯基在评价高尔基的某些作品时,却又"从纯艺术的观点"来衡量,他认为高尔基早期写的那些"流浪汉"的短篇小说成就最高,而长篇小说《福玛·高尔杰耶夫》《母亲》等则显得冗长、呆滞,写得不成功。他把原因归于高尔基的政治理想,以致使"艺术性在这里明显地成了政论的牺牲品"。对于高尔基等人的作品的评价,当然可以各人有各人的见解,不必强求一致,但从沃罗夫斯基的这些论述中我们可以看出他在倾向性与艺术性之间的矛盾心理。

诚然,沃罗夫斯基作为早期的马克思主义文艺批评家、美学家,由于当时主客观条件的种种局限,他的文学理论、美学观点肯定会有不够完善、不够缜密、甚至不够成熟的地方,但就其理论整体来说还是瑕不掩瑜的。

---

① 沃罗夫斯基:《论文学》,人民文学出版社,1981年版,第253页,并参看,第253—263页。

第二章

卢那察尔斯基的美学思想

阿纳托利·瓦西里耶维奇·卢那察尔斯基（Анатолий Васильевич Луначарский，1875—1933）在十月革命后任教育人民委员（1917—1929），1929 年起任苏联中央执行委员会学术委员会主席，1930 年为苏联科学院院士，1933 年出使西班牙。卢那察尔斯基不仅是无产阶级革命家、政论家，也是苏联初创时期的社会和国务活动家，他还是苏联新教育体制的策划者和组织者之一。

卢那察尔斯基接触马克思主义和参加工人运动都比较早，1903 年他就是布尔什维克。但他的哲学思想曾一度（约 1908—1910）转向哲学修正主义的新康德主义、马赫主义，也曾宣传过宗教、神秘主义、"造神说"的思想，并试图"证明"无产阶级似乎也需要"自己的""马克思主义的"宗教。他甚至认为，人就其本质来说是虔信宗教的，而马克思主义哲学就是一种变相的宗教哲学，他还出版了《社会主义与宗教》（第一部，1908 年；

第二部，1911年）。后在列宁的批评、帮助下他逐渐改正了这些错误。1917年重新加入布尔什维克党。但这一段短暂的思想立场上的失误却左右过他的文学、美学观点，并对高尔基也有过一定的影响。当然，最终他能够在美学领域中有所建树并提出了一系列极有价值的深刻见解，就表明他的马克思主义的世界观已经形成，而且彻底摆脱了修正主义的影响。

卢那察尔斯基还是一位学者、艺术理论家、剧作家。他的著述甚丰，涉猎领域也甚广，其中既有关于革命思想史的、哲学思想史的、文学史的、文化建设方面的，也有文学、戏剧、音乐评论和美学理论方面的。此外，他还有一些戏剧作品。

卢那察尔斯基对美学和文艺学的关注早在十月革命前就开始了。如他在1904年写的《实证主义美学原理》就是我们见到的最早一本美学著作，虽然该书带有明显的马赫主义哲学的印迹，作者并运用了某些实证主义的方法论来描述人的美学经验，但就其框架结构和对一些论点的阐释来看，书中还是有不少真知灼见的。此外，他在十月革命前所写的一些最优秀的著作中，如《关于艺术的对话》（1905）、《社会民主主义艺术创作的任务》（1907）、《关于无产阶级文学的通信》（1914）等，力图从马克思主义的观点，从无产阶级的立场来研究和解决文艺的党性、革命对文化建设和发展的影响、文艺在无产阶级革命斗争中的作用和意义、作家的世界观与创作的联系等问题，与此同时，他也对当时出现的颓废派、现代派文艺进行了论争、批判。

在十月革命以后的日子里，卢那察尔斯基作为社会主义文化事业和教育战线的倡导者、组织者和实施者，不仅忙于相关部门的组织、领导工作，他还从事艺术理论研究和创作。作为一个艺术理论家和美学家，他先后探讨过不少重大文艺理论、文艺创作和美学问题：如马克思主义文艺批评的任务、无产阶级与文化遗产的承继关系、无产阶级的美学原则、文艺的党性原则、社会主义现实主义、文艺批评中的庸俗社会学倾向等；而作为一个坚持马克思主义哲学观点的文学史家，他对俄罗斯古典作家及其作品、对俄国革命民主主义者的著作、对西欧18、19世纪的作家及其作品、对西方文学思潮等都作了认真的分析和恰如其分的评价，这为宣传和借鉴俄罗斯、西欧进步文艺传统做了许多有益工作。

总之，卢那察尔斯基在文艺研究中，既坚持了辩证唯物主义认识论对美学、文艺评论探求的方法论意义，也坚持了历史唯物主义对继承文化遗产、评价作家、作品、文学思潮的指导作用。

对于卢那察尔斯基的文艺思想和美学观点，我们不可能一一介绍、论述，这里只想就较比重要的三个方面简要提示一下：1. 文艺与社会、文艺与革命；2. "社会主义现实主义"的倡首者；3. 美学理论上的得与失。

第一节　文艺与社会、文艺与革命

卢那察尔斯基生活在一个社会转折的时期，由于他对进步事业的执着追求，对革命文艺也充满了激情，所以在他有关文化、文艺运动的言论和文章中，积极称颂最伟大的无产阶级及其艺术。因为他认为，每一个阶级都有自己的世界观和人生观。艺术有时候就是这个或那个阶级的意识形态的纯粹表现。但在过去，由于占统治地位的艺术是统治者的艺术，它不可能满足正在蓬勃成长和追求自由的下层阶级（工人、农民等劳动阶级）的需要，因此，像贵族艺术、资产阶级艺术理所当然地存在一样，无产阶级艺术也应该诞生、成长、合理合法地存在。当然，这并不是说，无产阶级艺术的艺术家一定要是工人出身才行。正像卢那察尔斯基在《社会民主主义艺术创作的任务》中所说的："道地的庄稼汉艺术家不曾是庄稼汉的表现者，而那些热情相信庄稼汉的知识分子才是他们的表现者。"[1] 所以，他认为，无产阶级的艺术家（主要是指知识分子出身的）应该和无产阶级紧密团结起来，同心同德，表现无产阶级战斗的"无产阶级精神"。当然，这"精神"不一定就表现在工人的日常生活的贫困上，而是表现在他们生活的战斗的一面（如进取心、事业心、激情、刚毅、创新等品格），具体地说，就是对旧制度、对濒于死亡的制度的憎恨、鞭挞、讽刺；为新制度、新生活、新世界而歌颂。这应是作家创作的主旋律。

---

[1] 本章所引卢那察尔斯基的文章均依据郭家申编审选、译、编的《卢那察尔斯基美学论文选》一书。该书稿主要选自《卢那察尔斯基文集》（八卷本）苏联国家文学出版社，1967年俄文版第8卷。该书已由天津百花文艺出版社，于1998年11月以《艺术及其最新形式》的书名出版。因时间限制，本章引文只注篇目，敬请读者见谅。

卢那察尔斯基多次提到，艺术虽然有全人类的一面，但各个时代和各个民族、各个阶级的文艺又有明显的不同，原因主要是由受制于阶级关系对比的社会制度本身造成的，这也是文艺被视为意识形态的原因。他并认为，对艺术作品进行阶级分析是研究艺术作品的最有效的方法。所以，马克思主义的研究者们对文艺的意识形态性表现出特别的关注。

卢那察尔斯基对文学艺术的意识形态性是深信不疑的。

卢那察尔斯基在《马克思主义和文学》一文中曾说："从马克思主义的观点看，艺术既可以被看作是工业的一部分（艺术工业），也可以被看作是意识形态。"在20世纪20年代初，卢那察尔斯基曾发表过不少谈论艺术工业的文章[1]，从卢那察尔斯基的有关论述来看，他是把"艺术工业"的特点与产品的形式、工艺、技术、材料、色彩等实用性、装饰性、外在性相联系的。

卢那察尔斯基在一篇文章中提道："我们在工业艺术中的直接任务是创造人们喜欢的物品，改造日常生活对象和环境因素；这是纯经济进步的一个部分，是经济活动的艺术部分。我们从纯艺术中看到的是一连串外部符号的复合体（单词、声响、色彩等），它们本身表现出用以打动周围人的思想感情世界的特定观念和情感。"他还认为："在艺术工业的艺术中，无论是它的某些因素还是它的综合体，都没有什么含义，它们只不过是给人以

---

[1] 如《苏维埃国家和艺术》（1922）、《谈文化艺术工业》（1922）、《谈"实用"艺术的意义》（1923）、《工业与艺术》（1923）等。

快乐。"① 但他针对当时某些人只强调所谓艺术的形式方面而否认艺术内容的意识形态性,明确指出:"不管自觉与否,它们都是阶级斗争的因素,是历史的社会政治的、文化的和道德的一个方面。"② 在另一篇文章中,他曾以建筑艺术的演变来说明这种情况,虽然建筑材料、建筑工具、财力综合等的变化与建筑的形式、技术有关,但"只要从帕耳忒农庙到科隆大教堂简单看上一眼,就不能不指出,这里的问题不仅关系到技术的演变,而且关系到阶级情绪和理想的演变。这方面意识形态和形式是如此的难解难分,非同一般,二者绝对无法分离"③。其他艺术种类如音乐、绘画、雕塑等无不是这样,虽然它们有声响、色彩、线条、造型等形式因素,也有演奏技巧、绘画技法、造型技能等技术手段和操作者的技艺才能,但当人们谈起具体的作品时,"每个人的头脑中会立即浮现出或多或少明确反映现实的对象的概念。至于哪样的现实被选为艺术反映的客体,艺术在艺术家的创作心灵中经受了哪些变化,这便是艺术的意识形态的方面。一般马克思主义的观点在这里得到最广泛的运用"④。这说明形式与内容是不能完全分开的。

卢那察尔斯基还专门谈到文学的意识形态性问题,他指出:

---

① 卢那察尔斯基:《谈"实用"艺术的意义》。
② 卢那察尔斯基:《谈"实用"艺术的意义》。
③ 卢那察尔斯基:《马克思主义和文学》。
④ 卢那察尔斯基:《马克思主义和文学》。

"意识形态在文学中的地位是最具主导性的。"[1] 虽然文学作品离不开语言（词汇）、结构等形式因素，但是如果文学家没有表达什么内容的愿望，那么这文学作品本身也就产生不出来了。所以，也可以说形式源于内容。作家希望通过一定的手段（如在积极的修饰的形式下，即在欢乐的审美感情形式之中）表达自己的内容，这作品既具有作者理智的、形象具体的内容，又带有他内心所蕴涵的阶级的感情。当然，文学作品的思想和现实内容越重要就越有意义，它本身的影响力和感染力也就越大。按照卢那察尔斯基的意见，在不忽视文学的形式方面的同时，应该经常特别强调它的思想内容。当然，一部作品的形式构成和总体框架是文学作品中最主要的因素，然而尽管如此，这种最主要的因素也完全不能脱离开现实社会的内容而单独存在。

对于作为意识形态的文学，卢那察尔斯基有自己的理解和诠释。他认为，马克思主义作为一门社会科学理论，它可以从不同的角度来研究文学。一种角度是把文学看作社会生活的反映。"而且，很自然地，文学反映社会不仅可以通过自己的现实主义作品，而且可以通过远离现实主义的作品。"[2] 从卢那察尔斯基的思想和文章来看，前者应是指在文学作品中可以通过作家所描述的具体的真实的生活环境、事件、人物而反映生活的本质；后者则是指有的作品不一定具体地描写典型的人物、事件、环境，但

---

[1] 卢那察尔斯基：《马克思主义和文学》。
[2] 卢那察尔斯基：《马克思主义和文学》。

可以反映作者的感情、倾向和理想,而感情、倾向和理想可以说明作家的个性及其所代表的那个阶级的思想。前者可以采用现实主义的创作方法,后者可以采用浪漫主义的创作方法。另一种角度是,"他们可以不把文学当作一面反映生活的完全独特的镜子来对待,而是把它当作一种独立的社会现象"[①]来对待。既然这样,那就需要说明文学作品的需求是怎样产生的、它怎样反映一定阶级的需求,它在社会中的作用是什么、它又是如何影响社会的等等一系列问题。卢那察尔斯基认为,这样的文学理论应该联系一定的阶级需求来阐明文学演变的规律。"最后,马克思主义者也可以从第三个技术的,或者如果你们愿意的话,即从策略性的角度来看待文学。马克思主义者可以对自己提出这样的问题:怎样用文学手段朝一定的方向引导读者或听众?人们在研究文学的产生和作用的规律的基础上能够揭示出艺术的宣传作用的特定手法。"[②]这里所说的主要内容就是怎样用文学的手段来引导或教育读者的问题,如何使文学作品的教育性、宣传性与娱乐性相结合,使读者既能感受到作品的丰富的现实内容,又能获得休息和体验到生活的乐趣。

卢那察尔斯基指出,要实现这些文学创作的任务,不只是由哪一个作家来完成,而应由政党或国家为了特定的目标而有组织地来完成。这样,一方面,政党或国家要为解决现实社会的重要

---

① 卢那察尔斯基:《马克思主义和文学》。
② 卢那察尔斯基:《马克思主义和文学》。

任务而借重文艺的力量,另一方面,文艺密切参与社会生活也有助于它自身的丰富、充实和发展。

总之,卢那察尔斯基是以历史唯物主义的态度来对待文学现象的:文艺要反映现实的社会意义和人类生产活动;文艺的发展与社会的发展、与社会的阶级结构的变化有着重要关系,它将直接或间接地反映各自阶级的利益、思想和理想;文艺具有多功能性质,如宣传、教育、欣赏、审美和娱乐等。

第二节 "社会主义现实主义"的倡首者

社会主义现实主义作为一种创作方法,它形成于20世纪20年代初,确立于30年代初,1932年在苏联文艺界首先正式使用"社会主义现实主义"这一术语。

随着社会主义制度的确立和第一个社会主义国家的诞生,早在20年代初,生气勃勃的文学活动要求用新的术语来标志它的新气象,因此,苏联的一些文艺理论家和作家就开始探索适合新形势的创作方法,他们根据各自的理解和文艺实践提出过名目繁多的口号,如"无产阶级现实主义""英雄的现实主义""新的社会的现实主义""有倾向的现实主义"等。

关于文学的新的创作方法的争论到了1932年5月趋于明朗,《真理报》着重指出苏联文学的社会主义内容,而《文学报》采用了"社会主义现实主义"这个新的名称。①1932年10月26日斯大林在高尔基的寓所与批评家和作家们进行过一次谈话，随后使这一术语运用得更为广泛、更为确定。尽管在以后的时间里，对这一新的创作方法的某些具体内涵仍有过几次大的争论，对它的界定也随着社会的发展变化而多次变易，但作为社会主义文艺的一种创作方法还是为大多数作家认可和接受。后来，它已成了国际的文学现象、流派，依据它的基本原则所创作的作品也产生了广泛的、有益的国际影响。

早在1905年，列宁在《党的组织与党的出版物》中就指出，无产阶级文学是无产阶级整个革命事业的一个组成部分，他要求作家公开地、自觉地站到无产阶级革命方面来。列宁在有关文艺的论述中，多次强调文艺与现实生活的密切关系以及现实主义与倾向性（党性原则）的问题。应当说，这是列宁在新的历史条件下对恩格斯关于文学倾向性观点的补充、发展。非常有意思的是，卢那察尔斯基在1905年的一篇文章中也谈到了现实主义与无产阶级的关系。他说："创造的精神，希望的精神，这才是注入现实主义的新的生命——这样的现实主义才是无产阶级的。"他并且认为，"第一个选择纯社会主义主题并对其进行纯社会主

---

① 1932年5月9日《真理报》："……正确地反映已经形成和正在形成的社会主义关系的无产阶级文学，按其本质来说，无疑是社会主义的。"1932年5月29日《文学报》："群众要求艺术家在描写无产阶级革命时，既真诚，又真实，要革命的、社会主义的现实主义。"

义加工的俄国艺术家"就是马克西姆·高尔基[①]。在这里，卢那察尔斯基开始意识到一般的现实主义或旧现实主义已经不能满足新生的无产阶级的创作需求了。所以他在"现实主义"前面要加上定语"创造的精神""希望的精神"，认为这才是无产阶级的现实主义。在他其后的一些文章中，谈到文学或艺术时总是同无产阶级、同马克思主义、同社会主义相联系。如他在《富曼诺夫》（1926）的评论中所强调的，无产阶级作家的显著特征是具有战士的革命精神，能站在马克思主义立场上观察现实，能在创作实践中将革命浪漫主义和现实主义结合起来。[②]

谈到社会主义现实主义创作方法的产生和形成，不能不提到作家高尔基的重要思想和作用。早在20世纪初，他在自己的作品中就以新的艺术手法描绘了劳苦群众的新的社会关系、阶级需求。但与此同时，他也感到旧现实主义创作方法的局限问题。他在给契诃夫的一封信里曾经指出，旧现实主义这种形式已经落后于自己的时代了，人们需要新英雄人物的时代已经到来了，人们希望看到"不是酷似生活，而是比生活更高、更好、更美的东西"。他在探索新的创作方法时，首先关注的是革命浪漫主义的表现方法，随后提出现实主义与浪漫主义相结合的观点。如果说，高尔基是社会主义现实主义文学奠基人的话，那么，卢那察尔斯基可以说是社会主义现实主义的倡首者。

[①] 卢那察尔斯基：《社会民主主义艺术创作的任务》。
[②] 卢那察尔斯基：《富曼诺夫——布尔什维克作家》，伊凡诺沃边区出版社，1951年俄文版，第9页。

1932年至1934年在苏联文艺界又进行了关于创作方法问题的讨论，卢那察尔斯基是主要参加者之一。通过这次讨论，至少明确了这样几点：一是促使文艺界对马克思列宁主义文艺思想给予充分的重视。这期间，第一次用俄文发表了恩格斯致敏·考茨基等人的几封关于文艺问题的重要书信，这为普及和学习马克思主义文艺思想提供了有利条件；二是在此之前的20年代，已经相继出现了不少在内容与形式上都与过去时代文学作品不同的新作品，用高尔基的话说，它们的出现是因为"已经有了革命的社会主义创造的事实"，不少作家已经有了新的创作实践经验，需要从理论上进行归纳、概括、总结，以利于文学事业的进一步发展；三是初步确立了新的文艺创作方法——社会主义现实主义——的基本思想和原则（如，以马克思主义世界观为思想指南，坚持无产阶级的党性原则，肯定社会主义的现实生活，塑造新的英雄形象，等等）。在这次讨论中，高尔基、卢那察尔斯基为新创作方法的确立与实施起了重要的决定性的作用。

卢那察尔斯基在1933年2月苏联作家协会筹委会的一次会上作了题为《社会主义现实主义》[①]的报告。这篇报告较为系统地概括了他的文艺思想和对社会主义现实主义的深刻理解。

---

① 《社会主义现实主义》，由"报告"和"代结束语"两部分组成，全文约3万字。原题为《就苏联戏剧创作谈社会主义现实主义》，主要谈戏剧创作及其方法，社会主义悲剧、喜剧，剧作家和舞台等问题。但所谈文艺理论和社会主义现实主义内容适用于包括戏剧在内的文学艺术领域。全文并见卢那察尔斯基：《论文学》，蒋路译，人民文学出版社，1978年版，第47—77页。

卢那察尔斯基对文学艺术的基本看法是:"在各个时代,艺术都是意识形态的社会上层建筑之一,在阶级斗争中起积极作用。"[①] 由于文艺所具有的意识形态性,所以它不可能"脱离社会生活","它毕竟还是一种社会力量,有时候非常清楚而明白地在为特定的利益服务"。而无产阶级的艺术"不可能是别的什么,它只能是一支对斗争和建设的总过程发挥重大影响的力量。"卢那察尔斯基认为,既然我们的艺术的任务是这样的,那它基本上就不能不是现实主义的。"艺术家的任务就是帮助我们全心全意地热爱我们的环境,我们的休养生息之地,我们周围的这种氛围和我们的这种思想、感情和体验方式。"这是就一般或积极的现实主义而言的。那么,什么是社会主义现实主义呢?

卢那察尔斯基认为:"首先,社会主义现实主义也是现实主义,是忠于现实的。"但是,无产阶级现实主义者在观察现实时,不是静止的,而是发展的。他并且认为,阶级斗争既是过去和现在,也是最近和将来的历史发展的基本推动力。社会主义现实主义者所理解的现实是一种发展,是一种永不停顿的对立斗争的运动。作家的任务是描写现实的真实情况,从现实的客体出发,真实地描写它、说明它,但是在描述中又要使读者感到现实是在发展、运动、斗争之中。

对作家、艺术家来说,"真正革命的社会主义现实主义者,

[①] 卢那察尔斯基:《社会主义现实主义》,以下引文中凡未注明出处者皆引自该文。

感情是非常强烈的，因此，他们的艺术给人以火热的、色彩鲜明的感觉"。卢那察尔斯基多次提到，作为社会主义现实主义者既不可能是静止论者，也不可能是宿命论者，而应是热情饱满的战斗者。当然，这并不意味着，在他们的作品中一定要有政论性的、演说性的或纯抒发感情的东西，而是说要充分表现他们对现实生活、对真实的积极的理解。卢那察尔斯基提醒人们注意，不懂得发展的人永远看不到真实，因为他不能用发展的观点来对现实作出分析，真实并不是静止的原地不动。静止的原地不动的"真实"和社会主义现实主义没有任何关系。卢那察尔斯基还举过这样一个生动的例子，说明两种真实观的不同。如盖一幢房屋，当它建成时将是一座漂亮的宫殿。但它在建设过程中，你把它当时的样子画下来，并且说，"这就是你们的社会主义——连个屋顶都没有"。尽管静止地看，他画的没有错，但从发展的角度看，他画的就不真实。

卢那察尔斯基强调指出，社会主义现实主义所认定的"真实"的性质为："真实在飞跃，真实是发展，真实是冲突，真实是斗争，真实是明天。"总之，社会主义现实主义者应当在这"飞跃""发展""冲突""斗争""明天"当中找到自己的位置，"他规定自己一方面是历史进程的表现者，另一方面又是决定这一进程发展的积极力量"。

社会主义现实主义与浪漫主义的关系也是人们当时关注的问题之一。人们会问，在社会主义现实主义中，既然"对现实很满意"，还需要浪漫精神吗？浪漫主义精神能不能存在呢？卢那察尔斯基的回答是肯定的。他先谈了对现实满意的原因。他说，诚然，"我们对现实表示满意，是因为它是一种发展，因为它的发展倾向我们备感亲切，因为我们和这种倾向正在同步前进，因为这种倾向就活在我们心中。我们之所以接受现实，是因为今天的斗争包含着昨天和明天的搏斗，是因为我们是为明天而斗争的代表和参与者"。接着，他又谈了"对现实又不完全满意"的几种情况。一种情况是由于现实中尚有许多真正的困难，如，"许多敌人"和不理解我们的"合作者和盟友"的存在妨碍了各项工作的正常进展，再加上工作中有人或狂妄自大或推诿拒绝等都会使任务难以顺利进行。为此，就需要"把现实中的积极力量尽快地组织起来，把它们团结好。在这方面，艺术是我们手中的一支强大力量"。另一种情况是，艺术的作用当然是能够教育人、培养人的，但艺术家既可以通过艺术创作的途径忠实地反映当前的现实生活，也可以创造一个立足点高于这个现实生活的作品。后者并不是"遁入空想世界，而是一种反映现实——发展中的未来的现实——的可能"，这里就有浪漫主义因素，虽然有各种因素的配合、协调，似乎并不是真实的，"但它们却实实在在地刻画了真实。这种真实推出了发展的内在实质，是一面旗帜，而且我们没有理由不承认这种艺术是我们所需要的"。还有一种情况是创作本身需要的，卢那察尔斯基提到"艺术预测的方法"。这是根据列宁关于"幻想"的意见延伸的。列宁说的幻想是科学的幻想。它来自现实，是从现实的趋向中产生的。卢那察尔斯基反问道："无产阶级要展望未来，想亲眼看看、亲身体验一下什么是真正的、包罗万象的共产主义，这难道不合情合理吗？"以上这些情况，都需要浪漫主义精神。当然，卢那察尔斯基认为要分清两种性质不同的浪漫主义，即资产阶级的浪漫主义，它是"以空想、以对空想的渴望为核心"的逃避现实的浪漫主义；而无产阶级的浪漫主义是以描绘"发展中的未来的现实"为主的，它具有充分的现实依据和深厚的现实基础。

总之，卢那察尔斯基认为，苏联文艺的创作方法，除了社会主义现实主义的巨大功力和威力（即描写真实的现实，从现实的客体出发，真切地描写它、说明它，写得让人感到现实的发展、运动、斗争的存在等）外，与这一形式并列的还应该有社会主义浪漫主义（通过幻想、模拟、对发展中的未来的现实的各种自由发挥等来描绘）。

卢那察尔斯基满怀信心地对社会主义现实主义展望道："社会主义现实主义是一个宽泛的纲领，它包括了许多不同的方法，这些方法有的我们已经有了，有的我们还正在掌握，但是社会主义现实主义一定要全力投入斗争，它完全是一个建设者，它相信人类共产主义的未来。"应该说，卢那察尔斯基的这些论断既坚持了无产阶级的党性原则，又没有囿于狭隘视野之中排斥一切已有的思想、方法，这对社会主义文艺的健康成长大有裨益。

诚然，卢那察尔斯基当时关于社会主义现实主义的文章、演讲等，今天看来，可能有些提法、论点、观点有不够科学、不够缜密的地方，甚至感到还有些过激的言辞和倾向等，但如果我们能辩证地历史地对待这一现象，就能正确地理解他、评价他。但无论如何,就卢那察尔斯基这方面的作为来说,我们称他为"社会主义现实主义的倡首者"并不过分、未可厚非,他是当之无愧的。

第三节 美学理论上的得与失

卢那察尔斯基专门的美学著述并不多,严格说来,只有1904年写的一本6万多字的《实证主义美学原理》算是他对当时自己美学思想的系统表白。但这本书正像书名所示是"实证主义"的美学原理。对于"实证主义"的认识,卢那察尔斯基后来有所改变。他在1930年的一篇报告中曾说,实证主义"这是个狭隘、多疑、不可知的主义,是具体事实的奴隶。这个理论体系可以作为技术发展的基础,但是从社会发展的角度来看,它却是保守的"[①]。当然,这本书除了采用一些实证主义的方法(如对感觉到的事实只作单纯的描述,做"具体事实的奴隶",而不加以科学的说明等)外,它还有马赫主义哲学思想(如强调感觉的分析、直接的观察,而否定科学的综合、分析等)的影响。此外,至于本书中的某些美学观点或美学理论上的可争议之处则与上述问题的思想性质不同,作为学术问题可以争论。但作为美学原理,该书的组织结构和所论主要问题确有它自己的特点,而且也有不少精辟论点,值得研究。

---

① 卢那察尔斯基:《西欧艺术理论中的新潮流与马克思主义》。

美学作为一门科学来专门研究，已有两个多世纪（从1750年算起），而从它的发展的实际情况来看，它是一门边缘性较强的学科，它除了具有独自的特殊性外，肯定与其他相关学科（既有社会科学的哲学、伦理学、文艺学等，也有自然科学的心理学、生理学、生物学等）有着不可分割的联系。美学要依靠其他学科所提供的材料和结论才能健康地发展。这其中，美学与心理学、生物学的关系就不一般，而这恰恰是过去美学研究中的薄弱环节。因为人对美的认识以及美感作为人的主观的意识活动的特点都是与心理学、生理学相关的。卢那察尔斯基就试图从人的生理特征和机体能力的方面来解开审美情感和艺术欣赏的感受能力的奥秘。如认为人的视觉和听觉的审美评价就取决于机体所具有的能量。他甚至认为，"美学是作为一般生命科学的生物学的极其重要领域之一"[①]，美与生命的发展有着直接关系。这大概是他把第一章的内容命名为"生命与理想"的原委吧！

自从1750年鲍姆嘉滕的《美学》问世后，美学的命名和美学理论著作才算正式面对读者。其后，无论是康德、黑格尔，还是19世纪后半期的美学家们的美学著作大多是依据各自的哲学观来撰写的。由于他们各自要解决的问题不同，侧重点不一样，故他们的著作从全书构想到具体问题的设置都有差别，当然，对于问题的解决，从方式到结论也不会相近，更不会相同。但作为系统的理论来展开的美学著作几乎没有。即便像黑格尔这样的大

[①] 卢那察尔斯基：《实证主义美学原理》第一章《生命和理想》。

家，他在《美学讲演录》的第一卷里虽然谈到了美的概念和美学的一般基本原理，但更多的是谈自然美、艺术美，而在第二、三卷里则是介绍三大时期及其相适应的三种类型的艺术。总之，缺少作为美学学科的系统理论著作。

卢那察尔斯基的美学原理结构明确、问题集中，都是人们较为关切的话题，这个构架，在他之前鲜见。如他给美学的界定是，"美学是关于评价的科学"，而这"评价"要从三个方面来进行，即达到真、善、美的协调统一。他对美与美感的关系是这样看的："我们称为美或漂亮的客体都能够在我们心中唤起审美情感。"应当说，这些见解是有积极意义的。它表明了客体与主体、美与美感的主次关系，既承认了美的客观性，也承认了认识论在美感中的作用。在书中，他还谈到了对美的种类的划分，对艺术作品中的理想与现实的统一，对美、丑评价的标准，等等。总的说来，卢那察尔斯基在论述某些具体美学问题时，并没有或没有完全按照实证主义美学的抽象原则来解释，而是结合现实作些具体的分析，所以他还是有一些创造性的见解。

美学是一种什么样的科学呢？它的创始人鲍姆嘉滕认为，"美学是感性认识的科学"[①]。

鲍姆嘉滕（1714—1762），德国启蒙运动的创始人之一。美学一词原有直觉学或感性学的意义，作为专门术语，译为"审美

---

① 鲍姆嘉滕：《美学》，文化艺术出版社，1987年版，第13页。全文为："美学作为自由艺术的理论、低级认识论、美的思维的艺术和与理性类似的思维的艺术是感性认识的科学。"

学"更合适些,现通译"美学",且含义也有变化。其后,有的学者虽研究美学但并不直接涉及它的定义,也有人笼统地把美学认定是关于美的科学。卢那察尔斯基则认为:"美学是关于评价的科学。人们从三个方面进行评价:真、善、美。由于所有这些方面的评价彼此吻合,所以才能够谈论统一的、严谨的美学。"卢那察尔斯基进一步解释说:"从生物学的观点看,评价当然只能有一个:凡是有助于生活的都是真、善、美,都是某种值得完全肯定的、好的、吸引人的东西;凡是破坏或者贬低生活,限制它的活动的,都是假、恶、丑,完全是一种否定的、坏的、令人生厌的东西。从真、善、美的角度所作的评价,在这个意义上应当是相互吻合的。"[①]

从卢那察尔斯基对"美学"的界定来看,虽然"评价的科学"粗看起来有些抽象、难以把握,但他具体到从"真、善、美"三个方面来"评价",还是触及"美学"学科的特点的。并且,他在论述中,一方面强调"真、善、美"三者的评价要相互吻合,也就是要达到统一、协调才符合美学的标准;另一方面,他又着重指出,衡量"真、善、美"的标准是看对人类生活、人类理想、人类进步是否有助、有益。有助的、有益的就是真、善、美,否则就是假、恶、丑。毫不夸张地说,卢那察尔斯基的这个见解,在美学研究领域,特别是在美学原理的著述中,带有革命性的变革因素。

[①] 卢那察尔斯基:《实证主义美学原理》第二章"什么是美学"。

不过，卢那察尔斯基在谈到"审美原则"或"美学的规律"时，我们可以明显地感到带有马赫和阿芬那留斯观点的痕迹。他说："正确的思维，首先是轻松的思维，即遵循最省力原则——审美原则——的思维。"又说："认识不仅能够——它应当遵循美学的规律，即少花力量、多出成效的原则；换句话说，应当遵循合理的原则。"① 很显然，这是"思维经济原则"在美学领域中的具体运用，即用最低限度的认识手段取得最大限度的知识。这个"省力的原则"是马赫和阿芬那留斯提出并使用的。② 它也被称为"简便原则""节省原则"等。列宁在《唯物主义和经验批判主义》一书中尖锐地批判了这种思想。用列宁的话说，就是"人的思维在正确地反映客观真理的时候才是'经济的'，而实践、实验、工业是衡量这个正确性的标准"③。这表明，科学原理的真理性不取决于思维经济的多寡，而是取决于概念是否符合于客观世界。如果按照马赫等人的设想，只有感觉才是存在的，这是最"经济"不过的了。

卢那察尔斯基在第二章的结尾部分给美学下过一个"狭义的定义"，即"它是伴随我们的领悟和行为的直接激情评价的科学"。应当说，这个定义比第二章前面对美学的界定确实要"狭义"得多，它强调的是个人的"领悟和行为"，这比较直接、容

---

① 卢那察尔斯基：《实证主义美学原理》第二章"什么是美学"。
② 马赫：《功的守恒定律》(1872) 和阿芬那留斯：《哲学——按照费力最小的原则对世界的思维》(1876)。
③ 《列宁选集》，第3版第2卷，第132页。

易地做到，而科学的评价却不是人们一下子就能"领悟"的。这个定义比前一个定义不是前进了，而是倒退了。它模糊了正确评价的标准。当然，我们也应该看到，卢那察尔斯基后来所说的"节省力量"的原则或规律，与马赫主义的"经济思维"并不完全一样，特别是用来解释对美的种种感受时，卢那察尔斯基主要是指要节省机体（各个器官的肌肉运动、变化）的能量消耗。但这个省力原则的提出受了马赫主义的影响也是不容置疑的。

卢那察尔斯基在谈到什么是美时，认为，"我们称之为美或漂亮的客体都能够在我们心中唤起审美情感"[1]。在这里，卢那察尔斯基比较明确地指出美的客体引起人的审美情感，也就是说，从认识论的角度来看，他正确地处理了美与美感的根本关系问题。即，美的事物是客观存在的，美感是人对美的事物的积极的、肯定的反应和反映。美感是人类历史发展的产物，它是能满足人的美的享受的感觉。但是，卢那察尔斯基对"审美情感"的理解太宽泛了。他说："我们没有理由把令人愉快的粗俗的东西从美学领域中单独分出来。凡是香味俱佳的东西，凡是光滑柔软的东西，凡是寒冷时能够给予温暖和炎热时能给予凉爽的东西，我们充分有权说它们具有审美的意义……从陈年老酒或盛夏一杯冰水中发现美，听起来好像有些可笑，但我们从这里确实体验到一种美感，只不过是以原始形式出现罢了。"[2] 很显然，卢那

---

[1] 卢那察尔斯基：《实证主义美学原理》第三章"什么是美"。
[2] 卢那察尔斯基：《实证主义美学原理》第三章"什么是美"。

察尔斯基在这里把人的生物性需求（即人的生理需求）同人的社会性需求（即人类精神的、美的需求等）混为一谈，把人的机体的生存需求的满足产生的快感同人的精神的情感需求的美感混为一谈。诚然，美感中有快感的成分，甚至可以说快感是美感得以形成的基础，但是，快感并不就是美感，恐怕也难以说是美感的"原始形式"。另外，也并不是所有的快感都能成为美感的基础。

美感活动实际上是人对客体的需要的满足。人的需求是具体的、多种多样的。从需求的起因来说，可分为生物性需求和社会性的精神需求。前者又称生理需求，这是动物和人类都有的，是有机体为了维持个体的生命安全和种族延续所必需的，如饮食男女、睡眠休息、自卫防御等。这种生物性需求的满足，常常会产生机体上的、生理上的快感。如卢那察尔斯基所说的人对"香味俱佳""光滑柔软""陈年老酒""一杯冰水"等的感觉。在这些机体器官上的满足感中是很难"发现美"的，也很难说它们具有什么"审美意义"。因为人的生存需求是天生的生理需要，也可以说是先天性的，而美的需要不仅是在人类社会历史发展过程中逐渐形成的、后天才出现的高级社会性需要，而且还会随着人类社会物质生活和精神生活条件、水平的不断完善、逐步提高而成为人们生活中的必然需要、精神动力。所以美的需求是人的最高层次的需求。因此，这种泛美化现象、泛美感化的倾向既不利于对真正美的事物的认识和发现，也无助于真正美感的获得和享受。

另外，卢那察尔斯基对于把"味感、触摸感和温度感""排除于美学之外，不承认它们是美的成分"的做法愤愤不平，很不以为然。人虽然有许多感觉，但在各种感觉中占主导地位的却是视觉。有的学者认为，一个正常人每天从外界所接收到的信息，几乎有80%来自视觉。我们从外部环境所获得的大部分信息，多是通过视觉传入大脑的。当然，听觉的感受性在人们的生活中也占有重要地位，仅次于视觉。对于美感来说，视觉和听觉更是不可缺少的。如人们经常引用的马克思在《1844年经济学哲学手稿》中所说的"那些能成为人的享受的感觉"，如"有音乐感的耳朵、能感受形式美的眼睛"就比较有代表性。[①] 所以，生理机能正常的视觉器官和听觉器官是获得美感的重要媒介手段。事实上，卢那察尔斯基在稍后的论述中也不得不承认，像味觉等"这些对美学来说相对不太重要的感觉"是"无法详细探讨"的。他甚至把这些感觉叫作"低级情感"领域，认为应先把它们"搁置一旁"，而专门研究视觉和听觉因素。[②] 卢那察尔斯基在美感理论上的不一致和矛盾之处，也表明了他的实证主义方法论的局限、狭隘。

卢那察尔斯基在十月革命后，由于工作繁忙，虽然没有再对美学原理问题作过专题研究，但我们通过他的有关言论、思想和个别美学文章还是可以了解一二的。

卢那察尔斯基1919年曾在《无产阶级文化》杂志上发表过

---

① 参见《马克思恩格斯全集》，第1版第42卷，第125页。
② 卢那察尔斯基：《实证主义美学原理》第三章"什么是美"。

一篇短文，题目是《无产阶级美学原则》。正如题目所表明的，他认为有"特殊的、阶级的美学"。他写道："每一个阶级，只要它有自己的生活方式，有自己对现实的态度，有自己的理想，它就有自己的美学。"[1]卢那察尔斯基在文中引用歌德关于人们对民间集市和讲究礼仪的节日的不同态度，车尔尼雪夫斯基关于知识分子和农民对女性美的不同见解来说明美学领域中存在的截然相反的两种观点。[2]不错，这种现象是普遍存在的，各个阶级都有自己的美学观，都有自己对美的评价的标准。当然，任何阶级或阶层的美学观和评价标准也不是一成不变的，它们依据社会形势（阶级力量的对比、文化知识、艺术修养的增长等）的变化而有所改变（修正、充实、提出新的标准等）。卢那察尔斯基从当时的革命实际出发，提出无产阶级的美学和"无产阶级美学的共同特点"[3]还是值得称道的。

诚然，在阶级社会里，人们的思想倾向、各种看法多少都会与他们的阶级利益、政治观点相联系，美学观点当然也不例外，特别是关于艺术美、社会美的评价标准，意识形态性更浓烈些。

---

[1] 卢那察尔斯基:《无产阶级美学原则》。
[2] 歌德:《论艺术》，艺术出版社，1936年俄文版，第150页。车尔尼雪夫斯基:《生活与美学》，人民文学出版社，1962年版，第7页。
[3] 卢那察尔斯基:《无产阶级美学原则》，其中提道："无产阶级艺术的一切基本特点——对科技的热爱，对未来的广阔视野，战斗热情，无情的真实——表现在对世界和群众创作的集体主义领悟的主线上，将获得前所未闻的规模和能够隐约预感到的深度。这就是无产阶级美学的共同特点。"

但问题在于,美的形态纷繁,各个阶级除了有各个阶级的美和标准外,各个阶级也有共同的美和标准(如对客观的美的规律的认识,人类活动中的积极品格、情绪等)。[1]这说明,除了阶级的美学标准外,还有客观的、共同的美的标准。当然,这二者并不一定是相互排斥对立的,它们必有相同或相通的部分。但卢那察尔斯基1912年11月在巴黎时曾向普列汉诺夫提出过关于美的标准问题。从普列汉诺夫的论述[2]来看,卢那察尔斯基是否认有客观的美的标准的。普列汉诺夫很明确地指出:"照我的看法,绝对的美的标准是不存在的,并且也不可能存在。人们对美的概念在历史发展过程中无疑地在变化着。但是,如果没有绝对的美的标准,如果所有美的标准都是相对的,这也并不等于说我们没有任何客观的可能性来判断某一艺术构思表现得好不好。……卢那察尔斯基先生既然断言不可能有客观的美的标准存在,他也就犯了包括立体派在内的那么许多资产阶级思想家所犯的错误,也就是极端主观主义的错误。"[3]

关于客观的美的标准问题,除了从普列汉诺夫的著作中了解到卢那察尔斯基的态度外,遗憾的是,我们没有再看到卢那察尔

---

[1] 毛泽东在1961年的一次谈话中提道:"各个阶级有各个阶级的美。各个阶级也有共同美。"见何其芳的《毛泽东之歌》,该文载于《人民文学》1977年第9期,第87页。

[2] 参见《普列汉诺夫美学论文集》(Ⅱ),曹葆华译,人民出版社,1983年版,第886—890页。

[3] 参见《普列汉诺夫美学论文集》(Ⅱ),曹葆华译,人民出版社,1983年版,第887—888页。

斯基有关这一问题的进一步阐述。但无论如何,否认美的客观性及其标准决不是马克思主义的美学观点。因为美的事物和现象的客观存在就决定了美的客观性质。虽然人们对美的认识、人或阶级的美学观都会受到各种因素的影响,但只要是符合客观内容的认识,就不能否认它的客观性及其客观标准,也绝不能简单地用阶级的美学或阶级的标准来代替它。

非常耐人寻味的是,我们虽然没有看到卢那察尔斯基否认美的客观标准的言论,但他在《实证主义美学原理》第五章中曾提到"美的相对性规律"的问题。这个观点可以认为是他早就埋下的否认有客观的美的标准的伏笔。从行文来看,他不仅同意有这种美学现象存在,而且有他自己的解释。他认为,在社会历史上,虽然"美的顶峰和美的极限"的存在"是非常之少的。但是某个阶级、民族和某种文化,当他们达到高峰后,可能再也无力向前迈进了"[①]。这是造成"美的相对性"存在的一种情况。另一种情况是,卢那察尔斯基指出,在社会发展过程中,"新的阶级或民族通常是在同前统治者的敌对状态下发展的,他们习惯于憎恨统治者的文化。因此,文化发展的实际进程是若断若续的"[②]。这种"若断若续"的局面,就形成了"美的顶峰和美的极限"相对存在的现象。既然如此,按照卢那察尔斯基的想法,就不可能有客观的美的标准存在了。从理论上讲,卢那察尔斯基在这里忽

[①] 卢那察尔斯基:《实证主义美学原理》第五章"艺术"。
[②] 卢那察尔斯基:《实证主义美学原理》第五章"艺术"。

视了两个哲学依据：第一，从历史上看，任何一种文化的产生都不是凭空从天上掉下来的，它必吸收和改造前人（包括敌对阶级的人）在人类思想和文化发展中一切有价值的、美的东西，更不会由于"憎恨"对方而抛弃它的有益的部分。第二，他没有正确地理解绝对与相对、绝对真理与相对真理的辩证关系。它们不是互相敌对、互相排斥的，而是相互转化、相互补充的。

总之，如果只承认人对美的认识的相对性、条件性和主观性，就必然会否认美的认识的客观内容和客观标准。从辩证唯物主义的观点来看，人的认识在每一个历史阶段都会受当时各种条件（如生产力的发展状况、科技水平、文化知识水准等）的限制，认识能力只能达到一定的高度和深度。尽管如此，这其中必有对客观现实的真实反映，它具有客观内容，也就具有绝对真理的成分，它的客观性是不容否认的。这个认识论的基本原则也适用于对美的事物的认识。

后　记

本书起迄年代大致在 20 世纪前半期（上中叶）。这一时期，由马克思恩格斯开创的美学思潮声势日炽。影响所及，遍布世界各主要国家和地区，成为一种令人瞩目的国际现象。马克思主义美学和国际共产主义运动一样，中心移至苏联，并由列宁开辟了一个新时代。这一时期通常被称为马克思主义美学史的第二阶段，或列宁阶段。这样，列入本卷并辟有专章介绍的都是苏联美学家。同一时期的欧洲和中国的马克思主义美学，则分别在第三卷和第四卷中作专门评述。

国内外学术界历来对马克思恩格斯的美学思想研究较多，并富有成果。比较而言，对列宁及其同时代的美学家则缺乏更为深入系统的研究。特别是对列宁和高尔基，以往总把他们视为职业的革命家、政治家或单纯的文学家、文化活动家，不大注意他们的美学成就。可是一俟对其美学遗产稍加发掘整理，人们就会惊奇地发现，这是两座各具特色而同样丰富多彩的美学宝库。继马克思恩格斯之后，列宁掀开了马克思主义美学史光辉灿烂的新篇章。

本卷作者的具体分工如下：上编列宁的美学思想，由梁一儒执笔。下编一、二部分斯大林和高尔基的美学思想，由李树榕执笔，第三部分沃罗夫斯基和卢那察尔斯基的美学思想，由王善忠执笔。全书由梁一儒通读修改后，交主编王善忠审定。

本书作者仓促受命，下笔匆忙。学力不逮，难免纰漏谬误。诚望读者不弃，慨赐教言。

梁一儒

1996 年 10 月于北京